近代国家形成期の教育改革

バイエルンの事例にみる

The educational revolution in a modern state formative period
The example of Bayern

谷口建治 著

昭和堂

近代国家形成期の教育改革——バイエルンの事例に見る——

目次

第3章　啓蒙主義的大学改革の行き詰まり ―― 84

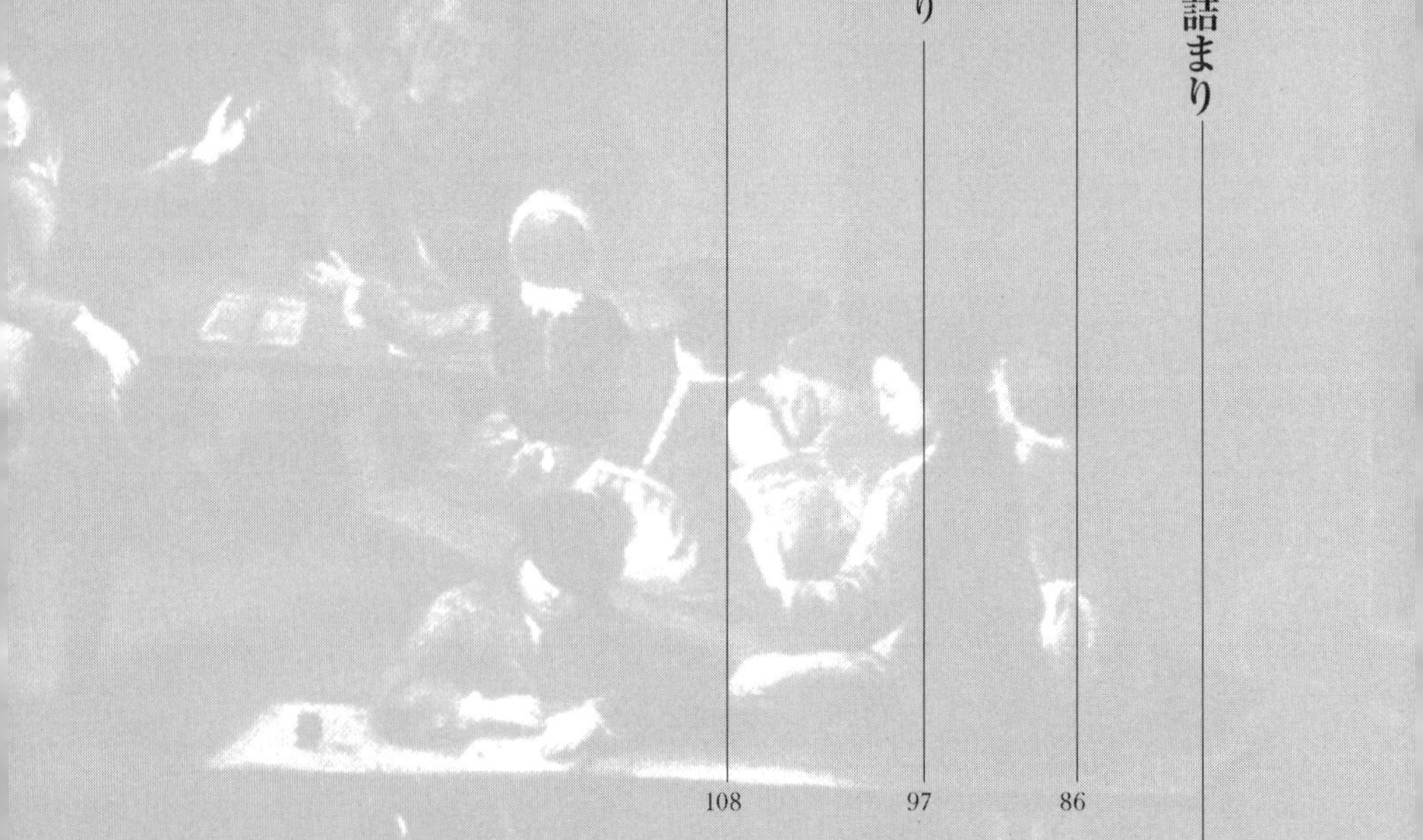

第二部

第4章　宗教顧問会議とブラウンの学校改革

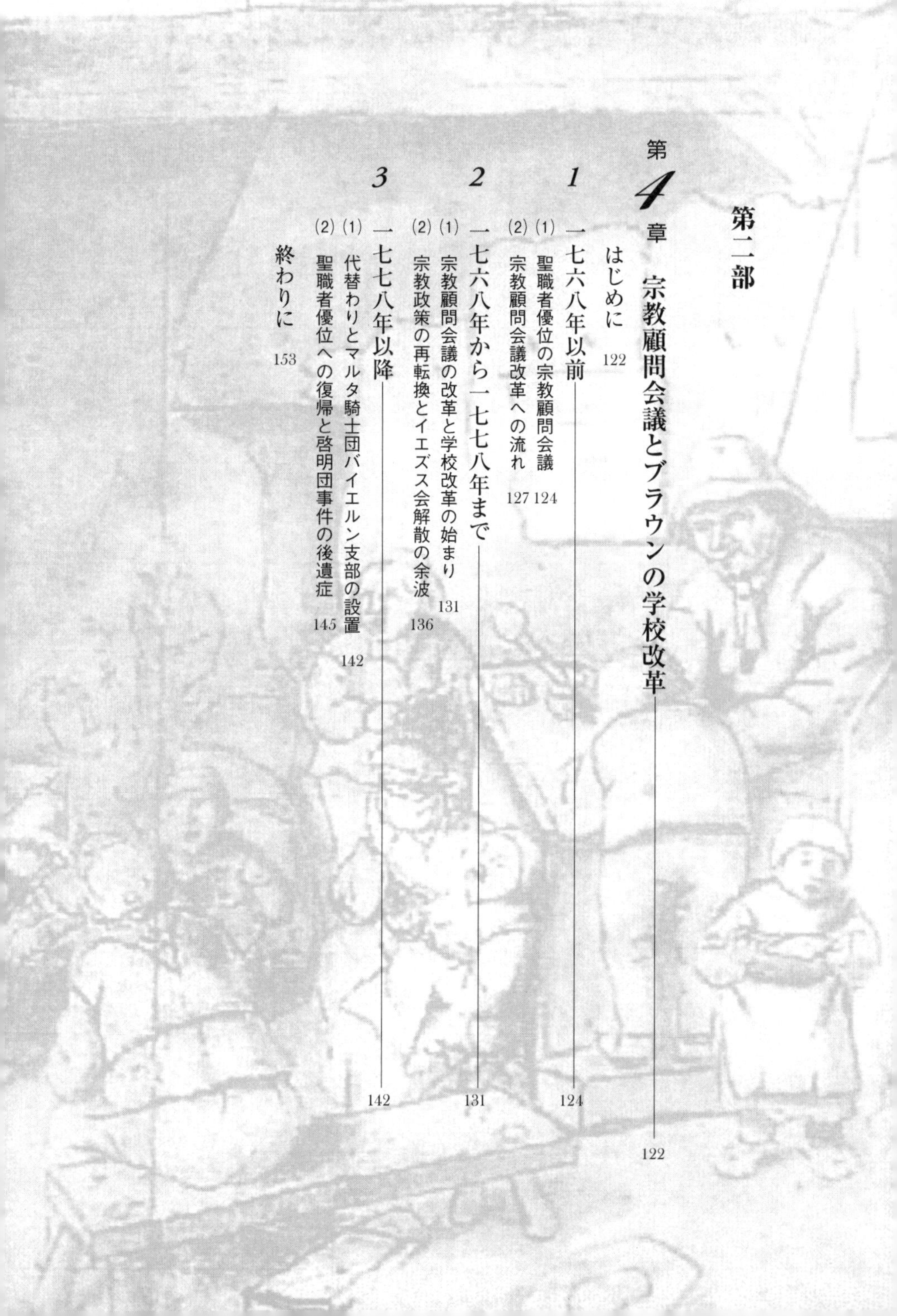

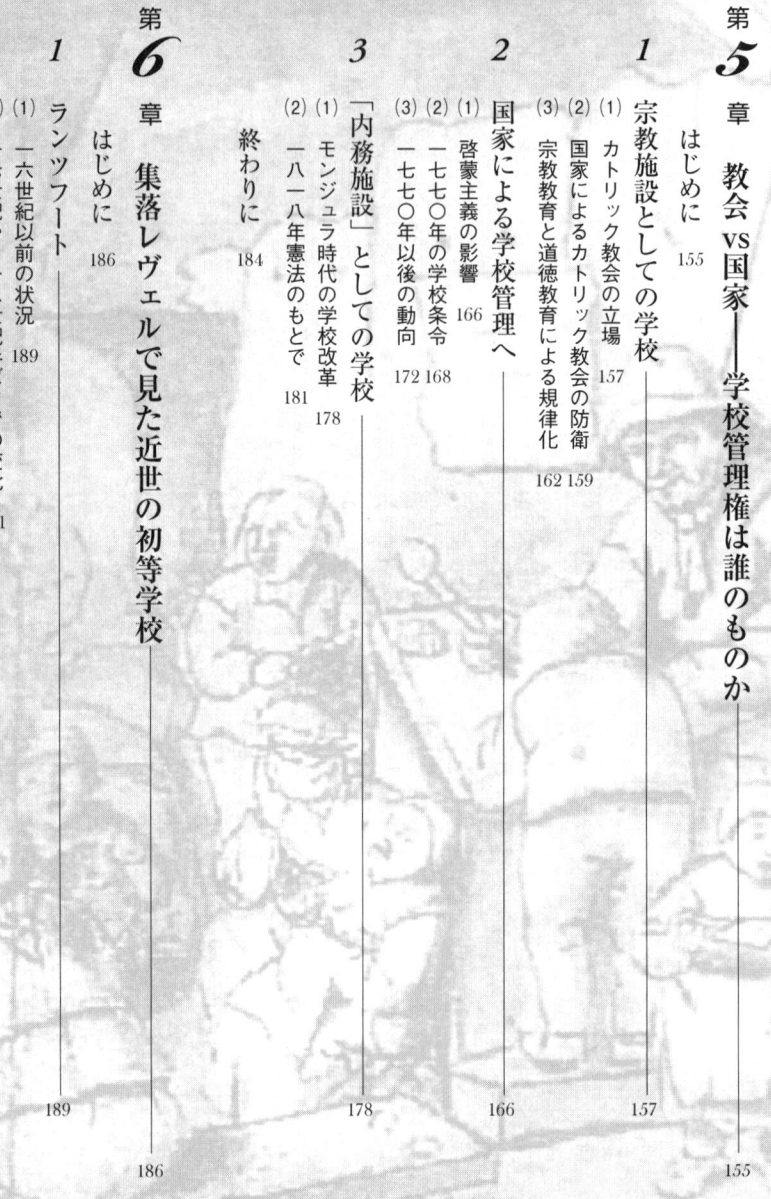

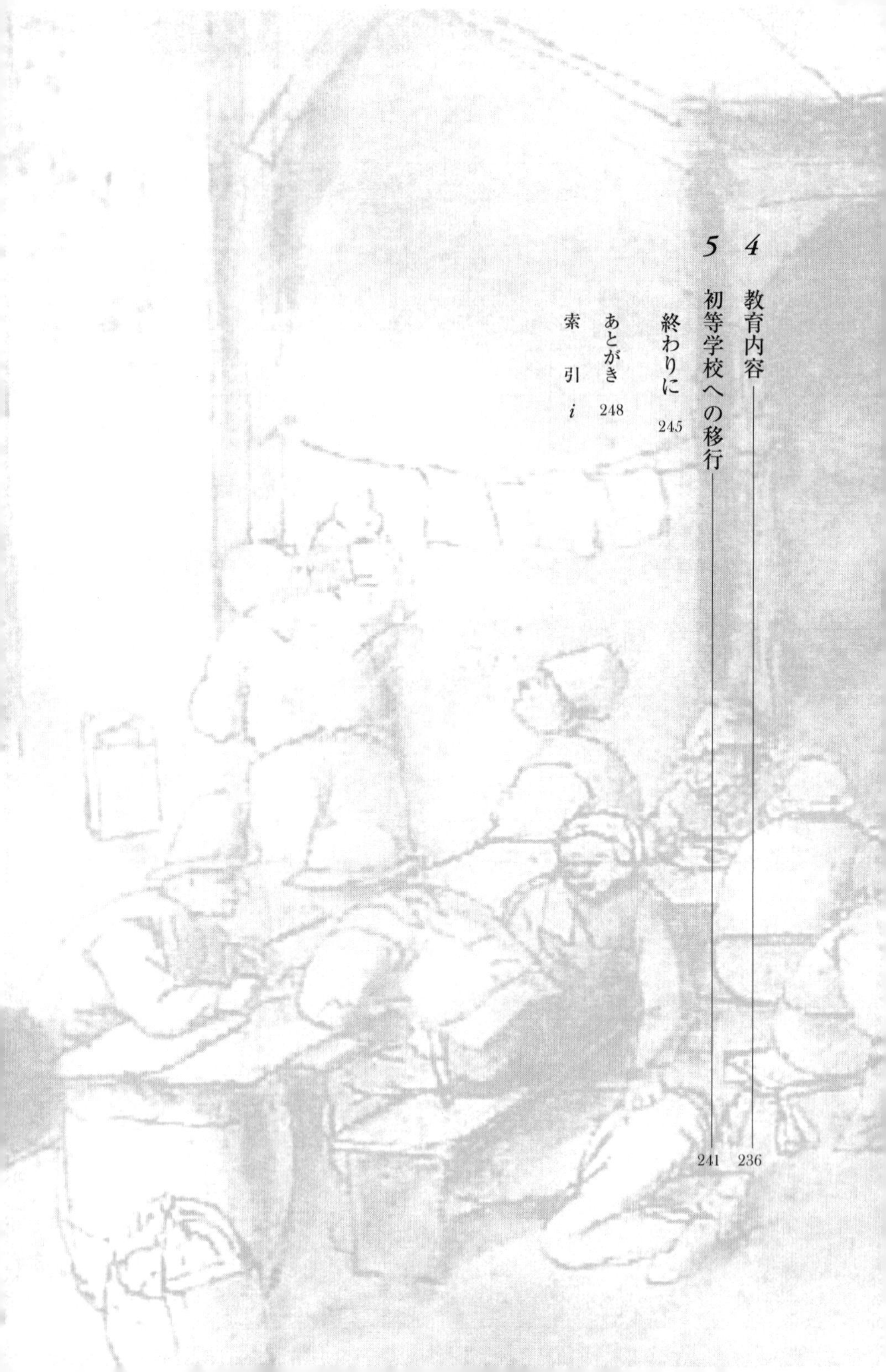

序言

現代の学校は過剰な期待をかけられた施設である。学校への過剰な要求の出発点は近世ヨーロッパにある。中世のヨーロッパにおいては、学校はラテン語教育と宗教教育によってキリスト教の聖職者を養成する機関（ラテン語学校）にすぎなかった。その後ここからより上級の教育施設として大学が派生した。中世末期には、ヨーロッパ各地の言語（ラテン語に対して俗語と呼ばれた）の読み書きや計算を教える学校（ドイツの場合はドイツ語学校）が現われたが、文字や数字を取り扱う技術の伝授を行なうのみであった。大学はもちろん、ラテン語学校にも、俗語の学校にも、次世代の社会の構成員一般を育成するなどという仕事は要求されなかった。次世代の人間に生活を営むうえで必要な知識を教え、社会の規範を身につけさせることは、家庭が担うべき役割、親が引き受けるべき仕事であった。

風向きが変わるのは宗教改革以降である。一五一七年にマルティーン・ルターが宗教改革を始め、それによってキリスト教会はプロテスタント教会とカトリック教会の二つに分裂した。生き残りと勢力の拡大をめざす争いの中で、プロテスタント教会もカトリック教会も、それぞれの宗派の教義を子どもに吹き込むため、初級のラテン語学校や俗語の読み書きの学校を利用するようになった。学校はもはや次世代の聖職者を養成し、限られた範囲の住民に読み書きや計算の方法を教えるだけのものではなくなった。学校はそれぞれの宗派の次世代の一般信者を育てるための機関と見做されるようになった。とりわけ、すべての信者が自ら信仰の源泉である聖書を読まなければならないという神学上の立場（聖書主義、万人司祭主義）に立っていたプロテスタント教会にとっては、学校をつうじて子どもの信者に読み書きを習得させることが宗教上の要請となった。このように宗教改革を機に学校を広く次世代の人間の養育にかかわらせようという流れが生じたのである。ここにすべての子どもを対象とする初等教育の淵源がある。(1)

やがて、初等教育の学校は、教会や、宗教改革以後教会との結びつきを強めた国家から、宗教教育以外の道徳的・倫理的領域における教育をも求められるようになった。子どもに乱暴で下品な振舞いをやめさせ、大人の命令や世間の決まりに従う従順な態度を学ばせ、規則正しい生活を送る習慣を身につけさせる仕事がそれである。学校が子どもの宗教教育に関与すること自体すでに家庭の役割に口を挟む越権行為であったが、学校にさらに子どものしつけを担わせるということになれば、親の権限の侵害は明白であった。教会はこの問題を自覚していたが、学校を子どもの宗教教育に利用し始めた時から、親には子どもに適正な教育を施す関心や余裕が不足しているということを口実に、学校の関与を正当化し続けた。

このようにヨーロッパでは近世に、それぞれの宗派の立場からではあるが、学校に単なる職業訓練学校や技術の伝授施設ではなく、広く次世代の人間を育成する機関という役割が与えられるようになり、初等学校という類型の学校が誕生した。また、こうした学校で教えるべき内容も、読み書き計算とそれぞれの宗派の宗教上の基本的考えから、道徳的・倫理的な生活態度へと拡大された。もっとも、近世の段階では、実際に設置されるこうした初等学校の数ということになると、教会も国家も教会の末端組織である教区に学校の設置を任せていたため、場所によってかなりの格差があった（都市にはそのほかに個人が営利目的で開設する学校も存在した）。

一八世紀に入るとヨーロッパには啓蒙主義が広まったが、啓蒙主義者は宗教色を薄めながら初等学校に関する次世代の人間一般の育成機関という見方を受け継いだ。というより、啓蒙主義者が、学校制度を体系化して、初等教育、中等教育、高等教育という段階区分を設け、将来の職業や地位に関係なく、すべての子どもが学ぶべき教育機関としての初等学校という学校の類型を顕在化させたという方が正確であろう。併せて、啓蒙主義者は、長らく教会が握ってきた学校の監督権を国家に移すことを求め、国家の督励あるいは強制によって初等学校の数と入学者を増やすことをめざすようになった。

一八世紀の終わりから一九世紀の初めにかけて、一七八九年のフランス革命勃発が引き金となって、ヨーロッパでは政治世界の大変動が起こり、合理的に組み立てられた近代国家が誕生した。近代国家の構築にかかわった政治家や官僚の多くは啓蒙主義者であり、初等学校が次世代の人間の育成を担当する施設であるという考えは、近代国家の学校政策に取り入れられた。また、学校が教会の問題ではなく、国家が責任を負うべき問題であるという姿勢も近代国家に受け継がれた。

しかし、近代国家が学校制度を具体的にどのように変化させ、初等学校の普及にどこまで力を入れるかは政策選択の問題であり、それぞれの国家の都合によって学校改革が部分的にしか発動されないこともあった。言うまでもないが、学校は国家機構の一部ではない。アンシャン・レジームの国家を近代国家に組み替える場合、中央官庁や中下級官庁の改革は不可欠であるが、学校制度の改革はそのような形では近代国家と繋がっておらず、学校を改革しなかったからといって、近代国家が成立しないわけではない。また、学校は近代国家の副産物や補助機関でもない。近代国家が登場した時、大学や中等学校はもちろんのこと、初等学校も次世代の一般住民の育成機関という位置づけですでに一定の数が存在していた。近代国家が子どもの教育を操作するための施設として学校を作るわけではない。近代国家は学校に関する考えを啓蒙主義から取り入れたが、学校改革の達成を近代国家成立の前提条件とはしていないのである。

フランスの場合を見てみよう。フランスでは一七八九年の革命によって旧来の学校制度が破壊された。それに代わってどのような学校制度を作るべきかが検討されたが、さまざまな議論が出て収まりがつかなかった。結局、ナポレオンのもとで社会の指導層を育成するための中等教育、高等教育が伝統的な学校制度とはかなり異なった形で再構築されたが、初等学校はこの動きの枠外に取り残された。フランスでは近代国家体制発足時には初等学校の実効ある改革は行なわれておらず、その後長い時間をかけて初等教育の整備が進められるのである。フランスで初等教育が義務化されるのは一八八二年のことである。

ドイツでも一八世紀末から一九世紀初めにかけて近代国家が形成された際に、フランスと同じように学校制度の改革が行なわれた。ところが、ドイツの場合、学校制度の改革には高等教育や中等教育とともに、初等教育が含まれており、この時期に義務教育制が導入されたり、強化されたりした。ドイツ諸国は初等教育の改革をも実施するという政策選択を行なったのである。どのような状況がドイツにおける近代国家形成と学校改革のこのような種類の結合を生み出したのであろうか。マクシミーリアーン・フォン・モンジュラ男爵による内政改革をへて近代国家に転身する南ドイツの領邦国家バイエルンを例にこの問題を検討することが本書の課題である。

本書は二部構成になっており、第一部ではモンジュラ政権のもとで近代国家形成と連動して初等教育、中等教育、高等教育それぞれのレヴェルで具体的にどのような改革が行なわれたのかを述べ、第二部では教会と学校の関係、地域の学校の実情を中心に改革の背景となる近世バイエルン教育史の問題を取り上げた。

(1) 初等教育というのはもちろん同時代の表現ではない。一八世紀後半以前には初等教育、中等教育、高等教育という段階区分はなく、学校の種類として俗語学校(ドイツの場合はドイツ語学校)、ラテン語学校、大学が区別されたにすぎない。本文でも述べたように、啓蒙主義の時代になってようやく学校の体系化と段階区分が始まる。本書では啓蒙主義によって導入されたこの初等教育、中等教育、高等教育という段階区分を古い時代にも遡らせて、便宜的にドイツ語学校と初級のみのラテン語学校を初等学校、中級・上級のラテン語学校を中等学校と表現している。一九世紀以降のドイツでは初等学校を一般に「民衆学校」(Volksschule)と称するが、この表現も一八世紀末に登場するにすぎない。この表現は実は学校の段階区分を前提にしていて、当初はこのように呼ばれる学校には中等学校へ進学する通路がないことを暗示していた。

第一部

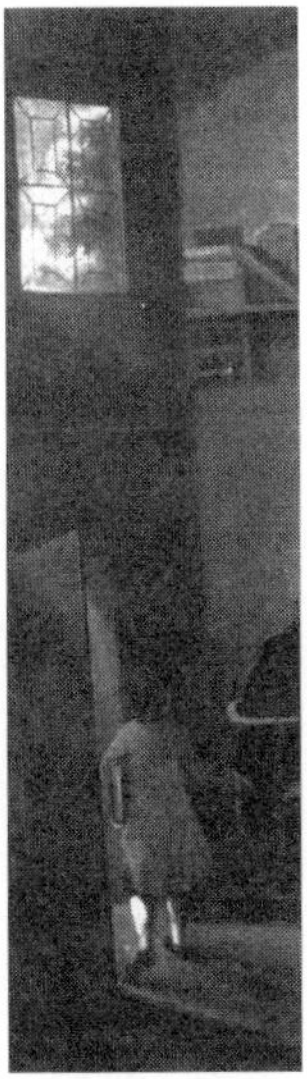

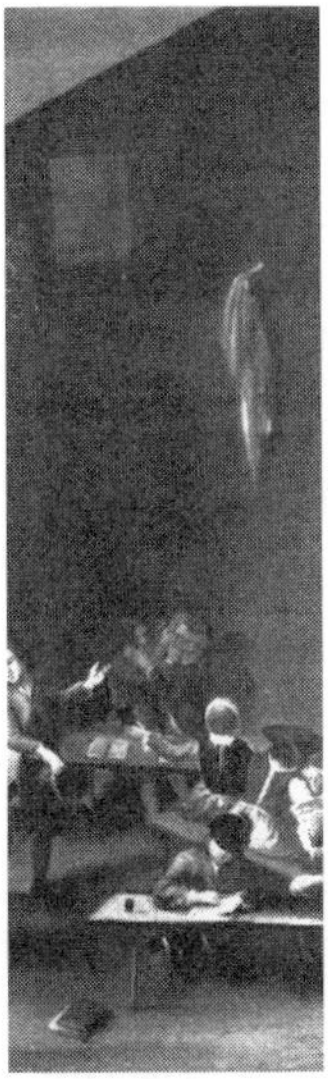

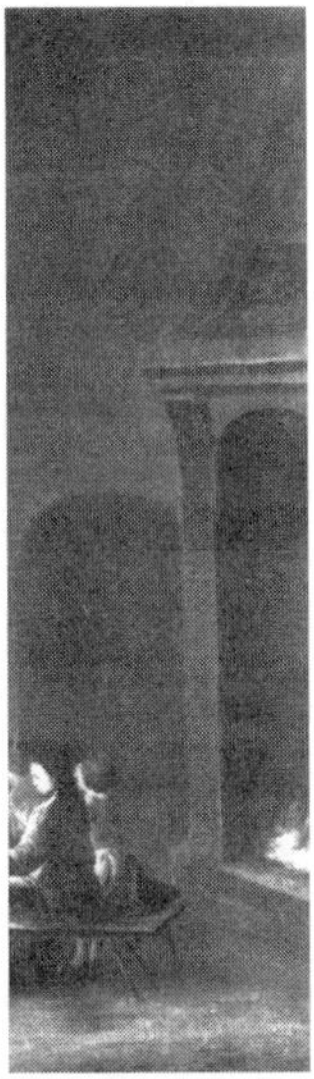

第1章　初等教育改革と一般就学義務の現実化

はじめに

一七八九年のフランス革命によってアンシャン・レジームが崩壊したあと、フランスには近代国家が登場したが、革命後のフランスがとった対外膨張政策の影響を受けて、ドイツでも近代国家への転換をめざす内政改革の動きが生じた。ドイツ諸国におけるこうした内政改革の中には初等学校から大学までを対象とする教育改革が含まれていることが多かった。このため、近代国家建設には初等教育の普及を目的とする教育改革が必然的に結びついているという印象がドイツ史家のあいだに広まることになった(1)。

しかし、近代国家形成と初等学校の改革には必然的な繋がりがあるのであろうか。まず近代国家形成が初等教育の改革を前提としているかどうかを考えてみよう。ドイツ諸国の内政改革だけを見ても、近代国家の成立には初等教育の普及が必要であるという結論が強引なものであることは明らかであろう。一九世紀初めの内政改革によってドイツにも近代国家が誕生したが、この時点では初等教育は十分普及してはいなかった。十分普及していなかったからこそ内政改革の一部に初等教育の改革が含まれることになったのである。

それでは近代国家を成立させるための人材はどこから得られたのであろうか。中等教育や高等教育からである。ヨーロッパではすでに一八世紀までに中高等教育はそれなりの発展を遂げていた。ヨーロッパの中高等教育は初等教育と結びついておらず、初等教育が発展して、その土台の上に中高等教育が発展するという構造にはなっていなかった。したがって、初等教育が普及していなくても、中高等教育の成果によって近代国家を支えることができたのである。

初等教育の普及が近代国家形成の前提ではないとしても、近代国家建設には初等教育の改革を促すような契機が含まれているのではないか。次にこの点について検討してみよう。ドイツの内政改革を見ている限り、この考えは肯定すべきであるように思われる。ドイツでは内政改革にともなう教育改革が引き金となって一九世紀前半に初等教育が普及した。バイエルンでは一八三〇年には学齢期の子どもの九七パーセントが就学していたし、東部の就学率の低い地方を抱えていたプロイセンでも一八四六年には学齢期の子どもの七八パーセントが学校に通うようになっていた(2)。

しかし、イギリスやフランスの場合はどうであろうか。フランスでは革命期に教育論争が繰り返されたものの実際の成果には乏しく、一八五〇年になっても学齢児童の就学率は四七・五パーセントにとどまっていた。フランスで初等教育が義務化されるのは一八八二年になってからである。イギリスでも初等教育の普及が問題となるのは一九世紀後半に入ってからであり、初等教育の義務化は一八八〇年のことである(3)。イギリスやフランスでは近代国家の形成期には初等教育の普及は日程に上らず、一九世紀の後半まで問題が持ち越されているのである。

イギリスやフランスのこのような状況を見れば、近代国家形成が初等教育改革を促すというような意味での必然的な繋がりは、両者のあいだには存在しないと考えるのが自然であろう。したがって、ドイツにおいても近代国家建設と初等教育の改革が重なっているのは偶然の所産ということになるであろう。

もちろん、ここで偶然というのはドイツにおける初等教育改革が突発的なものであったという意味ではない。一九世紀初めの初等教育改革はそれまでの教育にかかわるさまざまな動きの延長線上に生まれているのであって、ドイツ史の流れの中に深く根を下ろしていたと考えなければならない。イギリスであれ、フランスであれ、ドイツであれ、近代国家形成というような一般的な趨勢ではなく、それぞれの独自の事情が初等教育改革の時期を左右しているということなのである。

この章では、ドイツ諸国のうち南ドイツのバイエルンにおいて行なわれた初等教育改革の内容を検討し、初等教育改革を進展させたこの国家の事情（かなりの部分は他のドイツ諸国の事情とも重なっているであろう）が具体的にどのようなものであったのかを明らかにしたい。初等教育改革に関連する問題は多岐にわたっているが、ここでは特に重要と思われる学校管理機構、一般就学義務、教育内容、教育と宗教の関係、初等教員養成の問題を取り上げることにしたい。

バイエルンの初等教育史に関しては一九世紀後半から研究があり、それらの成果をまとめたMax Liedtke編[4]のバイエルン教育史も出版されている。この章でも初等学校の概要についてはこのリートケの編著を基に説明した。初等学校改革の細部についての記述が必要な場合にはKommission für bayerische Landesgeschichteの史料集[5]、Georg Döllinger[6]の行政法規集などを利用した。初等教員養成についてはDieter Hüttner[7]の研究があるので、この著書を参考にした。

（1）近代国家形成と教育改革の結びつきは単なる「印象」であるため、突き詰められてはいない。例えば、ニッパーダイは、プロイセン改革時の教育改革では、より高い生産性と納税力、より多くの合理性、より大きな忠誠心、より少ない犯罪、より良い官僚教育が問題になったとしているが（Nipperdey, Thomas, Deutsche Geschichte 1800-1866, München 1983, S. 56）、最後の官僚教育という項目以外は、近代国家形成と教育改革を結びつける具体性をもっていない。また、ジーマンは、官僚教育と並んで、寄せ集められた領土の住民を国民として一体化する役割を指摘しているが（Siemann, Wolfram, Vom Staatenbund zum Nationalstaat. Deutschland 1806-1871, München 1995, S. 26）、これも正鵠を得ていない。一九世紀初めの初等教育は、大方の予想に反して、実は、個別国家のレヴェルであれ、ドイツ全体のレヴェルであれ、ナショナリズムを注入するような性質をほとんどもっていなかった。バイエルンの初等教育改革がめざした教育内容については本章の2の⑵で述べる。バイエルンにおける歴史的記憶と政治の関係を検討したケルナーも一九世紀初めの初等教育におけるナショナリズムの欠如を指摘している。Körner, Hans-Michael, Staat und Geschichte im Königreich Bayern 1806-1918, München 1992, S. 418 ff. なお、初等教育は官僚を養成できるような内容をもっていなかったし、本文で指摘したように、中高等教育の土台にもなっていなかったので、官僚教育も初等教育の改革と近代国家形成を繋ぐ環にはなりえない。

（2） Ullmann, Hans-Peter und Clemens Zimmermann, Hrsg., Restaurationssystem und Reformpolitik. Süddeutschland und Preußen im Vergleich, München 1996, S. 232; François, Etienne, Alphabetisierung in Frankreich und Deutschland während des 19. Jahrhunderts, in: Zeitschrift für Pädagogik, Jg. 30, 1983, S. 756.

（3） フランスの就学率はFrançois, a. a. O., S. 756による。フランスの就学率は一八六七年には七〇・四パーセントまで上昇した。イギリスでは、最初の教育法が制定された一八七〇年の時点で、就学率は六八パーセントであった。イギリスの就学率はThompson, F. M. L., ed., The Cambridge Social History of Britain 1750-1950, Vol. 3, 1990, p. 145による。

（4） Liedtke, Max, Hrsg., Handbuch der Geschichte des bayerischen Bildungswesens, Bd.1, Bad Heilbrunn 1991, Bd. 2, Bad Heilbrunn 1993.

（5） Dokumente zur Geschichte von Staat und Gesellschaft in Bayern, hrsg. von Kommission für bayerische Landesgeschichte, Abt. III（以下Dokumenteと略記）, Bd. 2, München 1976, Bd. 3, München 1977, Bd. 8, München 1983.

（6） Döllinger, Georg, Sammlung der im Gebiete der inneren Staats-Verwaltung des Königreichs Bayern bestehenden Verordnungen, Bd. 8, Bd. 9, München 1838.

（7） Hüttner, Dieter, Von der Normalschule zum Lehrerseminar. Die Entstehung der seminaristischen Lehrerbildung in Bayern (1770-1825), München 1982.

1 学校管理機構の改革

(1) 内政改革初期の学校管理機構

一七九九年二月一六日にバイエルン選帝侯カール・テーオドーア(一七七七〜一七九九)が直系の跡継ぎを残さず死亡し、傍流のツヴァイブリュッケン公爵家出身のマックス・ヨーゼフ(一七九九〜一八二五)がバイエルンの新しい選帝侯となった。ドイツ諸国は、一般に、一連の戦勝によってフランスの支配者ナポレオンの影響が強まる一八〇五年以降に内政改革を始めるのであるが、バイエルンではそれに先立ってこの王朝の交替をきっかけに内政改革が始まった[1]。

君主の座に就いたマックス・ヨーゼフは側近のマクシミーリアーン・フォン・モンジュラ男爵(一七五九〜一八三八)を事実上の首相として起用し(公式の職務は外務大臣)、内政改革に着手した。ともに啓蒙主義者であったマックス・ヨーゼフとモンジュラはバイエルンを合理的に組み立てられた近代国家に模様替えすることをめざしていた。早くも一七九九年二月二五日には各種の顧問会議から構成されていたこれまでの中央政府に代わって外務省、財務省、法務・警察省、精神問題省からなる新しい中央政府が設置された[2]。

バイエルンの内政改革を取り仕切ることになったモンジュラは、側近として取り立てられた直後の一七九六年九月三〇日に、将来マックス・ヨーゼフがバイエルンを相続した場合に実行すべき内政改革の概要をまとめた文書(「アンスバッハ覚書」)をマックス・ヨーゼフに提出していた。この文書の中にはすでに初等学校の改革に触れた箇所がある[3]。

しかし、モンジュラは初等教育改革が近代国家形成の不可欠の一部であると考えていたわけではなかった。一八世紀半ば以降ドイツ各地でいわゆる「啓蒙絶対主義」的改革が試みられたが、その中には初等教育の普及によって国家と社会に役立つ人間を育てるという計画が含まれているのが普通であった。モンジュラもこれを受け継いで学校改革を内政改革案の中に取り込んだのであるが、こうした学校改革は長期的計画であり、そこから直ちに近代国家形成のための人材を得ようというものではなかった[4]。

このように初等教育改革は啓蒙主義という紐帯によってモンジュラの内政改革とゆるやかに結びついているにすぎなかった。しかし、事情はともあれ、内政改革とともに教育改革を実行するという選択が行なわれたことによって、内政改革の中心部分である国家機構の改革の中に、教育改革を推進する場合の主体となる学校管理機構をどのように整備するのかという問題が加わることになった。

この学校管理機構の改革という分野で最初にとられた措置が先に述べた中央政府の改変の一部としての精神問題省の設置であった。精神問題省はバイエルン選帝侯が領有する多数の領邦全体にわたって宗教、学術、教育の問題を取り扱う新しいタイプの中央官庁で（これまでの制度では領土を構成する個々の領邦に各種の顧問会議が設けられていた）、以前上級領邦統治府の議長を務めていたテーオドーア・ハインリヒ・トポル・モラヴィッキ伯爵（一七三五～一八一〇）がその担当大臣に就任した。

続いて、精神問題省のもとで、領土の中心部分であるバイエルン選帝侯領の教育行政にかかわる官庁の改変が行なわれた。これまでバイエルン選帝侯領の教育問題を担当していたのは枢密学校管理局と呼ばれる官庁であった。この官庁は一七八一年に先代のカール・テーオドーアによって設置されたもので、大学やギュムナージウムなどの中等学校はこの官庁が直接担当し（ただし中等学校は中等学校を経営する高位聖職者修道院が調整機関として学校総監理府を形成して実質的に管理）、初等学校は宗教顧問会議をつうじて間接的に監督していた。宗教顧問会議は

一六世紀以来宗教政策及び宗教政策の一部としての教育政策を担当してきた官庁である。(5)

枢密学校管理局は一七九九年四月六日に廃止され、宗教顧問会議が今度は精神問題省の指揮を受けながら、これまでの初等学校に加えて、中等学校の管理をも行なうことになった。これに先立って四月二日には宗教顧問会議の新しい議長にモンジュラの友人のマクシミーリアーン・ヨーゼフ・フォン・ザインスハイム伯爵(一七五一〜一八〇三)が任命されている。(6) 枢密学校管理局の廃止は古い時代への逆戻りのようにも見えるが、実際には精神問題省・宗教顧問会議という制度のもとで一七九九年九月二四日にモンジュラ時代の教育改革を特徴づける啓蒙主義的・実用主義的改革が始まった。

啓蒙主義者は総じてラテン語教育中心の伝統的な中等学校に批判的であったが、九月二四日に、改革の第一歩として、ラテン語教育を行なうことのできる中等学校をミュンヘン、アンベルク、ランツフート、ノイブルク、シュトラウビングの五つの都市のギュムナージウムに限定し、その他の中等学校には廃校や実科学校への転換を命じる決定が公布されたのである。(7)

(2) 学校総監理府の設置

一八〇〇年から一八〇一年にかけて、バイエルンは第二次対仏同盟の一員としてフランスと戦い、内政改革は一時中断を余儀なくされた。しかし、一八〇一年には改革が再開された。教育に関しても新しい動きがあり、一八〇二年一〇月六日に、一六世紀以来宗教問題や教育問題を担当してきた宗教顧問会議が廃止された。通常の官僚のほかにカトリックの聖職者を含む官庁はもはや時代に合わなくなったというのが廃止の理由であった。宗教顧問会議の廃止にともなって、宗教問題は、一般行政を担当する中級の地方官庁として一七九九年四月二三日に設置された領邦総監理府の所管となった。(8)

しかし、教育問題は領邦総監理府の管轄とはされず、精神問題省の指揮のもとで教育問題を専門的に担当する新しい官庁として学校総監理府が設けられた。学校総監理府の長官にはヨーゼフ・マリーア・フォン・フラウンベルク男爵（一七六八〜一八四二）が、顧問官にはヨハン・ミヒャエール・シュタイナー（一七四六〜一八〇八）（元イエズス会士、宗教顧問会議から移動）、ヨーアヒム・シューバウアー（一七四三〜一八一二）（ベネディクト派、元ギュムナージウム教員）、ヴォルフガング・ホープマン（一七五〇〜一八二六）（在俗聖職者）が任命された。一八〇三年にはヨーゼフ・ヴィスマイアー（一七六七〜一八五八）（在俗聖職者、ザルツブルクから呼ばれる）が顧問官として加わった。(9)

長官に任命されたフラウンベルクはレーゲンスブルクの聖堂参事会員で、これまでオーバープファルツのカームの主任司祭を務めており、その他の顧問官もカトリックの聖職者身分をもっていた。(10)宗教顧問会議の廃止によって、宗教の管理機構と教育の管理機構はようやく分離されたが、国家の教育政策には引き続きカトリックの聖職者が関与する形になっていたのである。ただし、長官のフラウンベルクも顧問官も啓蒙主義の信奉者であった。

新しく生まれた学校総監理府のもとで本格的な初等教育の改革が始まった。一八〇二年一二月二三日には、最初の措置として、罰則を設けて六歳から一二歳までのすべての子どもに就学を義務づける命令が出された。(11)教育改革と並行して、学校管理機構の整備も進められ、一八〇三年八月三日には学校総監理府の手足となる地方組織が整備された。

内政改革以前に教育問題を担当していた宗教顧問会議は長いあいだ固有の地方組織をもっていなかった。このため、バイエルン選帝侯領内に四つ設けられていた会計局管轄地区と呼ばれる中級の地方行政区の責任者である会計局長が管轄地区内の学校の巡察を行ない、宗教顧問会議に学校の状況を報告していた。一七七四年になって宗教顧問会議の中に学校監理局が設置されたのを機に、ギュムナージウムのある七つの都市（ミュンヘン、ブルクハウゼン、ランツベルク、ミンデルハイム、ランツフート、シュトラウビング、アンベルク）に地域学校委員会が設けられ、地域学校委員会が宗教顧問会議に現状を報告するという制度が作られた。さらに、一七七八年には各地域で学校の様子を見守る「監視員」が任命された。一七九五年になると、すべての都市と市場町に政府の官吏、主任司祭、市当局の代表者二人を構成員とする地域学校委員会が設置されることになった。[12]

一八〇三年八月に作られた地方組織はこのようなこれまでの組織を基盤にしていたが、もう少し複雑な二段階の構造をもっていた。ミュンヘン、シュトラウビング、ランツフート、ブルクハウゼン、アンベルク、ノイブルクの六つの都市にはそれぞれの地方を担当する上級学校派遣官役所が置かれ、担当する地方の中等学校を直接監督するとともに、下級の地域学校委員会や学校監察官をつうじて初等学校を指導することになっていた。[13]

それぞれの地域の初等学校を監督する地域学校委員会は、都市と市場町では、政府の上級官吏、主任司祭、市当局の二人の代表、学校監察官を構成員とし、農村では、地方裁判官（地方裁判区と呼ばれる下級の地方行政区の長官）、主任司祭、学校監察官を構成員としていた。学校監察官は地域における学校総監理府の代理人で、地域の個々の学校の運営に責任を負った。また、聖職者である主任司祭にも重要な役割が与えられており、少なくとも週二回地域の学校を訪問しなければならなかった。[14]

一七九八年から一八〇〇年にかけての第二次対仏同盟との戦争に勝利を収めたフランスは、一八〇一年二月九日のリュネヴィル条約によって、一七九四年以来占領していたライン左岸を正式に併合し、その余波を受けてドイツにおいても一八〇三年二月二五日に帝国代表者会議主要決議による大規模な領土の変更が行なわれた。その際、バイエルンはフランケンとシュヴァーベンに新しい領土を獲得した。これにともなって、一八〇四年七月二九日には学校総監理府の権限が新しい領土にも拡大された。[15]

しかし、学校総監理府による学校管理は長くは続かなかった。一八〇五年九月六日、学校総監理府は業務が捗らないことを理由に廃止され、代わって枢密学校局が設けられた。枢密学校局の長官は引き続きフラウンベルクが務めることになったが、規模は縮小され、顧問官はホープマンとヴィスマイアーだけとなった。さらに、学校総監理府廃止と同時に、上級学校派遣官役所が領邦監理府（一八〇三年八月に領邦総監理府は領邦監理府に格下げ）の中に取り込まれ、教育問題を担当する独立した中級の地方機関は消滅してしまった。[16]

(3) 内務省公教育部の誕生

一八〇五年一二月二日のアウステルリッツの戦いでナポレオンはオーストリアを破り、ドイツにおける影響力を拡大した。その結果、ナポレオンと同盟を結んでいたバイエルンは一八〇六年一月一日に王国に昇格することになった。また、ナポレオンの圧力によって、八月六日にはオーストリアのフランツ二世が神聖ローマ帝国の帝冠を放棄して、八四〇年余りの歴史をもつ神聖ローマ帝国が消滅した。これによって、バイエルンは完全な主権国家となったので、統治機構の見直しが始まった。

一八〇六年一〇月二九日には中央政府の再編成が行なわれ、法務・警察省と精神問題省が廃止されて、内務省と法務省が誕生した。この改変によって、教育問題を担当する最高官庁は内務省（大臣は外務大臣モンジュラの兼任）となった。[17]一八〇七年一月三一日、学校総監理府の後身の枢密学校局は内務省に統合され、啓蒙主義的な教育改革の行き過ぎを批判されていたフラウンベルクは官職から退いた。これ以後、内務省が他の官庁を介在させずに教育を直接取り扱うことになり、教育問題は完全に通常の行政の一分野となった。

フラウンベルク退任後の新しい教育行政の責任者には、一七九九年の内政改革開始とともにハイデルベルク大学教授から転じて政権に入った内務省の次官ゲオルク・フリードリヒ・フォン・ツェントナー（一七五二～一八三五）が就任した。しばらくして、元ヴュルツブルク大学教授のフリードリヒ・エマヌエル・ニートハマー（一七六六～一八四八）（プロテスタントの聖職者）が内務省の学校顧問官としてミュンヘンにやってきた。[18]ニートハマーはこれまでの啓蒙主義的な学校政策に対する批判の急先鋒となった。
一八〇八年になると、最初のバイエルン憲法が制定され、中級の地方行政機構にも大幅な変更が加えられた。一七九九年以降バイエルンの領土は領邦を土台として州に区分されていたが、これに代わってフランスの県をモデルにした管区という新しい中級の地方行政区が導入された。これにともなって、州を管理していた領邦監理府は廃止され、新たに管区派遣長官役所と呼ばれる中級の地方行政官庁が設置された[19]。

これに合わせて、学校管理機構にも手が加えられ、一八〇八年九月一五日に内務省の中に教育問題を専門的に担当する部署として公教育部が設けられた。公教育部は部長と三人の顧問官から構成されることになっていた(ただし部長職は一八一五年一〇月一日に廃止)。部長には内務省次官のツェントナーが就任し、顧問官には以前から学校行政を担当していたホープマンとヴィスマイアー、一八〇七年に新たに内務省に加わったニートハマーが任命された[20]。

内務省における公教育部の設置に対応して、新しい中級地方行政官庁である管区派遣長官役所の中にも教育問題を専門的に担当する管区学校顧問官が置かれることになった。さらに、一八〇三年以降そのままになっていた学校管理の下部機構にも変更が加えられ、地域学校委員会と学校監察官に代わって管轄区学校監察官と地域学校監察局が設置された[21]。

管轄区学校監察官は下級の地方行政区である地方裁判区や大都市に数名任命され、担当する管轄区内の地域学校監察局を指揮して、管轄区内の初等学校を管理した。管轄区学校監察官は通常の官吏ではなく、普通は地区長(教会の末端組織である教区が幾つか集まって地区を作り、その地区に含まれる教区の主任司祭の一人が地区長を兼ねた)など地方の有力聖職者の中から選ばれることになっていた。一方、地域学校監察局は初等学校のある教区に置かれる組織で、農村では、教区の主任司祭(プロテスタントの場合は牧師)と自治体の長、都市では、政府が任命する都市の行政長官である内務派遣官（ミュンヘン、アウクスブルク、ニュルンベルクでは内務監督官と呼ばれた）、教区の主任司祭（プロテスタントの場合は牧師）、市長がその構成員となった。(22)

この一八〇八年九月一五日の改正によって、その後のバイエルンにおける学校管理体制の基本的な枠組みができあがった。一八一七年二月二日にこれまで政治を動かしていたモンジュラが失脚し、バイエルンの内政改革時代は終わりを迎えた。これにともなって、一八一八年五月二六日には新しい憲法が作られ、五月一七日には自治体条令も改定された。しかし、学校管理機構に関しては、自治体条令の改変による自治の拡大に合わせて、一八二一年三月二二日に地域学校監察局の構成が変更されるにとどまった。(23)

一八世紀以前のヨーロッパでは教育はキリスト教会の領分と見做されており、国家も教育を宗教問題の一部として取り扱っていた。バイエルンにおいても学校を監督していたのは宗教問題を担当する宗教顧問会議であった。しかし、一八世紀の半ば以降、啓蒙主義の影響によって学校に対する国家の干渉が強まり、内政改革時代には教育は教会から切り離されて国家の管理するところとなった。(24) このため、これまで見たような曲折をへて、宗教政策と教育政策は分離され、行政の一部として教育政策を担当する学校管理機構が整備されたのである。(25)

（1）バイエルンの内政改革についてはSpindler, Max und Alois Schmid, Hrsg., Handbuch der bayerischen Geschichte, Bd. 4, 2. Aufl., S. 4-20, 45-95. 内政改革時代を扱ったヴァイスのモンジュラ伝第二巻（Weis, Eberhard, Montgelas, Bd. 2, München 2005）も二〇〇五年に出版された。拙著『バイエルン王国の誕生―ドイツにおける近代国家の形成』（山川出版社、二〇〇三年）でもバイエルンの内政改革の概要を示した。

（2）Dokumente, Bd. 3, S. 24; Schimke, Maria, Hrsg., Regierungsakten des Kurfürstentums und Königreichs Bayern 1799-1815, München 1996, S. 322 f. Vgl. Dokumente, Bd. 3, S. 27 f.; Schimke, a. a. O., S. 338 f. 最後の「精神問題省」はDepartment der geistlichen Geschäfte（der geistlichen Sachen）の訳である。学校を宗教問題の一部ではなく、国家が直接管理すべき問題、宗教

と並列的に管轄の対象とすべき問題であるとするモンジュラ政権の姿勢を考慮してこの訳とした。なお geistlich という言葉は一八世紀まで「精神的」という意味を保持していた。Vgl. Grimm, Jacob und Wilhelm, Deutsches Wörterbuch, Bd. 5, Leipzig 1897 (Nachdruck 1999), Sp. 2780.

（3） Weis, Eberhard, Montgelas' innenpolitisches Reformprogramm: Das Ansbacher Memoire für den Herzog vom 30. 9. 1796, in: Zeitschrift für bayerische Landesgeschichte, Bd. 33, 1970, S. 219-256.

（4） 「アンスバッハ覚書」の中でモンジュラは学校改革について次のように述べている。「都市と農村の学校の運営はさらに悪い。教師の大部分は教会使用人であるが、無知で、衣食にも事欠いており、このため、まったく尊敬されていない。農民は子どもを学校にやることを拒否しており、大部分は読むことも、書くこともできない。〔……〕我々はいずれこの部分で完全な改訂を行ない、採用する計画について深く考え、とりわけ都市と農村の初等学校に持続的な注意を払うことを避けることができなくなるであろう。社会の最も重要な階級の能力を適切に発展させ、国民精神に刻印を押すのはこれらの学校である。」(ebenda, S. 253) 初等学校の改革を行なう時期が「いずれ」となっていること、国民精神の刻印を押すではなく、「国民精神に刻印を押す」となっていることに注意されたい。

（5） Bauer, Richard, Der kurfürstliche geistliche Rat und die bayerische Kirchenpolitik 1768-1802, München 1971, S. 168 f., 171; Gigl, Caroline, Die Zentralbehörden Kurfürst Karl Theodors in München 1778-1799, München 1999, S. 444 f., 446; Müller, Winfried, Universität und Orden. Die bayerisch Landesuniversität Ingolstadt zwischen der Aufhebung des Jesuitenordens und der Säkularisation 1773-1803, Berlin 1986, S. 336; Dokumente, Bd. 8, S. 15. 宗教顧問会議の動向については第４章「宗教顧問会議とブラウンの学校改革」で詳しく説明する。

（6） Bauer, a, a. O., S. 281, 285; Dokumente, Bd. 8, S. 15.

（7） Lurz, Georg, Hrsg., Mittelschulgeschichtliche Dokumente Altbayerns, einschließlich Regensburgs, Bd. 2, Berlin 1908, S. 286; Dokumente, Bd. 8, S. 91; Liedtke, a. a. O., Bd. 2, S. 17f.

（8） Bauer, a. a. O., S. 289 f.; Englmann, Johann Anton, Das bairische Volksschulwesen, 1871 (Nachdruck Köln,Weimar, Wien 1992), S. 94.

（9） Liedtke, a. a. O., Bd. 2, S. 18 f.; Müller, Rainer A., Akademische Ausbildung zwischen Staat und Kirche. Das bayerische Lyzealwesen 1773-1849, Teil 1, Paderborn u. a. 1986, S. 101, 104 Anm. 59; Schwarzmaier, Michael, Friedrich Immanuel

Niethammer, ein bayerischer Schulreformator, 1937 (Nachdruck Aalen 1974), S. 80.

(10) Schärl, Walter, Die Zusammensetzung der bayerischen Beamtenschaft von 1806 bis 1918, Kallmünz 1955, S. 283 f.; Doeberl, Michael, Entwicklungsgeschichte Bayerns, Bd. 2, München 1912, S. 497.

(11) Dokumente, Bd. 8, S. 59 ff.

(12) Bock, Alfons, Hrsg., Die bayerischen Schulordnungen vom Jahre 1774 und 1778, München 1916, S. 9, 14 f., 47; Liedtke, a. a. O., Bd. 1, S. 362 f., 647; Bregulla, Claudia, Die Entwicklung des Volksschulwesens im Landkreis Landsberg am Lech bis zum Ende des 19. Jahrhunderts im Zusammenhang mit der bayerischen Schulgeschichte, Frankfurt am Main 1995, S. 81, 283.

(13) Döllinger, a. a. O., Bd. 9, S. 1032 ff.; Dokumente, Bd. 8., S. 40; Liedtke, a. a. O., Bd. 2, S. 19.

(14) Döllinger, a. a. O., Bd. 9, S. 1036 ff.; Liedtke, a. a. O., Bd. 2, S. 19.

(15) Ebenda, S. 20.

(16) Ebenda, S. 20 f.; Dobmann, Franz, Georg Friedrich Freiherr von Zentner als bayerischer Staatsmann in den Jahren 1799-1821, Kallmünz 1962, S. 55 f.

(17) Dokumente, Bd. 3, S. 28 f.; Schimke, a. a. O., S. 363 ff.

(18) Dobmann, a. a. O., S. 55 f.; Schwarzmaier, a. a. O., S. 72.

(19) Dokumente, Bd. 2, S. 73 ff., Bd. 3, S. 118 ff.; Schimke, a. a. O., S. 72 ff., 369 ff.

(20) Döllinger, a. a. O., Bd. 9, S. 1038 ff.; Dokumente, Bd. 8, S. 43 ff.. 46 ff.; Liedtke, a. a. O., Bd. 2, S. 21; Dobmann, a. a. O., S. 56 f.; Schwarzmaier, a. a. O., S. 72 f.

(21) Dokumente, Bd. 8, S. 43 ff., 46 ff., 48 f., 51 ff.; Liedtke, a. a. O., Bd. 2, S. 21.

(22) Dokumente, Bd. 8, S. 51 ff.

(23) Ebenda, S. 55 f. 一八二一年の改正によって、地域学校監察局は、農村では、主任司祭（あるいは牧師）、自治体の長、二人から三人の自治体委員会の委員、都市では、市長の一人、主任司祭（あるいは牧師）、一人から四人の選挙による市参事会員を構成員とすることになった。

(24) ツェントナーが執筆した一八〇四年一一月二六日の布告には、学校は「教会の施設ではなく、重要な内務施設と見做されるべきである」という表現が見られる。Doeberl, a. a. O., S. 505.

(25) ただし、本文でも述べたように、学校管理機構の末端部には聖職者が加わり、重要な役割を果たしていた。こうした聖職者が姿を消すのは一九一八年になってからである。Volkert, Wilhelm, Hrsg., Handbuch der bayerischen Ämter, Gemeinden und Gerichte 1799-1980, München 1983, S. 205.

2 就学状況と教育内容の変化

(1) 就学強制の強化

(a) 一八〇二年一二月二三日の命令

学校管理機構の改革は内政改革開始とともに一七九九年に始まっていたが、初等教育の改革が本格的に動き出すのは、一八〇二年一〇月六日に学校問題を担当する新しい役所として学校総監理府が設置され、その長官にフラウンベルクが就任してからであった。初等教育を改革するための第一歩として、モンジュラ政府は一八〇二年一二月二三日に命令を出し、罰則を設けて六歳から一二歳までのすべての子どもに初等学校への通学を義務づけた(1)。

ただし、これがバイエルンにおける法律による就学強制の始まりというわけではなかった。ヨーロッパの他の地域とは異なって、カトリックとプロテスタントの勢力が拮抗していたドイツにおいては、それぞれの宗派の教会も、それぞれの宗派と結びついていた各地の領邦政府も、学校をつうじて子どもを自らの宗派に繋ぎとめることに熱心であった。一八世紀には、そこにプロテスタント地域では敬虔主義の、カトリック地域では幾分遅れて啓蒙主義の影響が加わり、各地で法律による就学強制が行なわれるようになった。バイエルンにおいても、すでに一七七一年にはすべての子どもの初等学校への就学を求める命令が出されていた。[2] しかし、この命令には就学義務年齢が示されていないなどの欠陥があって、なお学校に通っていない子どもが多数存在した。

このような状態を改めるために、すでに内政改革が始まる前の一七九五年にミュンヘンについては通学すべき子どもの年齢を七歳から一四歳までと明示する措置がとられていた。また、地方に関しては、教理教育（青少年のためのキリスト教教育）と学校に勤勉に通ったという主任司祭の証明書がなければ、当局は結婚、手工業者への弟子入り、不動産の取得を許可してはないという拘束も設けられるようになった。[3] これらの措置を引き継いで、モンジュラ政府も一八〇二年一二月二三日の命令に就学義務を逃れ難くするさまざまな規定を盛り込んでいた。

一八〇二年一二月二三日の命令の最も重要な点は、六歳から一二歳までというように就学義務の生じる年齢と終了する年齢が指定されていたことであろう。これによって、六歳以上の子どもは、いずれ通学する予定であると言い逃れしたり、途中で通学を中断したり、取り止めたりすることなく、六年間学校に通わざるをえなくなった（ただし個人授業などで代替することは認められていた）。

一方、学校に対しても授業を行なうべき期間が指定されていた。学校は収穫期にあたる七月半ばから九月八日までの期間を除いて年中授業を行なわなければならなかった。[4] 学校の一日の授業時間は地域の慣行に任されていたが、普通は五時間（午前三時間、午後二時間）で、水曜日の午後と土曜日の午後は休みであった。[5] 毎日学校に通ってこれらの時間に授業を受けることは子どもの義務であったが、親や後見人にも子どもの通学を督励する責任があるとされ、この責任を果たさなかった場合、親や後見人は刑罰を科され、二倍の授業料を支払わされた。[6]

教師の給与を確保するため、通学している子どもの親や後見人は週二クロイツァーの授業料を払わなければならなかったが、授業料の徴収方法は地域で決めることができた。子どもの労働と通学が両立するように、農村では、五月一日から七月半ばまでの期間には、学校が開かれている時間は四時間とされ、年長組は午前の二時間、年少組は午後の二時間というように分けて授業が行なわれることになっていた。この期間中は授業料も半額とされた。この規則は都市には適用されなかった。[7]

教区記録簿（洗礼、婚姻、終油について記録する教区教会の台帳）に基づいて就学義務のある子どもの一覧表が主任司祭によって作成され、毎年学校が始まる前に学校監察官や教師に渡された。教師はこの名簿を基に毎月の出欠簿を作り、子どもが毎日通学しているかどうかを把握しなければならなかった。[8] 教区記録簿はもともとは宗教儀式の記録簿であり、主任司祭の管理下にあったが、次第に戸籍の代わりとしても利用されるようになっていた。バイエルンでは一八〇三年一月三一日に教区記録簿の書式を法律によって統一し、政府の側から主任司祭に教区記録簿の管理責任を負わせる措置がとられた。[9]

一年間の授業が終了する時期には、学校関係者のほかに父兄や地域の住民も出席して公開試験が行なわれた。[10] 一二歳を過ぎた子どもは就学義務から解放されて、学校を卒業することができたが、卒業するためにはこの学年末の公開試験を受けて、学校監察官が発行する修了証明書の交付を受けなければならなかった。修了証明書にはその後の子どもの経歴を左右する力が与えられ、修了証明書がなければ、手工業者の徒弟に入ることも、結婚することも、不動産を購入することもできないものとされた。[11]

初等学校への就学強制が強化されたのに続いて、一八〇三年九月一二日には一二歳から一八歳までの青少年に祝日学校への通学が義務づけられた。祝日学校は古くから日曜日のミサに続いて主任司祭が行なっていた半時間程度の教理教育から派生した学校で、働いている青少年に対して日曜日や祭日に宗教教育や読み書きの授業を行なおうとするものであった。こうした学校は一八世紀後半に各地に現れたが、バイエルンにおいては、これらの学校が初等教育を修了した青少年に初等教育の復習をさせるため利用されることになったのである。[12]

(b) 就学率の急上昇

一八〇二年一二月二三日の命令はさまざまな形で子どもの就学を強制していたが、授業料の負担、親の教育意欲の欠如、子どもの労働の必要性、カトリック住民の啓蒙主義的教育改革への反発、通学路の長さなど、就学を阻む要因もなお多かった。[13] このため、この命令によって直ちに六歳から一二歳までのすべての子どもが学校に通うようになったわけではなかった。しかし、法令と同時に学校管理機構の整備が進められて、就学すべき子どもに対する行政側の把握能力が向上したこともあって、この命令が子どもの就学を現実のものにするための扉を開いたことも疑いえない。

このことは幾つかの断片的な数値からも読み取ることができる。一八〇二年一二月二三日に罰則付き一般就学義務が導入される以前には、バイエルン選帝侯領のいずれの会計局管轄地区（一七九九年に内政改革が始まる以前に設置されていた中級の地方行政区）においても、六歳から一二歳までの子どもの就学率は三五パーセントに満たなかった。[14] しかし、一八〇二年一二月二三日の命令以後、就学率は上昇し、オーバーバイエルン地方（バイエルン選帝侯領の南部）では、一八〇三年度には六〇パーセントから七〇パーセント、一八〇五年には八四パーセント、一八一六年には八九パーセント、一八二二年には九四パーセント、一八二六年度には九八パーセントに達した（ただし冬の就学率。夏の就学率はこれより幾分低かった）。[15]

一方、ニーダーバイエルン地方（バイエルン選帝侯領の北部）では、一八〇五年には、就学義務のある子ども三万七四一四人のうち二万七八九三人が学校に通っていた。したがって、この年の就学率は七四・六パーセントになっていた。その後も、就学率は上がって、一八一〇年度には八六・六パーセント（就学義務者三万三五九四人、常時欠席者四四八八人）、一八一一年度には九二・七パーセント（就学義務者三万三三〇九人、常時欠席者二四二五人）と

図１　1823年頃のアウクスブルクの初等学校

なった。(16)

これらの就学率を算定する基になっている、学校に通っている子どもの数の中には、まったく学校に行っていない子ども以外の長期欠席者なども含まれているので、初等教育の普及を示す指標として問題がないとは言えないが、これらの数値から、一八〇二年一二月の罰則付き一般就学義務導入以後、初等学校に通う子どもが急激に増えたことを読み取ることはできるであろう。

しかし、就学率の上昇には不都合な側面もあった。子どもの就学率の上昇に合わせて、学校の数や教師の数が増えたわけではないので、教育環境が悪化したのである。この点も数値から見ることができる。オーバーバイエルンの場合、一八一四年度には学校は六四三校、教員は七三五人（ただし教員は一八一六年度の数値）で、そこに四万三人の生徒が通っていた。したがって、学校一校あたりの生徒数は六二・二人、教員一人あたりの生徒数は五四・四人であった。一八二一年度には学校は六四九校、教員は七九七人、生徒は四万九一三五人で、学校一校あたりの生徒数は七五・七人、教員一人あたりの生徒数は六一・六人にまで増加している。(17)

ニーダーバイエルンでは事態はさらに悪く、一八一二年度には学校三七三校、生徒三万四〇六〇人、したがって学校一校あたりの生徒数は九一・三人、一八二〇年度には学校四一九校、生徒四万四四三三人、教員五三六人で、学校一校あたりの生徒数は一〇六・〇人、教員一人あたりの生徒数は八二・九人となっていた。[18] オーバーバイエルンでも、ニーダーバイエルンでも、あるいはその他の地方でも、このように一人の教員（多くの学校には教員は一人しかいなかった）が多数の生徒を抱える状態はその後長らく解消されなかった（図1）。

(2) 新しい教育内容の模索

(a) 一八〇四年の教育予定表

それでは、罰則付きの一般就学義務が導入され、学齢期の子どもの多くが通学するようになった初等学校では、どのようなことが教えられていたのであろうか。一九世紀初めまで初等学校の授業内容は宗教教育・道徳教育と読み書き、計算、音楽に限られていた。一八世紀後半にはバイエルンでもハインリヒ・ブラウン（一七三二〜一七九二）などによって啓蒙主義の立場から初等学校の教育内容の改革が試みられたが、政府部内にも宗教教育・道徳教育と読み書きを中心とする伝統的な初等教育を是とする考え方があり、実際に授業内容が大きく変化することはなかった。[19] しかし、一八〇二年一二月二三日に就学強制が強化されると、改めて初等学校の教育内容を新しくしようという努力が始まった。

一八〇三年八月三日、モンジュラ政府は、新しい初等教育の内容を提示するのに先立って、学校総監理府の下部組織に対する訓令と一緒に、公教育の一般原則を公表した。この中で、モンジュラ政府は、教育にはすべての人間に共通する道徳教育と、農民、市民、知識人といった身分ごとに異なる知的・技術的教育があり、各種の学校によって、道徳的に善良で、かつ身分に応じて役に立つ人間を育てることが公教育の役割であるという啓蒙主義義的・実用主義的な考えを改めて表明した[20]。

続いて一八〇四年五月三日には初等学校教育予定表の概要が官報によって示され、その後「ドイツ学校基金書籍出版」（バイエルンの独占的教科書出版会社）によって印刷された初等学校教育予定表がすべての初等学校に配布された。また、九月五日には単線型の学校制度を想定した中等学校教育予定表も公表された。一八〇六年一月八日には初等学校教育予定表が初等教員に対する訓令とともに改めて官報に掲載された[21]。

この一八〇六年一月八日の訓令は初等学校の教育について次のように説明していた。初等学校は「最初の、最も一般的な、すべての人間に不可欠の知識が教えられる公的教育施設」である。ここでは「一般的に役立つこと、すべての身分において利用できることのみ」が最も単純な形で、簡単なものから難しいものへという方法によって教えられるべきである。このような教育を行なうためには、教えるべき内容を厳選し、段階順に並べた教育予定表を用意して、それにしたがって授業を進めなければならない[22]。そこで作られたのが一八〇四年の教育予定表ということになる。

この教育予定表では初等学校で教えるべき内容が「神」、「人間」、「自然」、「工芸」、「言語」、「数量」という六つの項目に分類されていた。「神」の項目で教えられるのは道徳と宗教である。「人間」の項目は「身体」（身体の名称、衛生、礼儀作法について教え、運動を行なう）、「精神」（精神の働きについて教える）、「人間の歴史」という小項目に分かれていた。「自然」は「博物」、「物理」、「地理」という小項目から成り立っていた。「工芸」では工芸の名人や産物について教えることになっていた。「言語」は「発音」、「読解」、「習字」、「文法」、「正書法」という小項目に分かれており、「数量」は「暗算」、「筆算」、「目分量による計測」、「度量衡による計測」という小項目に区分されていた[23]。

初等学校の六年間はそれぞれ二年間の下級クラス、中級クラス、上級クラスという三つの段階に区分され、「神」

以下の六つの項目に属する教育内容が三つの段階それぞれに配置されていた。「神」から「数量」に至る六つの項目は「人間のすべての知識の広がり」[24]を表しているという一八〇六年の訓令の説明からも窺えるように、この教育予定表は百科全書的な知識を最も平易な水準にまで希釈して初等学校の生徒に教え込もうとするものであった。

（b） 一八一一年の教育予定表

この一八〇四年の教育予定表は、一八〇六年の訓令（第九条）自体に断りがあるように、主として都市の初等学校を念頭に置いたものであり、農村の初等学校でこれまで教えられていた内容に比べるとかなり多くのものを含んでいた。[25] このため、各地から内容が高度すぎるという不満の声があがり、政府部内でも学校総監理府（一八〇五年以降は枢密学校局）の長官フラウンベルクの教育政策に対する批判の動きが生じた。

一八〇七年一月三一日にフラウンベルクが退任し、枢密学校局が廃止されて、教育行政が内務省に吸収されると、内務省内で教育政策の見直しが始まった。学校総監理府以来の学校行政の担当者であり、一八〇四年の初等学校と中等学校の教育予定表、一八〇六年の訓令の執筆者でもあったヴィスマイアーはこれまでの教育予定表を擁護したが、一八〇七年に新たに内務省の学校顧問官となったニートハマーは教育予定表の改訂を主張した。[26]

ヴィスマイアーとニートハマーの争いは啓蒙主義と新人文主義の対立に根ざしたものであり、争いの中心は初等教育というより、むしろ中等教育にあった。その中等教育については、まもなくニートハマーが優勢になり、一八〇八年一一月三日の一般規則と一八〇九年一月二八日の説明によって、一八〇四年の中等学校教育予定表が想定していた単線型の学校制度は放棄され、初等学校と中等学校は完全に切り離されて、中等学校の前に中等学校に入るための準備学校が設けられることになった。[27]

一方、初等学校の教育予定表については、一八一一年に奇妙な妥協が図られた。一八一一年五月三日に制定された初等学校の新しい教育予定表は三つの部分から成り立っていた。第一部には一八〇四年の教育予定表がほぼそのまま、第二部には一八〇六年の訓令が若干の修正を加えた上で収録されており、これだけを見れば一八〇四年の教育予定表が再確認される形になっていた。ところが、一八一一年の教育予定表には第三部としてニートハマーの手になる詳細規定が付加されていて、そこには第一部と第二部を修正する内容が含まれていたのである。さらに、一八一一年の教育予定表が「中央教科書出版」（一八〇六年に「ドイツ学校基金書籍出版」から名称を変更）によって印刷され、初等学校に配布される際に、ニートハマーによる解説が追加された(28)。

詳細規定と解説の中で、ニートハマーは教育内容を多様化して授業を活性化しようとした一八〇四年の教育予定表の意図は初等学校の教員と生徒の能力に見合っていないために実現されていないと批判し、また宗教教育や読み書きなどを中心とした伝統的な教育内容を越えた「人間」、「自然」、「工芸」の項目は理屈を捏ねる練習に生徒を導いているとも批判していた(29)。

こうした問題を解消するため、ニートハマーは初等学校の教育内容の実質的な削減を図った。一八〇四年の教育予定表の六つの項目は「神」、「言葉」、「数量」からなる第一グループと「人間」、「自然」、「工芸」からなる第二グループに区分され、下級クラスと中級クラスでは第一グループの科目、特に読み書きを優先的に教えるものとされた。一方、第二グループの教育内容は上級クラスに追いやられ、場合によっては教える必要がないものと位置づけられた(30)。

一八一一年の初等学校教育予定表はこのように矛盾した内容を含んでいたのであるが、やがてヴィスマイアーが解任され(31)、ニートハマーが学校行政の担当者として内務省に残ったことによって、ニートハマーの執筆した詳細規定と解説の部分が初等教育の内容を規定するようになった。その結果、読み書き、計算、宗教教育などの伝統的な授業科目（「言葉」、「数量」、「神」がこれに対応）に百科全書的知識の一部を加えたものがバイエルンにおける初等教育の内容ということになった。一八一一年の教育予定表はその後改訂されず、長期間にわたって効力を保ち続けた[32]。

(3) 学校と宗教の関係の見直し

一八世紀以前には学校は宗教施設であり、キリスト教会の管理下にあった。一七七〇年にブラウンが新しい学校条令を制定したあと、国家による学校への干渉が強化されたが、モンジュラ政府はさらに一歩踏み込んで、教育をキリスト教会から切り離し、国家が責任を負うべき事柄として取り扱うようになった。しかし、これまでの経緯から宗教的要素を初等学校から完全に排除することは不可能であった。そこで初等学校と宗教の関係をどのように調整するのかが問題となった。

モンジュラ政府は初等学校を単なる知識の授与機関ではなく、道徳教育の施設でもあると考えていたので、最初から初等学校での宗教教育を否定する意図をもってはいなかった。一八〇四年の初等学校教育予定表でも、宗教教育は道徳教育と組み合わされて、「神」という項目の中に場所を与えられていた。ただし、宗教教育の内容は聖職者に委ねられていたわけではなく、大枠では学校行政の担当者が統制していた。「神」の中では、例えば初級クラスで教えるべき内容として「神、宗教、倫理という概念の根拠」から「イエスの伝記の中の物語」までの六つの事項が指定されていた[33]。

一八一一年の初等学校教育予定表は一八〇四年の初等学校教育予定表の百科全書的内容の削減をめざしていたので、宗教教育についても、初級クラスに関して言えば、宗教的感情を覚醒させるために、聖書や聖歌の一部を生徒に暗記させることを求めるにすぎなくなった[34]。もちろん、こうした削減は学校行政担当者の宗教教育に対する規制を緩めるものでも、初等学校における宗教教育の比重を下げるものでもなかった。

聖職者の初等学校への関与についても、モンジュラ政府はむしろ積極的に受け入れる姿勢を示した。一八〇二年一二月二三日に罰則付きの一般就学義務を導入したあと、一八〇三年一月一一日には学校総監理府が聖職者に対して学校運営への協力を呼びかけた[35]。続いて八月三日には学校総監理府の地方組織が整備されたが、すでに述べたように、聖職者は末端の学校管理組織である地域学校委員会への参加と、地域の初等学校への定期的な訪問を義務づけられた。一八〇九年に学校管理の下部組織が管轄区学校監察官（地方裁判区と大都市）と地域学校監察局（学校のある教区）に改められた際にも、聖職者は引き続きこれらの機関への参加を求められた。

モンジュラ政府が聖職者に学校管理の下部機構を担わせたのは、これまで各地で教育活動を支えてきた聖職者を抜きにしては初等教育に混乱が生じる恐れがあったためであるが、それと同時に、聖職者を「宗教と倫理における民衆の教育者」、「単なる教会の召使ではなく、同時に国家の官僚」[36]と見做す啓蒙主義的な考え方をとっていたためでもあった。

その一方で、モンジュラ政府は教育に対する宗教の影響を弱めようという動きも見せた。宗教改革以降キリスト教は実際にはカトリックとプロテスタントの宗派に分かれて存在していたが、一八〇四年一一月二六日に、モンジュラ政府は、学校は宗派に分かれていてはならないという命令を出した[37]。高等教育機関や中等教育機関ではこの命令は守られたが、初等学校については学校が宗派の学校であるという状況を変えることは難しかった。

一八一〇年五月一〇日、モンジュラ政府は、初等学校についても宗派共通の学校を実現するため、教区ではなく自治体の境界線を初等学校の通学区の境界線とし、この通学区の中で宗派共同の通学を行なうことを義務づけた。これにともなって宗派別の授業は宗教教育の時間についてしか認められなくなった。しかし、一八一五年一月二二日に早くもこの措置は撤回されて、宗派ごとの教区が通学区とされ、学校も宗派別の学校が通例とされるようになった。[38] これ以後、一八七三年に再び自治体の区域が通学区とされるまで、バイエルンでは教区が通学区となった。[39]

これまで見てきたように、モンジュラ政府の初等教育改革には完全には実現しなかった部分もあったし、途中で計画が変更された部分もあった。しかし、ともかくも初等学校を国家の統制下に置き、子どもの就学率を急速に上昇させるということには成功した。これ以後、バイエルンでは大半の子どもが初等学校でほぼ共通の初歩的教育を受ける機会を手にすることになった。その意味で、モンジュラ政権の内政改革にともなう初等教育改革はバイエルン教育史の大きな区切りをなすのである。

（1）Döllinger, a. a. O., Bd. 9, S. 987 ff.; Dokumente, Bd. 8, S. 59 ff.; Schimke, a. a. O., S. 649 ff.; Bregulla, a. a. O., S. 118.

（2）Täschner, Stefan, Schule in Bayern im Spannungsverhältnis von Staat, Eltern und Kirche, Frankfurt am Main 1977, S. 39 f. 一七七〇年のブラウンの学校条令の中に農閑期である冬には農村でも子どもをできるだけ就学させなければならないという規定が盛り込まれたあと、一七七一年二月五日の命令によって「すべての親は、誰であろうと（官職と地位から自らの家庭教師を抱えることのできる身分のある者のみを除いて）、その子どもを例外なく公的学校にやらなければならない」という形で一般就学義務が導入された。リートケ編のバイエルン教育史（Liedtke, a. a. O., Bd. 1, S. 662, Bd. 2, S. 52）はすでに一六五九年の学校条令に一般就学義務を定めた文言が含まれているとしているが、この解釈には無理がある。

（3）Bregulla, a. a. O., S. 80 f., 281, 284; Liedtke, a. a. O., Bd. 2, S. 53, 263 f.

（4）Döllinger, a. a. O., Bd. 9, S. 988; Dokumente, Bd. 8, S. 60; Schimke, a. a. O., S. 650.

（5）Döllinger, a. a. O., Bd. 9, S. 1002; Liedtke, a. a. O., Bd. 2, S. 85; Englmann, a. a. O., S .210 f.

（6）Döllinger, a. a. O., Bd. 9, S. 988; Dokumente, Bd. 8, S. 60; Schimke, a. a. O., S. 649 f.

（7）Döllinger, a. a. O., Bd. 9, S. 988, 1303; Dokumente, Bd. 8, S. 60 f.; Schimke, a. a. O., S. 650 f.

（8）Döllinger, a. a. O., Bd. 9, S. 988; Dokumente, Bd. 8, S. 60; Schimke, a. a. O., S. 649; Bregulla, a. a. O., S. 294.

(9) Döllinger, a. a. O., Bd. 8, S. 391 ff.

(10) Liedtke, a. a. O., Bd. 2, S. 83, 264 f. 一年の授業の開始期と終了期は法令では決められていなかったが、農村では五月一日前後、都市では一〇月一日前後が一般的であった。Ebenda, S. 85.

(11) Döllinger, a. a. O., Bd. 9, S. 989; Dokumente, Bd. 8, S. 61; Schimke, a. a. O., S. 651. 修了証明書の様式については Liedtke, a. a. O., Bd. 2, S. 266 f.; Bregulla, a. a. O., S. 186 ff. を見よ。

(12) Döllinger, a. a. O., Bd. 9, S. 1496; Dokumente, Bd. 8, S. 62; Liedtke, a. a. O., Bd. 2, S. 117 ff., 282 ff.; Bregulla, a. a. O., S. 118. 日曜日の教理教育と初等学校修了者の読み書きや計算の復習を結びつけようという動きはブラウンの学校改革（一七七一年二月五日の命令）の際にも見られた。Liedtke, a. a. O., Bd. 1, S. 646, Bd. 2, S. 117 f.

(13) Ebenda, Bd. 2, S. 55 f. 子どもの就学を実現するため、一八〇二年以降も地方別に命令が繰り返されたことについては Bregulla, a. a. O., S.141 ff.

(14) Liedtke, a. a. O., Bd. 2., S. 311.

(15) Sonnenberger, Franz, Studien zur Verwirklichung der allgemeinen Schulpflicht in Oberbayern, 1802-1850, in: Lenz Kriss-Rettenbeck und Max Liedtke, Hrsg., Regionale Schulentwicklung im 19. und 20. Jahrhundert, Bad Heilbrunn 1984, S. 52 f.; Liedtke, a. a. O., Bd. 2, S. 60.

(16) Buchinger, Hubert, Zur Geschichte der niederbayerischen Volksschule im 19. Jahrhundert, in: Kriss-Rettenbeck und Liedtke, a. a. O., S. 75; Liedtke, a. a. O., Bd. 2, S. 151 f.

(17) Ebenda, S. 136.

(18) Ebenda, S. 152, 161.

(19) Ebenda, Bd. 1, S. 364 f., 640 ff., 651. 実のところ、バイエルンでは一七七〇年にブラウンによって新しい学校条令が制定されるまでは、読み書き、計算の教育すら宗教教育や道徳教育の陰に隠れた存在であった。

(20) Dokumente, Bd. 8, S. 41 f.; Liedtke, a. a. O., Bd. 2, S. 19 f.

(21) Englmann, a. a. O., S. 234; Dokumente, Bd. 8, S. 93 ff.; Liedtke, a. a. O., Bd. 2, S. 86; Bregulla, a. a. O., S. 120. 一八〇四年の初等学校教育予定表では初等学校は「基礎学校」(Elementarschule）と呼ばれていた。

(22) Döllinger, a. a. O., Bd. 9, S. 1353 f.; Dokumente, Bd. 8, S. 75 f.

(23) Döllinger, a. a. O., Bd. 9, S. 1344-1353; Dokumente, Bd. 8, S. 67-75.

(24) Döllinger, a. a. O., Bd. 9, S. 1354.

(25) Ebenda; Dokumente, Bd. 8, S. 76; Bregulla, a. a. O., S. 119.

(26) Schwarzmaier, a. a. O., S. 88; Liedtke, a. a. O., Bd. 2, S. 69.

(27) Lurz, a. a. O., Bd. 2, S. 561 f., 584 f.; Dokumente, Bd. 8, S. 98 ff.; Schimke, a. a. O., S. 659 ff.; Liedtke, a. a. O., Bd. 2, S. 86 f.; Bregulla, a. a. O., S. 119. 中等学校と切り離された初等学校は「民衆学校」（Volksschule）と呼ばれるようになった。一八〇九年一月二八日の説明（Aの1項）には「民衆学校は学術施設から完全に切り離され、言葉の厳密な意味での基礎学校であることをやめる」とある。

(28) Döllinger, a. a. O., Bd. 9, S. 1344-1397; Liedtke, a. a. O., Bd. 2, S. 70 f.; Englmann, a. a. O., S. 235; Bregulla, a. a. O., S. 125.

(29) Döllinger, a. a. O., Bd. 9, S. 1372, 1382.

(30) Ebenda, S. 1374 ff., 1386.

(31) Liedtke, a. a. O., Bd. 2, S. 71.

(32) 一八一一年の初等学校教育予定表は形式的には一九二六年まで効力をもっていた。Ebenda, S. 69.

(33) Dokumente, Bd. 8, S. 68.

(34) Döllinger, a. a. O., Bd. 9, S. 1374.

(35) Dokumente, Bd. 8, S. 64 ff.

(36) 一八〇四年五月七日に出された国家と教会の関係に関する命令の中の表現。Ebenda, S. 373; Schimke, a. a. O., S. 515 f.

(37) Liedtke, a. a. O., Bd. 2, S. 21 f.

(38) Döllinger, a. a. O., Bd. 9, S. 1294 f., 1297 ff.

(39) Liedtke, a. a. O., Bd. 2, S. 411.

3　初等教員養成制度の整備

(1)　ミュンヘン教員養成学校の設置

モンジュラ政府が初等教育改革に着手した一九世紀初めになっても、初等教員の社会的地位や授業能力は極めて低かった。一八〇三年三月に行なわれたミュンヘン教員養成学校開校式の演説の中で、同校の校長は初等教員の境遇について次のように述べている。

彼らの運命は今日でもまだ非常に悲惨である。人々は一般に彼らを農村住民の中で最も地位の低い、最も必要性のない人間と見做している。〔……〕耕地や作業場で働くあらゆる労働者は教師よりもその賃金に値すると見做されており、また教師よりも彼らにより多くが、より気前よく支払われた。教師は手仕事に逃げ場を求めることを強いられた。彼らはどこから必要な知識を獲得し、どこから若者に目的に合った教育を行なうために不可欠の技能を手に入れればよいのであろうか。(1)

このような初等教員の状態を改善しようという動きはバイエルンでもすでに一八世紀の後半に始まっていた。一七七〇年にはブラウンの初等学校改革の一環としてミュンヘンに模範学校（一週間から数箇月の間、模範教員による授業を他の教員に参観させて、教員の授業能力を向上させようとした）が設置され、新任の教員に対する宗教顧問会議による資格認定試験も始まった。(2) さらに、一七七八年には中級の地方行政区である会計局管轄地区の中心都市にも模範学校が設けられ、新任の教員に対する資格認定試験も会計局管轄地区の中心都市に設けられた地域学校委員会において行なわれるようになった。しかし、こうした措置によって教員の社会的地位や授業能力が急速に向上することはなかった[3]。

一七九九年二月に誕生したモンジュラ政権は早い段階から初等教員の状況に関心を示し、同年一〇月二三日には宗教顧問会議に対して教員養成に関する意見書を提出するよう命令が出された[4]。しかし、教員養成の方法を具体的に決定するまでにはなお時間が必要であった。それ以前にモンジュラ政府は初等教員の社会的地位や収入を引き上げるための措置をとり始めた。一八〇〇年四月一六日には、共有地を分割する際には初等教員にも土地を分けるようにという命令が出され、同年一〇月三一日には初等教員の公開での処罰を禁止する命令が出された。また、一八〇三年五月六日には慈善基金の一部を初等学校の資金にあてることが決定された[5]。

一八〇二年一二月二三日に罰則付きの一般就学義務が導入され、初等教育改革が本格化すると、初等教員の授業能力の向上が急務になった。このため、一八〇三年三月七日にミュンヘンに教員養成学校が開設された。この教員養成学校は一七九〇年に設置された祝日学校を母体として誕生した。平日には使用しない祝日学校の建物を使って初等教員を養成しようというのである。その後、この教員養成学校は祝日学校とともに新しい建物に移転し、授業の実習を行なうための初等学校が模範学校として併設されて、一八〇四年三月一八日に改めて正式開校の運びとなった[6]。

このミュンヘン教員養成学校は当初は主としてすでに初等教員として働いている者の研修を行っていたが、一八〇六年以降は、理論的な授業を減らして、新しく教員をめざす者を教育するようになった。教育期間は特に定められておらず、一年で修了する者も、二年続けて授業を受ける者もあった。入学者はミュンヘンばかりでなく、古くからバイエルン国家に属していた地方からもやってきた。当初の入学者の波が去ったあとは、毎年五〇人から六〇人が入学していた[7]。

(2) 教員養成課程の統一

一八〇三年にバイエルンは帝国代表者会議主要決議によってフランケンとシュヴァーベンに領土を拡大し、これにともなって、併合した領土に設置されていた教員養成機関を取り込むことになった。ヴュルツブルクには一七七〇年に設立された寄宿制の教員養成学校、バンベルクにも一七九一年に設立された寄宿制の教員養成学校があった。一方、ディリンゲンには一七七四年に設立された模範学校、アイヒシュテットには一七八五年に設立された模範学校があった。

アウステルリッツにおけるオーストリアの敗戦（一八〇五年一二月）にともなって締結されたプレスブルク条約によって一八〇五年にはそれまでオーストリア領であったティロールがバイエルンに併合され、ティロール各地の模範学校がこれに加わった。ただし、ヴュルツブルクの教員養成学校は同じプレスブルク条約による領土の変更のため一八〇五年にバイエルンの手を離れた。古くからのバイエルン領であったオーバープファルツのアンベルクにも一八〇八年に教員養成学校が開設された。

このように一八〇三年以降教員養成学校や模範学校の数が増え、しかもそれぞれの学校が成立事情を異にしていたので、バイエルン全体で教員養成機関の配置や教育内容を見直して、統一を図ることが必要となった。このため、一八〇九年六月一一日に初等教員養成に関する一般規定が制定された。(8) 一八〇三年に作られたミュンヘン教員養成学校は民間人の努力に負うところが大きかったので、この一般規定がモンジュラ政府の教員養成に関する最初のまとまった意思の表明であった。

この一般規定によって、バイエルンにおける今後の初等教員の養成はミュンヘン、アンベルク、バンベルク、インスブルックの四つの既存の教員養成学校とアウクスブルク、ニュルンベルクにこれから設置される二つの教員養成学校において行なわれることになった。これらの教員養成学校の授業料はいずれも無料とされた。(9)

すべての教員養成学校の入学条件は統一され、一五歳以上、初等学校の良好な成績、品行方正の証明が入学の前提条件となった。ほかに入学希望者は若干の実科的知識と音楽の初歩を独自に習得していることを求められた。入学希望者に対しては毎年教員養成学校の教員による入学試験が行なわれ、教員養成学校所在地の管区派遣長官役所（一八〇八年に設置された、県に相当する中級の地方行政区を担当する官庁）によって入学者が決定された。一八歳を越えた入学希望者の再受験は二回までしか認められなかった。(10)

建物に余裕がある教員養成学校は学生を寄宿舎に入れ、校長が学生の行動を常時監督することになっていた。寄宿制をとらない場合には、学生は校長に住所と利用する食堂を届けなければならなかった。学生が酒場や公園を訪れることは禁止されていた。また、教員養成学校の校長は毎年授業が始まる前に学生の名簿を警察当局に提出しなければならなかった。(11)

教員養成学校において教えられる科目は三つのグループに区分されていた。第一グループは初等学校における授業のために必要な科目である。一八〇四年の教育予定表を改訂しようという動きがすでに始まっていたので、ここに入る本来の科目は読み、書き、計算、宗教に限定されていた。ほかに唱歌、素描、しつけ（勤勉さなどの徳性を生徒にどのように教え込むかを実践的に学ぶ）がここに加わった。第二グループは学生が自らの教養を高めるために必要な科目で、歴史、地理、幾何、博物、技術がここに属していた。園芸、果樹栽培、養蜂などの農業上の知識もこのグループに加えられた。第三グループはオルガン演奏、法廷書記術など初等教員が副業を行なうために必要な技能を教える科目からなっていた。(12)

教員養成学校の授業では学生の能力（初等学校を修了して入学）を考慮して理論的な内容を避け、実例を重んじることになっていた。このため、教員は将来学生が初等学校で生徒に教えるのと同じ方法で学生に授業を行なうことを求められた。これによって初等学校の授業内容と授業方法を同時に学生に教えようというのである。

一七七〇年のブラウンの初等学校改革以来、バイエルンにおける初等学校の授業は教室における一斉授業、生徒への質問の多用という形式をとるようになっていたので、教員養成学校でも授業は同じ形式で行なわれた(13)。

教員養成学校の在学期間は二年とされ、一年目は科目の習得にあてられ、二年目には科目の授業と並んで付属の模範学校における教育実習が行なわれることになっていた。一日の授業時間は六時間とされ、水曜日の午後と土曜日の午後は休みとなった。一年目には主として第一グループの科目(読み、書き、計算、宗教、唱歌)と地理、オルガン演奏、園芸、果樹栽培が教えられた。二年目には第一グループの科目と地理の授業、教育実習のほかに、歴史、博物、幾何、しつけ、法廷書記術、養蜂などの授業が行なわれた(14)。

学生に対しては毎年管区学校顧問官(管区派遣長官役所内の学校問題担当官)の主催する公開試験が課せられた。二年目の学生に対する公開試験は学生が初等教員の候補者になれるかどうかを決定する試験でもあった。管区学校顧問官は、教員養成学校から提出された学生の成績と校長の意見を参考にしながら、公開試験の結果に基づいて、学生に四段階の評価をつけ政府に報告した。評価を受けられなかった学生は初等教員の候補者になれなかった。候補者は教員助手などをしながら教員としての本採用を待った。候補者は本採用の前にもう一度教員養成学校で試験を受けなければならなかった(15)。

このような内容をもつ教員養成学校についての一般規定が制定されたことによって、バイエルン全体で、規律正しい生活を送る習慣を身につけ、中高等教育の知識や能力とは異なっているものの、それなりの知識と技量を備えた初等教員を養成する基礎が生み出された。こうした措置によって初等教員は社会の下層民から次第に擬似的知識人に変化していった(16)。

(3) 教員養成制度の修正

一八〇九年の一般規定によって初等教員養成課程の骨格が作られたが、すべての教員養成学校が直ちにこれに合わせて運営されるようになったわけではなかった。また、教員養成学校の所在地についてもその後変更が加えられた。ミュンヘンの教員養成学校は、一つには祝日学校と結びついていて建物が手狭になったために、一つには大都市ミュンヘンで学生の生活態度が荒れるのを恐れたために、一八一二年にフライジングに移転した。この教員養成学校はフライジングにおいて初めて寄宿制をとるようになった。その一方で小都市のフライジングでは付属の模範学校を維持することができなくなった[17]。

一八〇九年の一般規定に設置が謳われていたニュルンベルクの教員養成学校はようやく一八一四年に開校の運びとなった。このニュルンベルクの教員養成学校も寄宿舎をもっていなかった。一八二四年にはこの教員養成学校も大都市ニュルンベルクを避けてアルトドルフに移転することになり、移転後に初めて寄宿舎を備えるようになった。一方、アウクスブルクの教員養成学校は関係者の努力にもかかわらず成立しなかった。その代わりに一八二四年にディリンゲンに教員養成学校が設けられた。アンベルクの教員養成学校は一八二三年に廃止され、翌年シュトラウビングに新しい教員養成学校が開設された[18]。

領土の変更による教員養成学校の変動も見られた。一八一四年四月にナポレオンが没落したあと、六月にはオーストリアとバイエルンのあいだで領土の交換が行なわれた。これにともなって、ヴュルツブルクの教員養成学校が再びバイエルンに戻ってきた。しかし、長い伝統を持つこの教員養成学校は当初は独自性を保った。一方、ティロールは再びオーストリア領となったので、インスブルックの教員養成学校はバイエルンの手を離れた。一八一六年にはやはりオーストリアとの領土交換によってプァルツがバイエルン領になり、一八一八年にカイザースラウテルンに新たに教員養成学校が設置された[19]。

一八一七年二月にモンジュラが失脚して内政改革時代が終わったあと、一八二三年九月四日に初等教員志望者に対して教員養成学校への入学が義務化され、教員養成学校を修了していない者は初等教員になれなくなった。また、これに合わせて、教員養成学校を宗派別とする、すべての教員養成学校で寄宿制をとる、教員養成学校への入学希望者に既存の教師のもとでの、あるいは聖職者の指導による三年以上の入学準備を求めるなどの改定も行なわれた。さらに、教員の需要と供給を調整するため、管区（中級の地方行政区）ごとに教員養成学校を設けて、それぞれの管区における教員の需要に合わせて教員養成学校の入学者数を決定するという方式が採用された。[20] 一八二四年にディリンゲンとシュトラウビングに教員養成学校が開設され、ニュルンベルクの教員養成学校がアルトドルフに移されたのはこの改正に対応した措置であった。このようにして教員養成においても法律の規定と現実の差異は次第に埋まっていった。

（1）Bregulla, a. a. O., S. 126 から引用。
（2）Braun, Heinrich, Plan der neuen Schuleinrichtung in Baiern 1770, hrsg. von Alfons Bock, München 1916, S. 11 f., 12; Hüttner, a. a. O., S. 62 ff., 68 f., 75 ff.
（3）Bock, a. a. O., S. 41; Hüttner, a. a. O., S. 66 f., 70.
（4）Ebenda, S. 152 f.
（5）Dokumente, Bd. 8, S. 16, 58, 59.
（6）Hüttner, a. a. O., S. 153 ff., 171 f.; Bregulla, a. a. O., S. 127.
（7）Hüttner, a. a. O., S. 162 ff., 172 f., 175 ff., 184.
（8）Bregulla, a. a. O., S. 129.
（9）Döllinger, a. a. O., Bd. 9, S. 1158; Dokumente, Bd. 8, S. 79.
（10）Döllinger, a. a. O., Bd. 9, S. 1159 f.; Dokumente, Bd. 8, S. 79 f.; Bregulla, a. a. O., S. 129.

(11) Döllinger, a. a. O., Bd. 9, S. 1162 f.; Dokumente, Bd. 8, S. 81.

(12) Döllinger, a. a. O., Bd. 9, S. 1164-1169; Dokumente, Bd. 8, S. 82 f. 一九世紀初めになっても農村では初等教員は収入を補うために教会の雑用を行なう教会使用人を兼務しているのが普通であった (Liedtke, a. a. O., Bd. 2, S. 79)。バイエルン政府も初等教員が副業を必要としていることを理解していて、教員養成課程でオルガン演奏など副業のための技能の伝授を行わせていたのである。

(13) Döllinger, a. a. O., Bd. 9, S. 1169 f.; Bregulla, a. a. O., S. 129. ブラウンが一七七〇年の学校条令によって新しい授業の形式を導入したことについては Braun, a. a. O., S. 11 f., 24 f., 31, 40, 41 を見よ。ブラウンが参考にしたオーストリアのヨハン・イグナーツ・フェルビガー(一七二四〜一七八八)の授業の方法については Hüttner, a. a. O., S. 14 f., 18 f. を見よ。

(14) Döllinger, a. a. O., Bd. 9, S. 1171 f. Bregulla, a. a. O., S. 129.

(15) Döllinger, a. a. O., Bd. 9, S. 1174 ff. 一八〇九年の一般規定ではまだ教員養成学校の学生以外の者にも管区学校顧問官による試験を受けることが認められていた。

(16) 中高等教育を受けていない初等教員は当時のヨーロッパでは知識人の範疇に入らなかったが、初等教員は「より多くの知識の量によっても、偏見のない思考様式によっても無教養の大衆の前で際立たなければならない」(ebenda, S. 1167) という一八〇九年の一般規定の中の言葉が示しているように、モンジュラ政府は初等教員が国民の前では知識人のように見えることを期待していた。

(17) Hüttner, a. a. O., S. 271 f., 277.

(18) Ebenda, S. 200, 302 f., 305, 313, 315 f.

(19) Ebenda, S. 320 f., 336 ff.

(20) Döllinger, a. a. O., Bd. 9, S. 1179 ff.; Hüttner, a. a. O., S. 348-354.

終わりに――

一九世紀初めのバイエルンの初等教育改革はその内容の多くを一八世紀後半の啓蒙主義的教育改革に負ってい

た。しかし、啓蒙主義的教育改革はいわば机上に存在していただけで、現実にはなっていなかった。この状況を変えたのは、近代国家形成にともなう学校管理機構の改革や国家とキリスト教会の関係の変化であった。主権を確立した近代国家がキリスト教会から教育の監督権を奪い取り、国家機構の再編成に合わせて整備された学校管理機構をつうじて教育改革の実行を督励し、監視することによって、教育改革は現実のものとなった。

その意味では、初等教育の改革は近代国家の形成を前提としていた。しかし、この章の冒頭にも述べたように、近代国家形成の方が初等教育改革を前提としたわけではないし、近代国家形成が必然的に初等教育改革を呼び起こしたわけでもない。内政改革によって教育改革の前提が形成されるのと同時に、初等教育の改革が行なわれたのは、あくまで内政改革を遂行していた政権中枢部の決断によるし、そのような決断を促した周囲の事情による。

教育に直接かかわる周囲の事情としては、ほかでもなく、成果は乏しかったものの、内政改革以前に啓蒙主義的教育改革が行なわれていたことが重要であろう。それは、別の言い方をすれば、バイエルンにはこれまでにも教育改革を試みた経験があったということであり、またそれにもかかわらず初等教育は普及しておらず、新たな教育改革が待たれていたということでもある。一九世紀初めのバイエルンの初等教育改革はその内容ばかりでなく、その誘因についても過去の累積に負うところが大きかったということになろう。

第2章　中等教育改革と新人文主義の興隆

はじめに

ヨーロッパでは長いあいだ中等教育と初等教育は結びついていなかった。中等学校はキリスト教の聖職者を養成するための学校として中世の初めから存在し、中世の半ばにはそこから大学が派生した。これに対して、宗教改革と関連して初等学校が本格的に登場するのは近世になってからである。中等教育と初等教育は歴史的背景ばかりでなくその目的をも異にしていた。中等教育はラテン語を基盤とした学術教育であり、知的エリートの養成を目的としていたが、初等教育は一般の住民に読み書きを教え、宗教教育を施すことを目的としていたにすぎなかった。(1)

一八世紀になると啓蒙主義が勢力を拡大し、教育改革が試みられた。啓蒙主義は俗に教育全般の普及をめざしていたと見られているが、実は初等教育と中等教育で対応が異なっていた。一般住民を合理的な思考に導くためには読み書きを中心とする初等教育の普及が必要であった。しかし、中等教育を普及させて、さらに多くの知的エリートを生み出すことは、生産活動に従事しない人間を増やすことにほかならなかった。したがって、中等教育を拡大する必要はないというのが啓蒙主義の主張であった。そればかりではなく、啓蒙主義はラテン語を基盤とするこれまでの学術文化そのものに批判の目を向けていた。中等教育の内容をもっと社会の役に立つものに切り替えることが、中等学校の数を抑えることと並んで、啓蒙主義的教育改革の目標となった。(2)啓蒙主義は中等教育には極めて冷淡であった。

一七八九年にフランス革命が起きると、啓蒙主義の影響はさらに強まった。フランスでは啓蒙主義的教育政策によって伝統的な中等教育は破壊された。しかし、ドイツではそのような事態は生じなかった。ドイツ諸国では、近代国家形成は、領邦君主の官僚機構が内政改革によって自己転換を遂げて近代的統治機構を生み出す過程を中心に進行した。官僚機構は近代国家形成の要であった。中等教育はこの官僚機構に直接、あるいは大学を経由する形で人材を供給していた。ところが、中等教育に非常に冷たい啓蒙主義的教育政策は中等教育の現場に混乱をもたらした。このため、ドイツ諸国は中等教育に関しては啓蒙主義的政策を全面的に採用することができなかったし、たとえ採用しても長く続けることができなかったのである。

一七九九年の君主の代替わりを機に内政改革に着手し、ドイツ諸国の中で最も早く近代国家体制に移行したバイエルンは一時啓蒙主義的中等教育政策を採用しており、後者の事例にあたる。バイエルンでは、中等教育にどのようなことが起こったのであろうか。それを検討することがこの章の課題である。中等教育と近代国家の関係は錯綜しているので、バイエルンの事例がドイツ全体を代表するということではないが、この事例からも、中等教育が近代国家の出現によってどのような変化を被ったのかということについて概要を読み取ることはできるであろう。

中世から近世にかけてのバイエルンの中等学校の歴史については二〇世紀初めにGeorg Lurz(3)が通史のついた史料集を出版している。その後の研究成果を取り入れたバイエルン中等学校史としてはMax Liedtke(4)編のバイエルン教育史の中の記述がある。この章の中等学校についての説明は主としてこのリートケの編著に基づいている。中等学校の細部について述べる必要がある場合には、Georg Lurz の史料集、Kommission für bayerische Landesgeschichte[5] の史料集、Maria Schimke[6] の内政改革についての史料集、Georg Döllinger[7] の行政法規集などを利用した。一八世紀後半のギュムナージウムの生徒の社会的出自については Rainer A. Müller[8] の研究、一九世紀前半のギュムナージウムの生徒の社会的出自については Martin E. Hofmann[9] の研究に拠った。

（1）「序言」の注でも述べたように、一八世紀後半までヨーロッパの学校制度には初等学校、中等学校という段階区分はなかった。それ以前には俗語の学校（ドイツの場合はドイツ語学校）、ラテン語学校、大学（成立の経緯からラテン語学校よりは上位の学校）という学校の種類が存在しただけである。しかし、一八世紀後半に学校の段階区分が導入される際に、一般的に五年制あるいは六年制のラテン語学校は中等学校に、ドイツ語学校や初歩のみの、あるいはラテン語・ドイツ語兼修のラテン語学校は初等学校に比定されるので、ここではこの段階区分を古い時代にも遡らせて、中級・上級のラテン語学校を中等学校として取り扱っている。

（2）例えば、一七七〇年の初等教育改革を主導したハインリヒ・ブラウン（一七三二～一七九二）は、「青少年の教育と授業は国家における最も重要な対象の一つである」と述べながら、他方ではラテン語学校で学ぶ生徒の「過剰な数によって扶養身分（国家における主要身分）〔農民や市民〕は弱体化する」と警鐘を鳴らしていた。また、ラテン語学校におけるラテン語教育偏重にも批判的立場をとっていた。Braun, Heinrich, Gedanken über die Erziehung und den öffentlichen Unterricht in Trivial- Real- und lateinischen Schulen, Ulm 1774, S. 1, 10, 14.

（3）Lurz, Georg, Mittelschulgeschichtliche Dokumente Altbayerns, einschließlich Regensburgs, Bd. 1, Berlin 1907, Bd. 2, Berlin,1908.

（4）Liedtke, Max, Hrsg., Handbuch der Geschichte des bayerischen Bildungswesens, Bd.1, Bad Heilbrunn, 1991, Bd. 2, Bad Heilbrunn 1993.

（5）Dokumente zur Geschichte von Staat und Gesellschaft in Bayern, hrsg. von der Kommission für bayerische Landesgeschichte, Abt.III（以下 Dokumente と略記）, Bd. 8, München 1983.

（6）Schimke, Maria, Hrsg, Regierungsakten des Kurfürstentums und Königreichs Bayern 1799-1815, München 1996.

(7) Döllinger, Georg, Sammlung der im Gebiete der inneren Staats-Verwaltung des Königreichs Bayern bestehenden Verordnungen, Bd. 9, München 1838.
(8) Müller, Rainer A., Sozialstatus und Studienchance in Bayern im Zeitalter des Absolutismus, in: Historische Jahrbuch, Bd. 95, 1975.
(9) Hofmann, Martin E., Offene Schule und geschlossene Welt. Die höhere Schule in der ersten Hälfte des 19. Jahrhunderts im Königreich Bayern, Köln, Weimar, Wien 1991.

1　中等学校の再編成

(1)　内政改革以前の中等学校

一七九九年二月一六日にマックス・ヨーゼフ（一七九九〜一八二五）が新しいバイエルン選帝侯となり、側近のマクシミーリアーン・フォン・モンジュラ男爵（一七五九〜一八三八）を実質上の首相に任命して、近代国家建設をめざす内政改革を始めた。この年の九月二四日にバイエルン政府はラテン語を本格的に教えることのできる中等学校の数を削減する命令を出して、中等教育の改革に乗り出した。こうして近代国家建設に連動した中等教育の改革が始まった。

しかし、その経緯について述べる前に、内政改革以前のバイエルンにおける中等学校の様子を見ておかなければならない。ヨーロッパでは中等学校は中世以来の長い歴史をもっており、近世に入るとさらに発展して、幾つかの種類の中等学校に分かれるようになった。バイエルンの場合にも事情は変わらなかった。近世のバイエルンには次のような中等学校があった。

カトリック教会の公用語であるラテン語を教える学校はすでに中世にはバイエルン各地に存在していたが、近世初めに人文主義の影響を受けて、教区や修道院が経営する三年制あるいは四年制の小規模なラテン語学校が増加した。これらの小規模なラテン語学校では、宗教教育のほかに、初級のラテン語や、あらゆる学術の基礎とされる七つの自由学芸のうちの最初の三学科（文法学、修辞学、弁証法）の一部が教えられていた（三学科学校）。こうした三学科学校の中にはラテン語と並んでドイツ語の読み書きを教えているものもあった。農村や小規模な市場町のラテン語・ドイツ語兼修学校は一六一六年にドイツ語学校への転換を命じられている。(1)

大きな都市のラテン語学校や修道院が経営するラテン語学校の中には、もっと規模の大きい、五年制あるいは六年制の学校もあった。これらの学校では古典ラテン語を自由に操ることを目的とする高度なラテン語教育が行なわれていた。こうした大規模なラテン語学校の中で際立って優位な立場に立っていたのが、イエズス会の経営するギュムナージウムであった。(2) 対抗宗教改革の担い手として組織されたイエズス会は海外へのキリスト教の布教と、中高等教育による上層階級への影響力の拡大を活動の二本の柱としていた。

ドイツのカトリック勢力の中心であったバイエルン公爵アルブレヒト五世（一五五〇～一五七九）はこのイエズス会と協定を結んで一五五六年にインゴルシュタット大学の神学部へイエズス会士を招き入れた。(3) それから三年後の一五五九年にはミュンヘンにイエズス会のギュムナージウムが開設された（図2）。さらに、イエズス会は、バイエルン領内では、インゴルシュタット（一五七一年）、アンベルク（一六二六年）、ブルクハウゼン（一六二九年）、ランツフート（一六二九年）、シュトラウビング（一六三一年）、ランツベルク（一六四一年）の六つの都市にギュムナージウムを開いた。のちにバイエルン領となるミンデルハイム（一六二二年）とノイブルク（一六一六年）にもイエズス会のギュムナージウムが生まれた。(4)

イエズス会のギュムナージウムは学校施設、学校管理体制、授業進行計画、授業内容、教科書、試験、進級

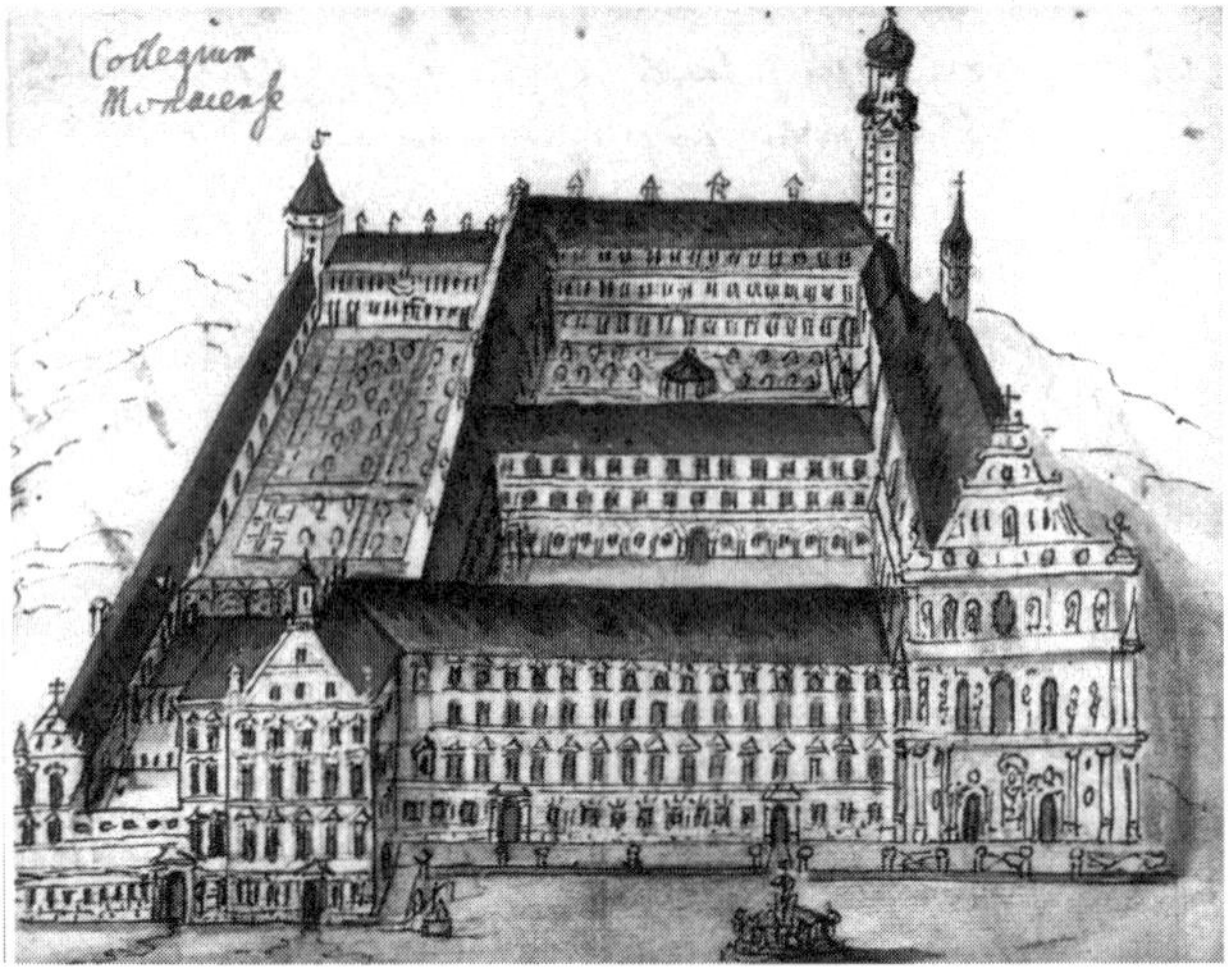

図2　1723年頃のミュンヘンのイエズス会の学寮

などについて細かく規則を定めて、非常に体系的・計画的に運営されており、その上授業料も徴収されなかったので、多くの生徒を集めることになった。また、バイエルン政府もイエズス会のギュムナージウムを優遇し、ミュンヘンのギュムナージウムなどには大規模な財政支援を行なった。そればかりでなく、バイエルン政府は一六〇八年以降ギュムナージウムに対する宗教顧問会議（宗教問題担当の中央官庁。学校行政も担当）の監督を外し、イエズス会による自主運営を認める措置をとった。イエズス会のギュムナージウムが開設されたところでは、他の大規模ラテン語学校はこれに対抗できず衰退した[5]。

バイエルンに限らず、カトリック世界全体の中高等教育においてイエズス会は大きな勢力をもつようになった。しかし、次第にローマ教皇庁の手先としてフランスなどのカトリック諸国の政府に嫌悪されるようになり、その圧力を受けて一七七三年七月二一日に教皇クレメンス一四世（一七六九～一七七四）によってイエズス会の解散が決定された。これにともなって、バイエルンではこれまでイエズス会が経営していたギュムナージウムは国家の管理下に入った。これを機にバイエルンの学校制度全体を改革しようという議論が起こり、大学監督官ヨハン・アーダム・フォン・イックシュタット男爵（一七〇二〜一七七六）、一七七〇年に初等学校改革を始めたハインリヒ・ブラウンなどが改革案を提示した。学校問題を担当していた宗教顧問会議はブラウンの提案を基にした改革案に独自に手を加えて一七七四年一〇月八日に新しい学校条令を制定し、中等教育を刷新した。ギュムナージウム（六年制から五年制に短縮）の前段階には新しい種類の中等学校として実科学校（二年制。内容については後述）が設置され、ギュムナージウムではラテン語やギリシア語以外の授業科目が増やされた。(6)

しかし、国家によるギュムナージウムの管理は長くは続かなかった。一七八一年バイエルン政府は領邦君主の非嫡出子や貴族の次三男を扶養するためマルタ騎士団（聖ヨハネ騎士修道会）バイエルン支部を設置することになり、一七七三年に接収して教育に使っていたイエズス会の資金を支部の運営に流用した。これによってギュムナージウムを経営する資金のなくなった政府は、多くの領地をもち、非常に裕福と見られていたベネディクト派などの高位聖職者修道院（バイエルンの領邦議会に議席を持つ修道院）にギュムナージウムの経営を押しつけた。このときランツベルクとミンデルハイムのギュムナージウムは引き取り手がなく廃止された（ランツベルクのギュムナージウムは一七九二年に復活）。この経営権の移管にともなって、一七七三年以後もギュムナージウムに残っていた元イエズス会士の教員は排除された。修道院はその穴埋めのため自らの会派の修道士を教員として送り込んだが、授業内容に関しては、政府の方針を受け継いで、ラテン語の授業方法の改善や授業科目の拡大を試みた。(7)

南ドイツのカトリック圏には中等学校と大学の中間に位置する特殊な教育機関としてリュツェーウムと呼ばれる学校があった。リュツェーウムには哲学課程と神学課程が設けられ、大学の最初の二年間に相当する教育が行なわれていた。バイエルンではリュツェーウムはイエズス会のギュムナージウムに併設される形になっていた。ただし、大学があったためインゴルシュタットにはリュツェーウムはなく、またランツベルクのリュツェーウムは一七七三年のイエズス会解散とともに廃止された。一七八一年にはギュムナージウムとともにリュツェーウムも高位聖職者修道院に委ねられたが、その際ミンデルハイムのリュツェーウムはギュムナージウムと一緒に廃止となった。(8)

一八世紀に入ると、社会的有用性を重視する啓蒙主義の立場から、ラテン語教育を中心とする伝統的な中等学校を批判する声が強くなった。それを背景に登場したのが、ラテン語の時間を減らして、もっと実際の生活の役に立ちそうな科目を教える実科学校と呼ばれる中等学校であった。バイエルンでは一七七四年一〇月八日の学校条令によって初めて実科学校（基幹学校とも呼ばれた）が導入された。この実科学校は二年制（一七七八年には三年制に）で、宗教、ドイツ語、地理、歴史、算数、経済、博物などを必須科目として教えることになっていた。ただし、ギュムナージウムに代わるものではなく、その前段階と位置づけられ、ギュムナージウムに併設される形になっていた。一七八一年に高位聖職者修道院がギュムナージウムとその併設校であるリュツェーウムや実科学校の経営を引き受けたが、修道院は実科学校には関心を示さず放置したので、実科学校は衰退した。(9)

一八世紀以前のヨーロッパでは、ラテン語を中心とする中高等教育の対象者は男性に限定されていた。しかし、女子の中等教育機関がまったく存在しなかったわけではない。バイエルンにも近世には女子修道会の経営する女子教育の学校が現れた。これらの学校は二重構造になっていて、通学制の部分では初等教育を、寄宿制の部分では中等教育を行っていた。ただし、寄宿制の中等部でもラテン語の授業はなく、近代外国語や手仕事を教えていた。(10)

(2) 啓蒙主義的中等学校改革

一七九九年二月に登場したモンジュラ政府はこれまでの中等教育に強い不満を持っていた。すでに一八世紀の半ばには啓蒙主義者のあいだからラテン語偏重の中等教育に対する批判の声が上がっており[11]、一七七三年にギュムナージウムがイエズス会の手を離れたあと、上に述べたような中等教育の改革が試みられたが、ラテン語重視という点では抜本的な変化は起こっていなかった。モンジュラ政府は、中等教育改革へ向けての最初の措置となった一七九九年九月二四日の命令において、改めて、これまでの中等教育の問題点として、実科学校に比べてラテン語学校があまりにも優遇されていて、ラテン語学校の生徒の数が多すぎること、しかも十分教養があって、国家勤務に間に合う卒業生が少ないことを指摘した[12]。

こうした問題点を取り除くため、この一七九九年九月二四日の命令によって、中等教育の中心であったギュムナージウムの削減が断行された。これによって、ブルクハウゼン、ランツベルク、インゴルシュタットの三校が廃止となり、ミュンヘン、アンベルク、ランツフート、ノイブルク、シュトラウビングの五校が残ることになった。その他の大規模ラテン語学校、小規模ラテン語学校はすべて実科学校への転換を求められ、そこでは初歩以上のラテン語を教えてはならないものとされた。さらに、外国の学校でラテン語を学ぶことも禁止され、外国でラテン語を学んだ生徒は国家勤務者として採用されないことになった。リュツェーウムも、ランツフート、ノイブルク、シュトラウビングの三校が廃止となり、ミュンヘンとアンベルクの二校のみが残された[13]。

ラテン語を教えることができる学校の削減と同時に、国家の要求に合った、役に立つ教育を行なうことのできる有能な教員を確保するための措置もとられた。一七九九年九月二四日の命令によって、モンジュラ政府は一七八一年以来高位聖職者修道院に委ねていたギュムナージウムとリュツェーウムの教員の実質的な人事権を取り戻し、聖職者以外の俗人からもこれらの学校の教員を採用することになった[14]。

翌一八〇〇年から一八〇一年にかけてはフランスとの戦争のために内政改革は一時中断されたが、一八〇二年一〇月六日になると学校管理機構の再編成が行なわれ、これまで初等学校と中等学校の学校行政を担当してきた宗教顧問会議に代わって学校総監理府が設置された。学校総監理府は直ちに初等教育の改革に着手し、一八〇二年一二月二三日に六歳から一二歳までのすべての子どもに初等学校への通学を義務づける命令が出された。その一方で、モンジュラ政府は一八〇三年に高位聖職者修道院の解散を強行したので、修道院の付属学校が多数廃校になった。[15] その後、学校総監理府は初等教育の内容を変更する計画を進め、一八〇四年には初等学校の教育予定表が作成された。これに合わせて、中等学校の教育内容についても大幅な見直しが行なわれ、一八〇四年八月二七日に中等学校の教育予定表が決定されて、九月五日にその概要が公表された。[16]

この一八〇四年の中等学校教育予定表は、初等学校教育予定表と同じく、学校総監理府の顧問官ヨーゼフ・ヴィスマイアー（一七六七～一八五八）（カトリックの在俗聖職者）によって作成されたもので、初等学校教育予定表と同じ考え方によって中等学校の教育内容を定めていた。その考え方というのは、人間のすべての知識は「人間」、「自然」、「工芸」、「神」、「言語」、「数量」の六つの項目にまとめることができ、それぞれの段階の学校でこれらの六つの項目をそれぞれの段階に応じた難易度で教えなければならないというものである。つまり、六つの項目に分かれた百科全書的知識をそれぞれの段階の学校で螺旋状に密度を上げながら繰り返し教えようというのである。[17]

学校教育全体を同じ考え方によって律しようとしていたため、一八〇四年の中等学校教育予定表は、中等学校の教育内容を指示するだけではなく、バイエルンの学校制度全体を俯瞰して、初等学校と中等学校の関係を説明する部分をも含むものになった。その一八〇四年の中等学校教育予定表によれば、バイエルンの学校は「最初の、最も一般的な、すべての人間に不可欠の知識」を教える初等学校、それ以上の発展をめざす中等学校、学術教育を行なう大学という三つの段階に区分されることになっていた。さらに、中等学校はそれぞれ三年制の実科学校、ギュムナージウム、リュツェーウムの三つの段階に分けられていた。[18] これによって、ギュムナージウムは年限をこれまでの五年から三年に切り詰められて、中級の中等学校に格下げされ、リュツェーウムも大学の最初の二年間に相当する地位から中等学校の上級段階に格下げされることになった。

このようなギュムナージウムとリュツェーウムの立場を弱める措置と並んで、一八〇四年の中等学校教育予定表のもう一つの特徴となっていたのが、すべての子どもにいったん初等学校に入学するよう求めていたことであった。初等学校に入学した生徒のうち、初等学校のみで終了して仕事に就く者は、六歳から義務教育の終わる一二歳まで初等学校にとどまった。これに対して、上級の学校に進む者は、六歳から九歳まで初等学校に通い、初等教育の内容を学び終わったあと、実科学校に移ることになっていた[19]。中等学校入学者のすべてに初等学校への通学を義務づけたことによって、バイエルンの学校制度は初めて単線型の形態をとることになった。

下級の中等学校である実科学校は、九歳から一二歳までの生徒を受け入れて、手工業者などの下級の市民になるための教育を施す学校と位置づけられており、宗教・倫理、ドイツ語、歴史・地理、博物・技術、物理、算術などが教えられた。それと同時に、実科学校はギュムナージウムへ進学するための準備学校でもあった。このため、二年と三年にはラテン語の時間が設けられていた[20]。

実科学校を卒業した生徒の一部はギュムナージウムに進学し、一二歳から一五歳までの三年間をギュムナージウムで過ごした。ギュムナージウムは芸術家、商人、工場主、下級官吏、農場支配人などの上級の市民を教育する学校とされ、実科学校とほぼ同じ科目がより高いレヴェルで教えられたほか、ラテン語やギリシア語の授業も行なわれた。一五歳になると、生徒の一部はリュツェーウムに進学して、学術の世界に入るための準備教育を受け、一八歳で大学に入った。国家や教会の中級の官職に就くためには実科学校からリュツェーウムまでの九年間の中等教育を受けていることが必要とされた[21]。

(3) 新人文主義への傾斜

一七九九年以来モンジュラ政府が進めてきた啓蒙主義的教育改革はこのような新しい中等学校を生み出したが、中等学校の教員はこれを歓迎せず、現場に混乱が生じ、政府部内でも改革の行き過ぎを懸念する声が強くなった。[22] こうした新しい中等学校に対する批判や新しい初等教育に対する批判のため、学校総監理府の長官として教育改革を指揮してきたヨーゼフ・マリーア・フォン・フラウンベルク男爵（一七六八〜一八四二）は一八〇七年一月に退任を余儀なくされ、学校管理機構も、一八〇六年一〇月に組織されたばかりの内務省に統合された。

この組織改変にともなう人事異動で、元ヴュルツブルク大学教授のフリードリヒ・エマヌエル・ニートハマー（一七六六〜一八四八）（プロテスタントの聖職者）が内務省の学校顧問官としてミュンヘンにやってきた。ニートハマーは、古典的教養による人格形成を重視する新人文主義の立場から、これまでの教育行政を強く批判するようになった。[23]

これに対して、内務省に移っていたヴィスマイアーは啓蒙主義的な教育改革を擁護したが、ニートハマーが優勢になり、一八〇八年には早くもニートハマーの手で新しい中等学校の教育予定表が作成されることになった。新しい中等学校教育予定表は一八〇八年一一月三日にバイエルンの新しい学校制度に関する一般規則という形で法制化され、また一八〇九年一月二八日には一般規則によって定められた新しい学校制度についての説明が公布された。これによって一八〇四年に導入されたばかりの単線型の学校制度は放棄され、中等学校の古典語教育が再び強化されることになった。

一八〇八年の新しい学校制度では、初等学校のみで就職する生徒と、上級の学校をめざす生徒は、最初から異なったコースを辿ることになっていた。初等学校（それまでは「基礎学校」と呼ばれていたが、一八〇八年の一般規則では「民衆学校」と呼ばれるようになった）のみの生徒はこれまでと同じように六歳で初等学校に入学し、義務教育が終わる一二歳まで初等学校にとどまった。一方、上級の学校をめざす子どもは初等学校に入学する必要はなく、何らかの手段で（個人授業など）ドイツ語の読み書きとラテン語の初歩を身につけ、八歳で「初級学校」に入学した。「初級学校」では一年目からラテン語の授業が行なわれた。この「初級学校」には八歳から一二歳まで四年間在学し、生徒の一部はさらに上級の学校に進学した。[24]

進学する生徒には二つの道が開かれていた。プロギュムナージウムに進学するか、実科学校に進学するかである（実科学校へは初等学校から直接進学することも可能であった）。ラテン語やギリシア語が得意で、学術世界をめざす者はプロギュムナージウムに進み、自然科学や工芸の知識を身につけようとする者は実科学校に進むことになっていた。プロギュムナージウムではラテン語のほかにギリシア語の教育も始まった。生徒はプロギュムナージウムにも実科学校にも一二歳から一四歳まで二年間在学した。[25]

プロギュムナージウムと実科学校の生徒の一部は一四歳でさらに上級の学校に進んだ。ここでもプロギュムナージウムの生徒には選択肢が二つあった。引き続き古典語の比重の高いギュムナージウムで学ぶか、ギュムナージウムと同等の学校ではあるが、古典語の授業のない自然科学・工芸系の実科インスティトゥートに進むかである。実科学校からも実科インスティトゥートへの進学が可能であったが、古典語を学んでいないために実科学校からギュムナージウムへは進学できなかった。ギュムナージウムも実科インスティトゥートも在学期間は一四歳から一八歳までの四年間であった。ギュムナージウムと実科インスティトゥートの生徒の一部は大学に進学した。[26]

学校制度のうえでは実科インスティトゥートとギュムナージウムは同等とされ、どちらからも大学への進学が可能であったが、二つの学校の配置は明らかに均衡を欠いていた。ギュムナージウムはミュンヘン、アンベルク、ランツフート、ノイブルク、シュトラウビングのほかに、一八〇三年以降のバイエルンの領土拡大にともなって、新領土の主要都市にも設置されるようになった。これに対して、実科インスティトゥートはニュルンベルクとアウクスブルクの二箇所にしか作られなかった。[27]

新しい学校制度への転換によって、ギュムナージウムは、在学期間をこれまでの三年から四年に延長され、対象年齢も一四歳から一八歳までに引き上げられて、以前のような上級中等学校としての地位を取り戻した。これにともなって、リュツェーウムも再び中等学校から大学の最初の二年に相当する学校に格上げされた。一八〇八年の時点では、リュツェーウムはミュンヘン、アンベルクのほかに、領土の拡大によってバンベルク、ディリンゲン、トリエントにも存在するようになった。[28]

一八〇八年に始まった新人文主義への傾斜はモンジュラ政府がまだ存続しているあいだに（モンジュラは一八一七年二月二日に失脚、これによってバイエルンの内政改革時代は終了）さらに強まった。一八一一年にアウクスブルクの実科インスティトゥートは生徒数が少なかったため廃止され、一八一六年にはニュルンベルクの実科インスティトゥートも廃校になった。これによって、ギュムナージウムと同等の自然科学・工芸系の上級中等学校は消滅してしまった。[29]

実科インスティトゥートの廃止によって、実科学校は大学への通路を失い、一八一六年九月二八日に進学を前提としない「中等市民学校」に改組された。それと同時に実科学校の管理権は国家から自治体に譲渡された。[30]一八二四年一〇月になると、大学（専門課程三年制）入学の前にリュツェーウム（一年か二年）への就学が課されるようになり、これにともなってプロギュムナージウム（二年）とギュムナージウム（四年）は統合されて、五年制のギュムナージウムとなり、これを機に、「ラテン語準備学校」と呼ばれるようになっていた「初級学校」の管理権も国家から自治体に譲渡された。[31]こうしてギュムナージウムのみが国家の管理する中等学校として残ることになった。

エリート校として政治的思惑の影響を受けやすかったため、その後も中等学校の制度は安定せず、頻繁に制度の改正が繰り返された（一八二九年、一八三〇年、一八五四年）。しかし、そうした変動の中でも、一八一六年に明瞭になった古典語を教えるギュムナージウムの優位が揺らぐことはなかった。なお、女子の中等教育はモンジュラ時代の教育改革の中ではほとんど注目されず、女子修道院に委ねられたままであった。

（1）Liedtke, a. a. O., Bd. 1, S. 353 ff., 369 f., 372, 375, 388 ff., 652; Lurz, a. a. O., Bd. 1, S. 73, 75 f., 86. 三学科学校はその後全体的に格付けが下がったらしく、一八世紀後半には初等学校と見做されるようになっていた。一七七〇年以降の学校改革を主導したブラウンも初等学校を「いわゆるドイツ語学校あるいは三学科学校」、「普通都市・農村学校あるいは三学科学校」と表示している。Braun, Heinrich, Plan der neuen Schuleinrichtung in Baiern 1770, hrsg. von Alfons Bock, München 1916, S. 9; Bock, Alfons, Hrsg., Die Bayerische Schulordnungen vom Jahre 1774 und 1778, München 1916, S. 30 f.

（2）Liedtke, a. a. O., Bd. 1, S. 354, 355, 356, 370 f., 375, 390 ff.

（3）Boehm, Laetitia und Johannes Spörl, Hrsg., Ludwig-Maximilians-Universität. Ingolstadt-Landshut-München 1472-1972, Berlin 1972, S. 140.

（4）Liedtke, a. a. O., Bd. 1, S. 371, 390 f., 625 f.; Müller, Rainer A., Akademische Ausbildung zwischen Staat und Kirche. Das bayerische Lyzealwesen 1773-1849, Teil 1, Paderborn u. a. 1986, S. 304; Lurz, a. a. O., Bd. 1, S. 89 ff.

（5）Liedtke, a. a. O., Bd. 1, S. 371 f., 390 ff.; Müller, R. A., Akademische Ausbildung, Teil 1, S. 299, 305; Lurz, a. a. O., Bd. 1, S. 89 ff., 104.

（6）Liedtke, a. a. O., Bd. 1, S. 639, 646 ff., 696 f., 711, 720 f. イエズス会の解散についてはMüller, Winfried, Die Aufhebung des Jesuitenordens in Bayern. Vorgeschichte, Durchführung, Administrative Bewältigung, in: Zeitschrift für bayerische Landesgeschichte, Bd. 48, 1985, S. 285-352.

（7）Liedtke, a. a. O., Bd. 1, S. 639, 650, 651, 719 f.; Müller, R. A., Akademische Ausbildung, Teil 1, S. 73 f., 299, 305. アンベルク、ノイブルク、シュトラウビングはベネディクト派が、インゴルシュタット、ミュンヘンはアウグスティヌス修道参事会派が、ブルクハ

ウゼンはシトー派が、ランツフートはプレモントレ派が引き受けた。

(8) Liedtke, a. a. O., Bd.1, S. 390, 392, 723; Müller, R. A., Akademische Ausbildung, Teil 1, S. 32, 298, 305

(9) Liedtke, a. a. O., Bd. 1, S. 646 f., 650, 696 ff.; Bock, a. a. O., S. 19 f.; Buchinger, Hubert, Die Geschichte der bayerischen Realschule, Teil 1, Passau 1983, S. 41 f., 55 f.

(10) Liedtke, a. a. O., Bd. 1, S. 374.

(11) Ebenda, S. 713 ff.

(12) Lurz, a. a. O., Bd. 2, S. 285; Dokumente, Bd. 8, S. 91; Liedtke, a. a. O., Bd. 2, S. 17; Buchinger, a. a. O., S. 64.

(13) Lurz, a. a. O., Bd. 2, S. 286 f.; Dokumente, Bd. 8, S. 91 f.; Liedtke, a. a. O., Bd. 2, S. 17 f.

(14) Lurz, a. a. O., Bd. 2, S. 287; Dokumente, Bd. 8, S. 92.

(15) Liedtke, a. a. O., Bd. 2, S. 12.

(16) Dokumente, Bd. 8, S. 93 ff.

(17) Lurz, a. a. O., Bd. 2, S. 528 f.; Buchinger, a. a. O., S. 69 f., 71-75.

(18) Lurz, a. a. O., Bd. 2, S. 523 f., 524 f., 525 f.; Liedtke, a. a. O., Bd. 2, S. 86; Buchinger, a. a. O., S. 72-74.

(19) Lurz, a. a. O., Bd. 2, S. 525.

(20) Ebenda, S. 526, 527, 531 ff.; Liedtke, a. a. O., Bd. 2, S. 100.

(21) Lurz, a. a. O., Bd. 2, S. 526, 527, 534-539, 542-548.

(22) Dobmann, Franz, Georg Friedrich Freiherr von Zentner als bayerischer Staatsmann in den Jahren 1799-1821, Kallmünz 1962, S. 65; Schwarzmaier, Michael, Friedrich Immanuel Niethammer, ein bayerischer Schulreformator, 1937 (Nachdruck Aalen 1974), S. 84 f.; Hofmann, a. a. O., S. 61 und Anm 56. 教育現場からは特に古典語の授業時間が不足しているという批判の声が強く、これを受けて早くも翌一八〇五年一一月一二日には中等学校教育予定表の一部が修正され、ラテン語の授業は実科学校の一年目から、ギリシア語の授業は実科学校の二年目から行なわれるようになった。Lurz, a. a. O., Bd. 2, S. 557; Dokumente, Bd. 8, S. 95.

(23) Schwarzmaier, a. a. O., S. 72 ff., 75 f., 85 ff.; Buchinger, a. a. O., S. 76, 78. ニートハマーは一八〇八年に各地の学校を視察し、報告書を提出したが、その中でこれまでの学校制度の欠陥として初等学校と進学準備校が分離されていない点を挙げていた。Schwarzmaier, a. a. O., S. 86.

(24) Lurz, a. a. O., Bd. 2, S. 562, 585; Liedtke, a. a. O., Bd. 2, S. 100; Schimke, a. a.O., S. 660; Buchinger, a. a. O., S. 84 f.
(25) Lurz, a. a. O., Bd. 2, S. 563, 563 f., 586, 591; Schimke, a. a. O., S, 660 f., 665; Buchinger, a. a. O., S. 85 ff.
(26) Lurz, a. a. O., Bd. 2, S. 564 f., 565 f., 566 f., 586 f., 592; Schimke, a. a. O., S. 661 f., 667; Buchinger, a. a. O., S. 88.
(27) Lurz, a. a. O., Bd. 2, S. 566, 587; Liedtke, a. a. O., Bd. 2, S. 88, 98.
(28) Lurz, a. a. O., Bd. 2, S. 567; Liedtke, a. a. O., Bd. 2, S. 86 f.
(29) Ebenda, S. 26, 98. ギュムナージウムと並行する自然科学・工芸系の中等学校が実科ギュムナージウムとして復興されるのは一八六四年になってからである。Ebenda, S. 98.
(30) Döllinger, a. a. O., S. 1685, 1686; Buchinger, a. a. O., S. 98.
(31) Döllinger, a. a. O., S. 568, 569, 571. 一八二九年二月になると、古典語系中等学校は再び変更されて、ラテン語学校（六年制）とギュムナージウム（四年制）になった。Ebenda, S. 589, 605. 一八三〇年三月にはラテン語学校は四年に短縮された。Ebenda, S. 633f.

2 授業内容の変更——

(1) イエズス会の中等教育

中等学校の制度は一七九九年に始まった内政改革の中でこれまで見てきたような変化を遂げたが、そこで行なわれていた教育の内容はどのように変わったのであろうか。学校制度の改変の中で、古典語重視か否かという論争が行なわれていたことについてはすでに触れたが、ラテン語やギリシア語の授業時間はどのように変化したのであろうか。次にこれらの点を検討してみることにしたい。

バイエルンでは一六世紀後半以降イエズス会のギュムナージウムが大きな勢力を持つようになり、中等教育の内容に関してもイエズス会のギュムナージウムがその基本的な枠組みを作り上げた。イエズス会は初等教育にはまったく関心を示さず、中等教育と高等教育に力を入れていたが、中高等教育の中では、ギュムナージウムで古典語、とりわけラテン語の教育を集中的に行ない、リュツェーウムや大学では哲学と神学の教育を行なうという一種の分業体制をとっていた。(1)

このため、イエズス会のギュムナージウムではラテン語の授業時間が非常に多くなり、文字どおりのラテン語学校という様相を呈することになった。ただし、イエズス会のギュムナージウムを単なる技術的な意味でのラテン語学校と見るのは誤りであり、そこに宗教教育や古典文芸の素養による人格の陶冶をめざす全人教育という側面があることを見落とすべきではない。イエズス会のギュムナージウムはカトリック的宗教教育、ラテン語教育、古典的全人教育が綯い交ぜになった中等教育機関なのである。

イエズス会のギュムナージウムの教育内容や授業の様子を見れば、この点を理解することができる。まず、教育内容を見てみよう。例えば、一七六二年にミュンヘンのギュムナージウムでは次のような授業が行なわれていた。一年から四年では、キケロの書簡、ネポス、パエドルス、オヴィディウスの書簡、エマヌエル・アルバレス(一五二六〜一五八二)(イエズス会士)の文法書によるラテン語文法、ヤーコプ・ポンタヌス(一五四二〜一六二四)(イエズス会士)のラテン語文体論、ヤーコプ・グレッツァー(一五六二〜一六二五)(イエズス会士)の文法書によるギリシア語文法、ペトルス・カニシウス(一五二一〜一五九七)(イエズス会士)の教理問答による宗教教育、歴史、算数、ラテン語とドイツ語の正書法などの講義が行なわれ、ラテン語とドイツ語の作文、ラテン語からドイツ語への、ドイツ語からラテン語への翻訳、算数、ラテン語とドイツ語の正書法、ギリシア語の筆記練習が行なわれた。(2)

一年から四年の低学年ではまだ語学の学習という性格が強かったが、五年と六年では授業内容はもっと文芸的になった。五年ではクルティウス、リヴィウス、カエサル、サルスティウス、オヴィディウス、マルティアリス、ホラティウスの歴史書と詩歌についての講義、六年ではキケロの演説、ツィプリアーン・スアレスの修辞法、ヴェルギリウスの農耕詩と『アエネイス』、詩作法についての講義が行なわれた。また、五年と六年をつうじて、グレッツァーの文法書によるギリシア語文法、カニシウスの教理問答による宗教教育、地理、教会史の講義があり、詩作や修辞、ギリシア語作文の筆記練習が行なわれた(3)。

授業はクラス全体での教科書を使った集団授業であった。生徒は教師の講義を聞き、教師が示す文章を読み上げ、取り扱われている著述家について説明し、討論に参加し、質問に答えなければならなかった(4)。イエズス会は教員の人格を非常に重視し、生徒から模倣されるような魅力ある人物を教員に選んだ。また、イエズス会は生徒のあいだでも模倣や競争を促して、能力を向上させようとした。そのための手段として、他の生徒との比較、成績優秀者の表彰、怠けている生徒の処罰が多用された。毎年八月二四日頃にラテン語の試験(筆記試験、口述試験)が行なわれ、その成績によって生徒は上の学年に進級した。試験による進級のため、それぞれの学年の生徒の実年齢にはばらつきがあり、またそれぞれの学年の人数にもかなりの差があった(5)。

一七七三年にギュムナージウムはイエズス会の手を離れて、バイエルン政府の管理下に入った。これを機にバイエルンの学校制度全体の見直しが行なわれ、ギュムナージウムについても授業科目の拡大が図られた。一七七四年一〇月八日に制定された新しい学校条令によって、初等学校(数年)、実科学校(新設。当初二年)、ギュムナージウム(五年に短縮)という学校の階梯が設けられ、教育内容は統一されて、これらのすべての学校において順次高度化する形で「キリスト教と道徳、言語、歴史的学問、哲学的学問」という四つの対象を教えるべきものとされた。ギュムナージウムに関してはさらに細かく科目が指定され、五つの学年それぞれにおいて「言語」についてはドイツ語(ここで初めてドイツ語がギュムナージウムの独立した授業科目として登場)、ラテン語、ギリシア語、「歴史的学問」については地理、世界史、文学史、「哲学的学問」については算術、幾何、博物の授業が行なわれることになった(「キリスト教と道徳」は細分化なし)(6)。一七八一年にギュムナージウムの経営を引き受けた高位聖職者修道院もイエズス会の教育には批判的で、バイエルン政府の教育方法の改善や授業科目の拡大という方針を受け継いだ(7)。

(2) 古典語教育の縮小と拡大

一七九九年にバイエルンの内政改革が始まり、その年の九月にラテン語を本格的に教えることのできる中等学校の削減が行なわれ、残りの中等学校には実科学校への転換が命じられたが、この時点ではまだ中等教育の内容には手がつけられていなかった。ようやく一八〇四年八月になって、バイエルン政府は中等学校の教育予定表を決定し、長らく続いた中等教育における古典語重視にいったん終止符が打たれることになった。

この一八〇四年の中等学校教育予定表では、すでに述べたように、初等学校と大学の中間に位置する中等学校は、実科学校（九歳から一二歳）、ギュムナージウム（一二歳から一五歳）、リュツェーウム（一五歳から一八歳）の三段階の学校に分けられていた。このうち、リュツェーウムは大学の準備学校として哲学的講義が行なわれるところとされ、中等教育の上級段階から語学としての古典語の授業が排除されることになった(8)。

残りの実科学校とギュムナージウムにおいても古典語の授業は最小限に圧縮された。実科学校では、一年にはラテン語の授業はなく、上級学校への進学対策として二年からラテン語の授業が始まった。二年のラテン語の時間は週一九時間の授業時間のうち二時間（一〇・五パーセント）にすぎなかったが、三年では七時間（三六・八パーセント）に増やされた。ラテン語のほかに、実科学校では、宗教・倫理（二時間から三時間）、ドイツ語（一年は八時間、二年は七時間、三年は三時間）、歴史・地理（二時間）、博物・技術（二時間）、物理（一時間）、算術（二時間から三時間）の授業が行なわれることになっていた(9)。

一方、ギュムナージウムにおいては、一年では週一九時間の授業時間のうち五時間（二六・三パーセント）、二年と三年では四時間（二一・一パーセント）がラテン語にあてられていた。また、ギュムナージウムではギリシア語の授業も行なわれ、一年では週一九時間のうち二時間（一〇・五パーセント）、二年と三年では三時間（一五・八パーセント）がギリシア語の時間とされていた。ほかに、ギュムナージウムでは、宗教・倫理（一時間）、ドイツ語（三時間）、古代学（一時間）、民族学（一時間）、歴史・地理（二時間）、博物・技術（二時間）、物理（一時間）、算術（一時間）が教えられることになっていた。(10)

一八〇四年の中等学校教育予定表は教育方法に関しても新しい方式を提示した。イエズス会の教育方法とされる口述筆記や機械的暗記は否定され、教師には、生徒とともに学習し、学ぶことを「甘美な義務」、「心地よい、やりがいのある作業」にすることが求められた。また、特にラテン語教育に関しては、言葉の発声に重点を置き、発声を繰り返すことによって早く言葉を覚えさせることができると主張して、ラテン語の時間ばかりでなく、ほかの科目の授業の中にもラテン語の短い文章を織り交ぜて教え、生徒にそれを繰り返させるように要求した。(11)

しかし、一八〇四年の中等学校教育予定表は新しい中等教育の出発点にはならなかった。一八〇四年の中等学校教育予定表は教育現場からも政府部内からも批判を受け、一八〇八年には早くも新人文主義の立場をとるニートハマーによって改定されることになった（一八〇八年一一月三日の一般規則）。ニートハマーは、すでに述べたように、リュツェーウムを大学の最初の二年と並行する教育機関に戻したうえで、中等学校を「初級学校」（八歳から一二歳）、プロギュムナージウム（一二歳から一四歳）、ギュムナージウム（一四歳から一八歳）の三段階の学校に再編成し、「初級学校」からギュムナージウムに至るすべての学年に古典語の時間を設けた。これによって、古典語の授業が行なわれる期間は五年間から一〇年間へと拡大された。

ラテン語の授業は「初級学校」の一年から始まった。「初級学校」では一年から四年まで週三二時間の授業時間のうち一〇時間（三一・三パーセント）がラテン語の授業にあてられていた。ほかに、「初級学校」では、ドイツ語（六時間）、宗教（三時間）、算術（三時間）、地理（一年と二年で四時間）、歴史（三年と四年で四時間）、習字（一年と二年で六時間、三年と四年で三時間）、フランス語（三年と四年で三時間）が教えられた。[12]

プロギュムナージウムではギリシア語の授業が始まり、週三二時間の授業時間のうち七時間（二一・九パーセント）がギリシア語にあてられ、ラテン語の時間も六時間（一八・八パーセント）設けられていた。プロギュムナージウムでは、このほかに、ドイツ語（三時間）、算術（一年で三時間）、幾何（二年で二時間）、地理（一年で三時間）、歴史（二年で四時間）、宗教（二時間）、フランス語（二時間）、習字・素描（六時間）の授業が行なわれた。[13]

ギュムナージウムでも一年では週二七時間の授業時間のうちそれぞれ六時間（二二・二パーセント）がギリシア語とラテン語に割り当てられていた。二年以上になるとギリシア語とラテン語は古典研究として統合され、一二時間（四四・四パーセント）から一三時間（四八・一パーセント）の授業時間が割り振られる形になった。このほかに、ギュムナージウムでは、ドイツ語（一年で二時間）、地理（一年で二時間）、数学（一年で四時間、二年で三時間、四年で四時間）、宗教・法律・倫理（一年で四時間）、フランス語（三時間）、神話学・考古学（二年で二時間）、天地学（天文学と地理学の融合したもの）（二年で二時間）、論理学（二年に四時間）、歴史（三年と四年で四時間）、博物誌（三年で四時間）、哲学入門（三年に四時間）、学問関連論入門（四年に四時間）の授業が行なわれた。[14]

古典語を教える期間が五年から一〇年に延ばされ、それぞれの学年における古典語の授業時間が拡大されたばかりではなかった。古典語を教える方法にも再び変更が加えられた。語学教育の開始時期を遅らせて、その代わりに一般的科目の教育を早期に始めようとする一八〇四年の教育方法は「教育学的技巧」と批判され、語学教育の記憶力に頼らざるを得ない部分、機械的に反復せざるを得ない部分を早期に生徒に教える伝統的な方法への復帰が試みられた。[15]

このようにバイエルンでは一八〇八年に中等教育の古典語への回帰が始まったが、一八〇八年の中等学校教育予定表はまだ啓蒙主義と新人文主義の妥協の産物という面をもっていた。というのは、ニートハマーは「初級学校」、プロギュムナージウム、ギュムナージウムというコースの中では古典語教育を強化したが、「初級学校」から枝分かれして、実科学校から実科インスティトゥートへと続く中等教育のもう一つのコースを作り、こちらには古典語の時間をまったく設けなかったからである。(16) しかし、一八一六年に実科インスティトゥートが廃止され、実科学校が「中等市民学校」に改組されると、中等教育における古典語の比重は一挙に高まることになった。

なお、一八〇九年八月にはバイエルンの中等学校にも大学やリュツェーウムへの入学の関門となる「アブゾルトーリウム」と呼ばれる修了試験が導入されるが、ここにも古典語への傾斜が影響を及ぼすことになった。当初この修了試験はギュムナージウムと実科インスティトゥートの両方で行なわれており、その内容については厳密な規定はなかった。しかし、実科インスティトゥートが消滅した後の一八二四年に出された修了試験に関する命令には古典語の学習を前提とする規定が含まれていた。この命令では修了試験は二日（両日とも午前に筆記試験、午後に口述試験）にわたって行なわれ、初日の筆記試験にはドイツ文のラテン語訳（全文訳）とギリシア語訳（部分訳）、ラテン語とドイツ語の詩作、二日目の筆記試験にはドイツ語の論述、口述試験には宗教、授業で学んだラテン語・ギリシア語、地理・歴史、数学の問題が出されることになっていた。(17)

ただし、こうした新人文主義への傾斜の中でも注意しなければならないことがある。それは、一八〇八年以降の古典語重視への転換がイエズス会のギュムナージウムのようなラテン語やギリシア語の授業が大部分を占め、一般的な授業科目が極めて少ない中等学校の復活を意味していなかったことである。一八〇八年以後、確かに古典語の授業時間は増えたが、それと同時にその他の一般的な科目の授業時間（もちろん職業教育は排除されており、自然科学系の科目も多くはなかったが）もそれなりに確保されていた。その意味では、授業内容の拡大を試みた啓蒙主義的改革も一定の成果をあげたと言えるのである。

（1） Liedtke, a. a. O., Bd. 1, S. 371, 390, 392, 624 f.

（2） Lurz, a. a. O., Bd. 2, S. 198 f.

（3） Ebenda, S. 197 f. 講義で取り上げられるギリシア・ローマの作家は時代によって変化したようであるが、文法書、教理問答などは一六世紀後半から同じものが使われていた。Vgl. Liedtke, a. a. O., Bd. 1, S. 393, 539 f.

（4） Ebenda, S. 511 ff., 541.

（5） Ebenda, S. 392, 506 f., 537, 541, 542. イエズス会のギュムナージウムでは、学年は普通一〇月一八日に始まり、翌年の九月八日まで続いた。毎日の授業は、午前は七時半から一〇時まで、午後は一時半から四時まで行なわれた。生徒は休日や授業時間外に予習と復習を励行することを求められた。Ebenda, S. 537, 538.

（6） Ebenda, S. 648; Lurz, a. a. O., Bd. 2, S. 213, 224 ff.

（7） Liedtke, a. a O., Bd. 1, S. 650 f., 720; Lurz, a. a. O., Bd. 2, S. 213, 224 ff.

（8） リュツェーウムの授業内容についてはebenda, S. 544-547.

（9） Ebenda, S. 531, 540. 実科学校の三年でのラテン語の授業時間は多かったが、実科学校のラテン語はあくまで準備であり、本格的なラテン語教育はギュムナージウムで行なうということになっていた。Ebenda, S. 553.

（10） Ebenda, S. 531, 540.

（11） Ebenda, S. 541, 550, 553 f.; Liedtke, a. a. O., Bd. 2, S. 93.

（12） Lurz, a. a. O., Bd. 2, S. 572. 一八〇四年の中等学校教育予定表には授業の実時間への言及はなかったが、一八〇八年の中等学校教育予定表は授業の始まりを午前八時とし、一日少なくとも五時間の授業時間（午前に三時間、午後に二時間）を設けることを求めていた。ただし、水曜日の午後と土曜日の午後は休みであった（ebenda, S. 568, 569 f.）。これでは週二六時間しか授業時間を確保できないので、実際には午後の二時間のあとにも授業が行なわれていたものと思われる。

（13） Ebenda, S. 573.

（14） Ebenda, S. 574 f.

（15） Ebenda, S. 593 f.

（16）実科学校では、数学、天地学、地理、宗教、ドイツ語、フランス語、習字・素描、博物誌、歴史、法律・倫理を、実科インスティトゥートでは、数学、鉱物学、地理・天地学、ドイツ古典、宗教、フランス語、イタリア語、植物学、化学、神話学・考古学、法律・倫理、動物学、物理学入門、歴史、論理学、博物、工芸史、一般学問論を教えることになっていた。Ebenda. S. 573 f., 575 f.

（17）Döllinger, a. a. O., S. 881 f., 885 f.

3 教員養成の問題

（1）教員養成課程の内在

続いて、内政改革時代に中等学校教員の養成がどのように変化したのかを見てみよう。ヨーロッパの中高等教育は、初等教育とは異なって、最初から教員の養成を内包しており、特別の教員養成課程を必要としなかった。つまり、中高等教育を修了した者の一部が新しい中高等教育の教員として教壇に立ち、後進を指導するという形をとっていたのである。修道会の経営する中等学校の場合は、学校と教員の関係はさらに密接であり、修道会の中等学校を卒業して大学に入り、その修道会の修道士になった者の中から教員が採用されていた。

一七七三年までバイエルンの中等教育の根幹を担っていたイエズス会のギュムナージウムもその例に洩れなかった。イエズス会はバイエルンではギュムナージウムの教員の人事権を完全に握っており、イエズス会の修道士の中から教員を選んでいた。教員として選ばれる者は大学の学芸学部（哲学部）を修了して文学修士の学位をもっているのが普通であり、さらに神学部を修了している場合もあった。また、イエズス会は教員の人格を非常に重視していたので、教員採用にあたっては生徒の模範になれるような魅力的な人物かどうかも考慮された。(1)

一七七三年にイエズス会は解散され、ギュムナージウムとリュツェーウムはバイエルン政府の管理下に入った。これによって、これらの学校の教員の人事権もバイエルン政府に移ったため、バイエルン政府はこれらの学校の教員の取り扱い方を決定しなければならなくなった。結局、一七七四年にギュムナージウム、リュツェーウム、新設の実科学校の教員のおよそ三分の二を元イエズス会士から採用し、およそ三分の一を他の修道会の修道士や在俗聖職者から採用するという、現状を大きく変えない方針が決定された。俗人の教師を採用することも検討されたが、給料や年金の問題が障害となって日の目を見なかった。(2)

一七七〇年の初等学校改革のあと、学校行政から離れ、その後曲折をへて、一七七七年四月にギュムナージウムとリュツェーウムの管理責任者に就任した宗教顧問会議の顧問官ブラウンはこれらの学校から元イエズス会士を排除しようとした。ブラウンはイエズス会の教育方法は古臭く、国家に役立つ人材を育成できないと考えていた。新しい教員を採用するため、ブラウンは一七七七年九月一日の学校条令によってブラウン自身とミュンヘンの中等学校教員による教員試験を導入した。しかし、財政難からやはり俗人の教員の採用は控えられ、辞職したあと年金の心配のない聖職者が優先的に教員として採用された。(3)

一七八一年になると、バイエルン政府はイエズス会の財産をマルタ騎士団バイエルン支部に流用するため、ギュムナージウムとその併設校の経営を高位聖職者修道院に委ねた。これによって、これらの学校の教員の実質的な人事権も高位聖職者修道院に移った(高位聖職者修道院が教員の提案権を持ち、政府がこの提案の可否を判断する)。高位聖職者修道院は自らの会派の修道士を大学に送って勉強させ、新しく経営を委ねられた学校にこれらの修道士を教員として送り込んだ。これにともなって、一七七三年以後も数多く残っていた元イエズス会士の教員は排除された。(4)一七九八年一月になると、バイエルン政府は高位聖職者修道院から中等学校教員の人事権を取り上げることを示唆するようになり、(5)翌年のマックス・ヨーゼフへの代替わりによってこの政策転換が実現されることになった。

(2) 教員採用試験の導入

一七九九年二月マックス・ヨーゼフが新しい選帝侯となり、バイエルンの内政改革が始まった。この年の九月二四日の命令によってギュムナージウムとリュツェーウムの数が減らされたが、同じ命令の中で、バイエルン政府は残されたギュムナージウムとリュツェーウムに優秀な教員を配置するため、これからは俗人もこれらの学校の教員として採用することを明らかにした。[6]

中等学校の運営に高位聖職者修道院から引き続き資金の提供を受けていたため、修道士の教員も残っていたが、政府の新しい方針にしたがって、その後、実際に俗人の教員が中等学校の教壇に立つようになった。しかし、この時期に採用された俗人の教員の評判は芳しくなかった。このため、中等学校教員の質を改善するための措置がとられた。一八〇二年に伝統的なクラス持ち上がり制を廃止して、専門教師制に移行したのもその一つである。また、語学の成績優秀者に奨学金を出して、中等学校教員への道を開く制度も導入された。[7] さらに、一八〇五年にはランツフート大学に言語学の演習を設けて、ここで中等学校教員を養成しようという計画も立てられたが、これは実現されなかった。[8]

一八〇七年にこれまで啓蒙主義的な学校改革を推進していたフラウンベルクが退任し、ニートハマーが内務省の学校顧問官に就任した。これにともなって、中等学校の教育内容を再び古典語重視に切り替えようという動きが始まった。翌一八〇八年ニートハマーは現状把握のためにバイエルンの七つの都市の初等学校と中等学校の視察を行なった。その結果、多くの都市の中等学校で教員の質が悪く、古典語の教育が進んでいないことが改めて明らかになった。[9] このため、今後新しい中等教員を採用する際には国家試験を課すことが決定された。

一八〇八年一一月三日の一般規則によってすでに述べたような中等学校の新しい制度が導入されたあと、一八〇九年九月三〇日に中等学校教員の採用試験を実施するための訓令が出された。訓令の第一条によれば、中等学校の教員になれるのは学識者のみで、古典語の知識が採用の第一条件であり、すべての志願者は古典語の試験を受けるべきものとされた。古典語の試験は、ギリシアとローマの作家の散文と詩歌のドイツ語訳、ドイツ語のギリシア語訳とラテン語訳と指定されていた。そのほかに、哲学、歴史と古代学、ドイツ古典文学、数学、自然科学からも問題が出された。試験にはこれらの分野からそれぞれ最低一問が出題され、受験者は少なくとも問題の半分にラテン語で回答しなければならなかった。試験の最終日には口述試験も行なわれた。試験官は協議のうえ合格者に三段階の評価をつけた。試験の成績は受験者が提出した素行証明書などとともに内務省に送られ、合格者の名前が中等学校教員の候補者名簿に載せられた(10)。中等学校で教員が必要になった場合、この中から教員が任命されることになっていた。

一八〇九年一〇月二六日から五日間にわたって、この訓令に基づく最初の中等学校教員試験が行なわれた。受験者は聖職者一人、俗人四人であった。内務省の学校顧問官二人、ミュンヘンのリュツェーウムとギュムナージウムの教員四人、大学教授一人からなる試験委員会が問題の作成と採点にあたった。試験の結果は三人が不合格、一人は奨学金をつけて様子を見なければならないという期待外れのものであった。試験委員を務めたヴィスマイアーは内務省への報告の中で、応募者は平凡な成績の生徒のようなもので、教師として役に立たない、この種の試験によって優秀な教員を採用しようというのは無駄な試みである、能力のある者はこの程度の応募者と一緒に試験を受けようとはしない、と非常に厳しい評価を下している(11)。

しかし、その後も手直しをして中等学校教員の採用試験は続けられた。一八一一年八月三一日には受験科目にフランス語とオリエント語が加えられ、授業の実地試験が課されるようになった。また、評価方法も五段階に改められた。[12] 一八一六年には中等学校の制度が一部変更されたので、これに合わせて一八一八年三月二六日に試験制度も修正され、「市民学校」に格下げされた実科学校と下級の古典語系中等学校（「ラテン語準備学校」とプロギュムナージウム）の教員の採用試験は管区政庁（県庁に相当する中級の行政機関。管区派遣長官役所の後身）が担当することになった。試験は管区の中心都市においてギュムナージウムの教員三人によって行なわれた。これに対して、ギュムナージウムの教員採用試験は引き続き内務省が担当した。[13]

一八一九年六月一日にミュンヘンで新しい規定によるギュムナージウムの教員採用試験が行なわれ、その後ミュンヘンでは毎年試験が実施された。受験者の年齢は最初は特に定められていなかったが、若い学生が腕試しに受験したりすることもあったので、一八二二年に二〇歳という最低年齢が設けられた。[14] さらに、一八二九年に試験制度が改定された際には、大学に三年以上在学していることが受験の条件となった。これによって初めてギュムナージウムの教員は明示的に大学を修了している者に限定されることになった。[15]

このように、バイエルンにおける中等学校の教員採用試験は、教員の聖職者から俗人への転換、新人文主義の影響による古典語教育の復権という変化に対応するため一八〇九年に初めて導入され、その後次第に整備されていったのであるが、先にも述べたように、中等教育の場合、中高等教育自体が教員養成の役割を果たしていたということもあって、この教員採用試験は最初のうちは中等学校教員を専門的に養成するための課程をともなってはいなかった。一八〇五年の言語学演習計画が水泡に帰したあと、ようやく一八一二年になって新人文主義の立場に立つ言語学者フリードリヒ・ヴィルヘルム・ティーアシュ（一七八四〜一八六〇）の働きかけによってミュンヘンのリュツェーウムに中等学校教員を養成するための言語学の演習が設けられた。一八二三年にこの演習はリュツェーウムからバイエルン学術協会に移り、変則的な形になっていたが、一八二六年にランツフート大学がミュンヘンに移転してきたのを機に、大学の哲学部に統合された。[16] こうして中等学校教員の養成を念頭に置いた

最初の専門的な課程が大学に誕生することになったのである。(17)

(1) Liedtke, a. a. O., Bd. 1, S. 391 f., 541.
(2) Neuerer, Karl, Das höhere Lehramt in Bayern im 19. Jahrhundert, Berlin 1978, S. 13; Liedtke, a. a. O., Bd. 1, S. 717 ff.
(3) Neuerer, a. a. O., S. 14, 15, 16 f.; Lurz, a. a. O., Bd. 2, S. 235; Müller, W., a. a. O., 345 ff.
(4) Neuerer, a. a. O., S. 14 f., 18; Liedtke, a. a. O., Bd. 1, S. 719; Müller, W., a. a. O., S. 352.
(5) Neuerer, a. a. O., S. 15.
(6) Lurz, a. a. O., Bd. 2, S. 287; Dokumente, Bd. 8, S. 92; Neuerer, a. a. O., S. 18.
(7) Ebenda, S. 19.
(8) Ebenda, S. 137 f.
(9) Ebenda, S. 19 f.; Schwarzmaier, a. a. O., S. 85 ff.
(10) Döllinger, a. a. O., S. 747-750; Neuerer, a. a. O., S. 20. 試験はミュンヘンのほかにニュルンベルクでも行なわれることになっていた。
(11) Ebenda, S. 21, 71.
(12) Döllinger, a. a. O., S. 751, 753 f.
(13) Ebenda, S. 755 f.; Neuerer, a. a. O., S. 71. 今回の変更にともなってギュムナージウム教員の試験場所はミュンヘン、アンスバッハ、ヴュルツブルクに変更された。しかし、定期的に試験が行なわれたのはミュンヘンのみであった。
(14) Ebenda, S. 72 f.
(15) Ebenda, S. 47 f. ただし、ギュムナージウム以外の下級の中等学校の教員採用試験には大学修了という条件はなかった。なお、一九世紀半ばまでは聖職者を中心に採用試験を受けていない中等学校教員も存在した。Ebenda, S. 17, Anm 24.
(16) Ebenda, S. 139 ff. リュツェーウムに正式に言語学演習が設置される以前に、ミュンヘンのギュムナージウムで教鞭をとっていたティーアシュが個人的に言語学演習を開設し、その基礎を作った。ティーアシュは一八一二年にこの言語学演習とともにリュツェーウムに移り、さらに一八二六年にはミュンヘン大学に移って、バイエルンの中等教育に大きな影響を及ぼすようになった。
(17) 一八世紀末以降一般的科目が増えていたのに、新人文主義の影響で、当初の教員採用試験では教員の古典語を教える能力のみが重視された。一八二九年以降ようやく数学を教える教員の試験が分離されるようになり、一八五六年になってミュンヘン大学の哲学部に数学教員を養成するための数学・物理学演習が開設された。Ebenda, S. 52.

4 生徒の社会的出自

(1) 開かれたエリート校

最後に、中等学校の生徒の出自について検討し、中等学校と社会の繋がりを見ることにしよう。一八世紀のバイエルンではミュンヘンのギュムナージウムが最大のギュムナージウムで、常時一〇〇〇人以上の生徒を受け入れていた。その他の都市のギュムナージウムの生徒数はその半分か三分の一ほどであった。(1) 一八世紀のバイエルン(一七七三年以前)にはミュンヘンのほかに七つの都市にギュムナージウムが存在したので、バイエルン全体のギュムナージウムの生徒の数は三五〇〇人から四五〇〇人というところであろうか。

バイエルンの人口は一七七〇年におよそ一二〇万人と推定されているので、この程度の生徒しかいないギュムナージウムは少数者のためのエリート校であった。その一方で次のような事情も考慮しなければならない。領土も大きくなり、人口も格段に増えた一八四〇年代(人口は一八四一年に四四〇万人弱)にバイエルンのギュムナージウム(ただし四年制)で学んでいたのはおよそ三〇〇〇人であった。(2) この数字と比較すれば、一八世紀のギュムナージウムの生徒数はかなり多かったと見ることもできる。同時代人の一部もギュムナージウムを始めとするラテン語学校の生徒は数が多すぎると感じていた。(3)

それでは、ギュムナージウムにはどのような社会層の子どもが入学していたのであろうか。一七八〇年から一八〇〇年にかけてミュンヘンのギュムナージウムで学んでいた上級学年の生徒一〇九二人の出身階層が明らかになっている。一〇九二人の生徒のうち、九七人（九パーセント）は貴族の父親をもっていた。これらの父親はいずれも政府の高級官僚であった。およそ三五〇人（三二パーセント）の生徒は政府の中級官吏、教会や自治体の中級使用人を父親にもっていた。これに対して、五五〇人（五〇パーセント）は手工業者、宿屋、商人などの息子であった。この数の中には若干の日雇労働者や召使の息子も含まれている。また、農民の息子も九〇人（八パーセント）在学していた。[4]

イエズス会はどのような社会層の子どもも学校から締め出さないという方針でギュムナージウムを経営しており、[5]実際にもさまざまな職業の父親をもつ生徒がそこで学んでいたのであるが、[6]上記の数値は一七七三年にイエズス会の手を離れたあともギュムナージウムが引き続きさまざまな社会層の子どもに門戸を開いていたことを示している。ギュムナージウム以外の中等学校については生徒の出身階層を示す数値はないが、これらの学校が上級中等学校であるギュムナージウムよりも狭い社会層から生徒を集めていたとは考えにくいので、開かれた学校という性格は中等学校全体にあてはまると言えるであろう。

啓蒙主義者は中等学校がさまざまな社会層の生徒を受け入れていることにも、中等学校の生徒が多すぎることにも非常に批判的であった。中等学校は農民、手工業者などの生産的扶養身分の子どもを大量に入学させることによって、社会階層間の均衡を崩し、行政、宗教、教育などに携わる非生産的消費身分の過剰を引き起こしている。今後は、特別に才能のある子どもを除いて、農民、手工業者などの子どもは中等学校から締め出すべきである。啓蒙主義者はそのように主張し、ギュムナージウムが国家の管理下に入ったあと、実際に中等教育改革の一部として中等学校への門戸を狭める措置が取られた。[7]ただし、上記の出身階層の数字が示しているように、一七七三年以降もギュムナージウムにはさまざまな階層の子どもが入っており、これらの措置がどれだけ効果を上げたか疑わしい。

このように中等学校は身分制社会の中にあってもさまざまな階層から幅広く子どもを受け入れており、そのことによって社会の中層や下層の出身者に社会的地位を上昇させる機会を与えていた。例えば、一八〇〇年以前にはバイエルンの聖職者の九五パーセントは下層農民の出身であったが、彼らは中等学校や大学をへて聖職者身分に辿り着いたのであり、中にはさらに高位聖職者の地位に上り詰める者もあった。中等学校は身分制社会の中でまさに「大きな社会的エレヴェーター」の役割を果たしていたのである。(8)

もっとも、一八世紀以前にはこの「エレヴェーター」の行き先は限られていた。上記の一〇九二人の生徒がその後どのような職業に就いたかを見てみよう。農民の息子九〇人のうち三七人（四一パーセント）が司祭や修道士になったように、農民、教師、手工業者・宿屋・商人の息子の中には聖職者になった者が多かった。これに対して、中級官吏や中級使用人の息子はさまざまな職業に就いたが、父親と同じような中級官吏や中級使用人となる者が比較的多かった。高級官僚の地位は貴族に押さえられていて、市民や農民の息子がここに到達することはかなり難しかった。(9)

このように中等学校から聖職者の世界へは太いパイプがつうじており、また中等学校をへてその他のさまざまな職業に就く機会もあったが、国家の高級官職に近づく道はだけはまだ狭いままであった。すでに一八世紀には高級官職に就くには大学の法学部を出ている必要があり、採用試験も行なわれていたが、(10)高級官僚の採用や昇進についてはなお縁故が物を言ったのである。

(2) 狭まらなかった門戸

啓蒙主義者は中等学校が生徒を過剰に集めて社会的に有用な働き手の数を減少させていると考え、一七七三年以降中等学校の生徒の数を減らすことを試みたが、一七九九年九月二四日の命令によって行なわれたギュムナージウムとリュツェーウムの大規模な削減もそのような試みの延長線上にあった。この一七九九年の措置によって中等学校の生徒数は実際にかなり減少したようである。バイエルンのギュムナージウムに在籍する生徒の数は一八〇二年には全体で九〇六人になっていた。[11]

九〇六人のギュムナージウムの生徒にリュツェーウムの生徒三三八人を加えると一二四四人となるが、このうち二四四人（二〇パーセント）は高級官僚などの息子、六六五人（五三パーセント）は市民の息子、三三五人（二七パーセント）は農民の息子であった。ギュムナージウムとリュツェーウムの生徒が分かれておらず、階層区分の境界線も異なっているようなので、上記の一八世紀末の数字と直接比較はできないが、これらの数字から、学校や生徒の数が意図的に減らされている中でも、なお農民や手工業者の子どもが中等学校に入学していたことが明らかになる。しかし、学校総監理府は一八〇二年には一二四四人のうち二〇三人が退学し、また毎年入学する生徒も減少していることにとりあえずは満足していた。[12]

啓蒙主義の立場に立つ一八〇四年の中等学校教育予定表はまだ社会が六つの身分（生産身分、製造身分、商業身分、防御身分、奉仕身分、統治身分）から構成されていて、それぞれの身分にはその身分にふさわしい教育があり、中等教育が不要な身分の子どもは中等学校へ入るべきではないことを強調していた。[13] しかし、一八〇八年に新人文主義に基づく中等教育への転換が行なわれたあとは、重点の置き方が変わるようになった。一八〇九年一月二八日の新しい学校制度についての説明では、むしろ、最高の教養に到達する素質は特定の身分と結びついているわけではないので、どの身分に対しても学術学校（中等学校）への入学を拒むことはできないということが強調されていた。また、学術学校への入学には長期間にわたって通学できる見通しが必要であることを指摘してはいたが、親の社会的地位や財力には直接言及していなかった。[14]

こうした学校管理部局の対応の変化のためか、あるいは制度変更による混乱が収まったためか、一八〇九年以降ギュムナージウムの生徒の数は増加するようになった。一八〇九年に二五二人にまで縮小していたギュムナージウムの生徒数は一八一〇年には三三五人、一八一一年には四〇九人、一八一二年には六四九人と増え、内政改革が終わった一八一七年には一八〇二年の数を越えて一一九〇人にまで回復した。その後も生徒数の増加は続き、一八二四年には内政改革終了時の二倍以上の二四七五人になった。ギュムナージウムの生徒数とともに、下級の古典語系中等学校（「初級学校」＝「ラテン語準備学校」とプロギュムナージウム）の生徒数も増加した。両者を合わせて一八〇九年には七七三人であったが、一八一七年には三九九〇人となり、一八二四年には六七七二人に達した(15)。

それでは、内政改革時代の生徒数の激減を経験したあとの中等学校はどのような社会層から生徒を受け入れていたのであろうか。一八〇九年から一八二四年までと一八三一年から一八五四年までの合計四〇年間にわたって古典語系中等学校（一八二四年までは二年制の「初級学校」＝「ラテン語準備学校」、二年制のプロギュムナージウム、四年制のギュムナージウム、一八三〇年以降は四年制のラテン語学校と四年制のギュムナージウム）に在籍していた生徒の出身を調べた研究があるので、それを見てみよう。この四〇年間にギュムナージウムと下級の古典語系中等学校に在学していた生徒の総数は二三万三五四人であった。平均すると毎年五七五九人が在学していたことになるが、当初は上に述べたように生徒数はこれよりはるかに少なかった。なお、五七五九人という数字は同年代の男性の二パーセントから三パーセントにあたり、内政改革以後も中等学校が少数者のためのエリート学校であったことを改めて確認することができる(16)。

総数二三万三五四人の生徒の父親のうち、貴族は一・九パーセント、高級官僚（貴族以外の高級官僚、裁判官、大学教授、ギュムナージウム教員）は八・一パーセント、自由業者（医者、薬剤師、弁護士、科学者、芸術家）は三・四パーセント、将校は一・六パーセント、牧師（プロテスタントの聖職者は家族をもつ）は二・二パーセント、企業家は一・一パーセント、商人は二・八パーセントを占めていた。これらの上層階級に属する父親を合計すると、比率は二一・一パーセントとなる。[17]

また、手工業者は二五・〇パーセント、商工業者（小売商、宿屋、床屋、魚屋など）は八・〇パーセント、中級官吏は一六・三パーセント、農民は七・三パーセント、事務系職員（教会職員、自治体職員、郵便職員など）は六・一パーセントを占めており、これらの中層階級の父親は全体では六二・八パーセントの比率であった。さらに、奉公人は二・四パーセント、賃金労働者・日雇労働者は七・一パーセント、初等学校教師は五・七パーセント、兵士は〇・三パーセントを占めていて、これらの下層階級の父親を合計すると、比率は一五・五パーセントとなった。[18]

それぞれの階級が社会の中で占める割合と比べると、上層階級の子どもは過剰に中等学校に入っており、中層階級の子どもはこの階級が社会で占めるのとほぼ同じ割合で中等学校に入っていたが、下層階級の子どもの割合はかなり過少であった。しかし、下層階級の子どもも一五パーセントを超える比率を示しており、中等学校から締め出されていたとは言えないであろう。[19] 一八世紀以前に中等学校がもっていた開かれた学校という性格は一九世紀に入っても受け継がれていたのである。

かつてイエズス会はギュムナージウムの授業料を無料にして生徒数を増やしていると非難されたが、一九世紀になっても中等学校の授業料は極端に高くはならなかったし、授業料の免除を受けることもできた。また、引き続き各種の奨学金が用意されており、さらには生徒が自力で収入を得る機会もあった。[20] 一九世紀になっても開かれた学校という性格が変わらなかったのは、新人文主義が優勢になる一八〇八年以降は法令上の入学抑制が見られなくなったことに加えて、財力のない家庭の子どももこれらを利用して中等学校で学ぶことができたからである。

ところで、中等学校の生徒の社会的出自を話題にする場合、もう一つ検討しなければならないことが残されている。それは中途退学者の問題である。中途退学者が特定の社会層に集中していれば、生徒の社会的出自は実質的に変化するからである。一八世紀以前の中等学校でも多くの中途退学者が出ていたが、その数や出身階層はよくわかっておらず、これまではこの点に触れなかった。しかし、一八〇九年以降のバイエルンの中等学校の生徒については中途退学者の数が明らかになっているので、中途退学者が特定の社会層に偏っていたかどうか見ておくことにしよう。

一八〇九年から一八二四年までの時期に古典語系中等学校に在学していた生徒の五二・七パーセントが途中で学校を去っていた（ギュムナージウムに進学しなかった生徒も含む）。職業別に見ると、牧師の子どものみが途中で人数の増加を示していた（自前で学習して中途入学）。その他の職業の出身者はいずれも減少するが、目減りの少なかったのは農民の子どもである（三八・〇パーセント減）。高級官僚（五一・一パーセント減）、初等教員（五三・三パーセント減）、貴族（五五・九パーセント）の子どもの減少は平均値に近かった。これに対して、将校（八一・〇パーセント減）、商人（八七・二パーセント減）、事務系職員（八四・〇パーセント減）、兵士（八三・三パーセント減）の子どもはかなりの者が途中で学校を離れてしまった。このように中途退学者は下層階級に集中していたわけではなく、むしろ父親の職業による偏りを示していた[21]。

最後までギュムナージウムに残って修了試験（一八〇九年に導入）に合格した生徒には二つの道が開けていた。大学やリュツェーウムに入学するか、試験を受けて国家や自治体などの中級官吏の職を得るかである。内政改革時代に高級官職の国家試験が整備されたので、大学に進んだ場合には、貴族の身分をもたなくても、高級官職に到達することが可能になった。一方、内政改革によって修道院が廃止されたので、就職先は少なくなっていたが、以前のように大学やリュツェーウムに進んで聖職者になる道も残されていた。

中途退学者の行き先ははっきりとはわからない。国家や自治体の下級官吏の場合にも法律上は就職するにはギュムナージウム修了を必要とするものが多かったが、中途退学者の一部は規定を掻い潜ってこうした官職に就いたようである。技術系の官職には規定上も初級中等学校修了で間に合うものがあった。また、将校の子どものように幼年学校に転じたと見られる者や、企業家の子どものように父親のあとを継ぐための訓練に入ったと推測される者もある。一八一六年以降実科系中等学校が極端に貧弱になり、古典語系中等学校の代わりに選択できる学校が限定されてしまったので、中途退学者の中には最初から途中で退学することを前提に古典語系中等学校に入学した生徒も存在したようである。(22)

（1） Liedtke, a. a. O., Bd. 1, S. 392.
（2） Hofmann, a. a. O., S. 110, 114, 136.
（3） Lurz, a. a. O., Bd. 1, S. 106 f.
（4） Müller, R. A., Sozialstatus, S. 134.
（5） Liedtke, a. a. O., Bd. 1, S. 715 f. ギュムナージウムの開放性を保つため、イエズス会は潤沢な資金に基づいて授業料を無料にしていた。Ebenda, S. 392, 536, 626, 715.
（6） 一七〇一年から一七七六年まで（イエズス会は一七七三年に解散）のあいだにミュンヘンのギュムナージウムを修了した生徒の父親の職業の割合は次のようになっていた。この間の修了者の総数は七八〇九人で、このうち八四パーセントについて親の職業が判明している。修了者の中で貴族を父親にもつ者は四二〇人、全体の五・四パーセントを占めていた。また、官僚を父親にもつ者は一〇六六人で、一三・七パーセントであった。ただし、官僚の一部は貴族と重なっている。法律家、医者、教員、芸術家などの「市民」を父親にもつ者はおよそ二二〇人で、二八・四パーセント、手工業者を父親にもつ者は一九一五人で、二四・五パーセント、農民を父親にもつ者は七八五人で、一〇・〇パーセント、労働者を父親にもつ者は七八八人、一〇・一パーセントであった。Kraus, Andreas, Das Gymnasium der Jesuiten zu München (1559-1773), München 2001, S. 15-19. 職業区分の方法が異なるので、イエズス会時代以後の状況と直接比較はできないが、農村的環境や社会の中下層からもそれなりの数の入学者があったことは読み取れる。

(7) Ebenda, S. 716, 723; Müller, R. A., Sozialstatus, S. 132 ff. 一七七四年一〇月八日の学校条令には、著名人の子ども、財産のある者、優れた才能のある者以外は中等学校に入学させないよう求める条項（第一〇〇条）が見られる。Lurz, a. a. O., Bd. 2, S. 221; Bock, a. a. O., S. 27.

(8) Liedtke, a. a. O., Bd. 1, S. 353; Stutzer, Dietmar, Die Säkularisation 1803. Der Sturm auf Bayerns Kirchen und Klöster, 3. Aufl., Rosenheim 1990, S. 42, 230.

(9) Müller, R. A., Sozialstatus, S. 135. ただし、個別的には商人や手工業者の息子で高級官僚になった者がいなかったわけではない。例えば、大学監督官イックシュタットは鍛冶屋の息子、その同志の外交担当次官ヨハン・ゲオルク・フォン・ローリ（一七二三～一七八七）は宿屋の息子、宗教顧問会議の長官ペーター・フォン・オースターヴァルト（一七一八～一七七八）は仕立屋の息子、宗教顧問官ブラウンはパン屋の息子、啓蒙主義者と対立していた内局秘書官ヨハン・カスパル・フォン・リッペルト（一七二九～一八〇〇）は商人の息子、内務省次官（後に法務大臣）ゲオルク・フリードリヒ・フォン・ツェントナー（一七五二～一八三五）は農民の息子。

(10) Wendt, Reinhard, Die bayerische Konkursprüfung der Montgelas-Zeit, München 1984, S. 13.

(11) Schimke, a. a. O., S. 652. 九〇六人の生徒のうち、ミュンヘンには三一一人、アンベルクには二三二人、ランツフートには一二〇人、ノイブルクには一〇一人、シュトラウビングには一五二人が通っていた。

(12) Ebenda, S. 652 ff. ギュムナージウムとリュツェーウムを合わせた生徒数は一八〇一年に一三五一人、一八〇二年に一二四四人、一八〇四年に一〇三九人と減少していた。Hofmann, a. a. O., S. 50 Anm. 37.

(13) Lurz, a. a. O., Bd. 2, S. 549.

(14) Ebenda, S. 589 f.

(15) Hofmann, a. a. O., S. 134, 136.

(16) Ebenda, S. 107 ff. 一八二四年から一八三〇年までのあいだは古典語系中等学校の在学年数が異なっていた。一八二四年以前の年数は本文の記述のとおり。一八三〇年以降の古典語系中等学校の年数についてはDöllinger, a. a. O., S. 633 f., 648.

(17) Hofmann, a. a. O., S. 118, 121 ff., 127.

(18) Ebenda, S. 118, 123 f., 125.

(19) Ebenda, S. 117, 123, 125, 129. 一九世紀の中等学校があらゆる社会層に広く門戸を開いていたことはバイエルン以外でも確認されている。Ebenda, S. 191-194.
(20) Ebenda, S. 197, 210-221.
(21) Ebenda, S. 171, 172, 174.
(22) Ebenda, S. 169 f., 178, 186.

終わりに

中等学校は近代国家の出現によってどのように変化したのであろうか。最後に、「はじめに」での設問に答える形でこの点についてまとめておこう。バイエルンでは一七九九年に近代国家への転換をめざす内政改革が始まり、一時啓蒙主義が教育政策を支配するようになった。しかし、啓蒙主義が試みたラテン語学校の削減や古典語教育の圧縮は短期間しか持ち堪えることができず、一八〇八年には早くも潮流の変化が生じて、次第に新人文主義が優勢になった。そのような中で啓蒙主義が残した唯一の成果と言えるのが中等学校の教育内容の多様化であった。

中等学校を修了した生徒の行き先の変化からも読み取れるように、中等学校は内政改革時代に聖職者の養成を中心とする学校から官僚の養成を中心とする学校に性格を変えた。啓蒙主義がもたらした教育内容の多様化はこの変化に対応したものであった。ところが、ここにも啓蒙主義の挫折の影響が現れた。多様化された教育内容は直接官僚の養成という目的には結びつけられず、内政改革時代の途中から啓蒙主義に代わって中等教育を支配するようになった新人文主義の理念、すなわち古典的教養による人材の育成という理念に屈折した形で結びつけられることになった。

結局のところ、内政改革時代以後の中等学校は、教育内容を拡大しただけで、古典語の重視や古典的素養による全人教育という方針を伝統的な中等学校から受け継ぐことになったのである。内政改革時代には、それまでの聖職者が中等学校の教員をほぼ独占しているという状況を変えるために、国家による中等教員の採用試験が始まったが、ここでも、新人文主義の影響によって、本来試されるべき、多様化した授業科目に対する教員の対応能力ではなく、古典語の能力を問うことが試験の中心的な課題となった。

中等学校の社会との繋がりも近代国家形成によって大きく変化することはなかった。身分制社会の中でも中等学校はさまざまな社会層の子どもに門戸を開いていた。実用主義への傾斜の強い啓蒙主義は中等学校が生み出す多数の学識者＝不労者＝不用者が国家の負担になると見做して、中等学校を削減し、中等教育の門戸を狭めようとした。しかし、中等学校の「開かれた」性格は内政改革以後も維持された。中等学校は社会の広い範囲から有能な人材を吸収し、それらの人材の社会的地位を向上させる役割を果たし続けたのである。内政改革以前と以後では人材の主要な行き先が教会か国家かという点で異なっていたにすぎなかった。

一七九九年以降の内政改革によって近代国家が誕生したにもかかわらず、またその中で中等教育を変革しようという努力が行なわれたにもかかわらず、中等学校の在り方はそれほど大きくは変わらなかった。ヨーロッパの中等学校は長い歴史と伝統をもった学校であり、これまでの中等教育を全面的に破壊して大きな混乱を引き起こすのでなければ、差し当たり改革できる点は限られていたと言うことができるであろうか。

第3章　啓蒙主義的大学改革の行き詰まり

はじめに

一七八九年にフランス革命が勃発し、ヨーロッパ各地で近代国家建設の動きが始まると、中世以来高等教育を担ってきた大学は危機に直面することになった。フランスでは近代国家体制と相容れない自治団体を排除する政策の一環として一七九三年九月一五日にすべての大学が一斉に廃止された。その後、試行錯誤が繰り返されたあと、ナポレオンのもとで、一八〇六年に、グランド・ゼコールと総称される高等専門学校と、大学解体後も残存していた神学部、法学部、医学部などの個々の学部に高等教育を担わせる制度が確立された。

大学の解体はフランスだけにとどまらなかった。一七九二年にフランスとヨーロッパ諸国の戦争が始まり、ライン左岸がフランスの占領下に入ると、この地域の大学もフランスの大学取り潰し政策の犠牲となった。一七九七年にはネーデルラント南部のレーヴェン大学が廃止され、一七九八年にはケルン大学、ボン大学、トリーア大学、マインツ大学が廃校となった。

さらに、一八〇三年にはフランスの軍事的・政治的圧力を受けて神聖ローマ帝国内で大規模な領土の再編成が始まり（帝国代表者会議主要決議）、フランスの占領地以外の大学の立場も不安定になった。帝国内の領土の再編成によって新しい領土を手に入れた領邦国家が新しい領土にあった大学の一部を処分し始めたのである。また、領土を拡大した領邦国家は旧領土と新領土の統合のために近代国家への転換を迫られたので、取り潰しを免れた大学も中世以来の自治権を大幅に削られることになった。

大学は政治情勢の変化によって外部からその存立を脅かされたばかりではなかった。フランスが大学を破壊して高等教育の担い手を単科の高等専門学校や個別の学部に切り替えたことによって、高等教育機関の新しい選択肢が生まれ、各地でこれに追従して大学を廃止すべきかどうかという議論が起こったのである。一八一〇年に創設されてその後の大学のモデルとなったベルリン大学が生まれる過程においても大学や学部の廃止が議論された[1]。

このように一八世紀の終わりから一九世紀初めにかけての近代国家創生期には大学はその存続を保証されない厳しい状況に置かれていたのであるが、結局ドイツ諸国では大学が引き続き高等教育機関としての役割を果たすことになった。この章では、南ドイツのバイエルンを例に、近代国家への転換をめざす内政改革の中で具体的にどのような大学改革が行なわれ、大学がどのように変形されて高等教育を担う学校として生き延びたのかを検討することにしたい。

なお、バイエルンは一八〇三年以降の領土の拡大によって新しく八つの大学を獲得するのであるが、ここではバイエルンに古くからあった領邦固有の大学インゴルシュタット大学（一八〇二年にランツフートへ移転してランツフート大学となり、一八二六年にはさらにミュンヘンへ移転してミュンヘン大学となる）を中心に議論を進めることにしたい。

インゴルシュタット・ランツフート・ミュンヘン大学については、この章にも名前の出てくる哲学部の教授メーデラー以来の研究の歴史がある。一九世紀後半にはメーデラーを批判する立場から Karl von Prantl[2] が大部のインゴルシュタット・ランツフート・ミュンヘン大学史を著した。現在はLaetitia Boehmを中心にインゴルシュタット・ランツフート・ミュンヘン大学についての研究や資料の整理が行なわれている。(3) 近代国家形成との関連という視点は独自に用意したが、この章で述べたインゴルシュタット大学、ランツフート大学に関する事実についてはプラントルやベームのグループの研究に多くを負っている。

（1） Vgl. Schmalz, Theodor Anton Heinrich, Denkschrift über die Errichtung einer Universität in Berlin, 22.8.1807, in: Wilhelm Weischedel, Hrsg., Idee und Wirklichkeit einer Universität, Berlin 1960, S. 11 ff.

（2） Prantl, Karl von, Geschichte der Ludwig-Maximilians-Universität in Ingolstadt, Landshut, München, 2 Bde., München 1872 (Nachdruck Aalen 1968).

（3） 大学の通史としてBoehm, Laetitia und Johannes Spörl, Hrsg., Ludwig-Maximilians-Universität. Ingolstadt - Landshut - München 1472-1972, Berlin 1972（以下Boehm u. Spörl, Universität と略記）、個々の学部に関する研究としてBoehm, Laetitia und Johannes Spörl, Hrsg., Die Ludwig-Maximilians-Universität in ihren Fakultäten（以下Boehm u. Spörl, Fakultäten と略記）, Bd. 1, Berlin 1972, Bd. 2, Berlin 1980、人名事典としてBoehm, Laetitia u. a., Hrsg., Biographisches Lexikon der Ludwig-Maximilians-Universität München, Teil 1, Berlin 1998 などが上梓されている。

1 内政改革以前の大学

(1) 領邦国家の大学

一八世紀から一九世紀への転換期に近代国家が誕生する中で大学はそのあり方を問題にされ、ドイツでもかな

図３　インゴルシュタット大学最古の建物（19 世紀のスケッチ）

りの数の大学が廃校に追い込まれた。しかし、ドイツでは最終的には大学は高等教育機関として生き残った。その背景として、ドイツには領邦君主によって設置された大学が多く、大学が最初から領邦政府と強い結びつきを持ち、領邦政府の統制下に置かれていたことをあげることができる。こうした領邦大学は領邦国家の聖職者や官僚・法律家の養成機関として不可欠の存在になっており、また一八世紀には領邦政府の意向を受けて啓蒙主義的な大学改革も行なわれ、それなりの学術的水準を保っていた。

バイエルンの場合にも同じ事情を指摘することができる。内政改革時代の大学改革を見る前に、バイエルンの領邦大学であるインゴルシュタット大学（図３）の歴史を振り返っておこう。インゴルシュタット大学はローマ教皇の許可を受けてバイエルン・ランツフート公爵ルートヴィヒ九世（一四五〇～一四七九）によって一四七二年に設立された。ルートヴィヒ九世個人には学問への関心はなかったが、領邦国家が独自の高等教育機関を必要としていたことが大学設立を促した。インゴルシュタット大学はウィーン大学（一三六五年に開設）をモデルに作られ、設立を許可する教皇教書によってウィーン大学と同等の自治団体としての特権が与えられていた。この特権に基づいて、インゴルシュタット大学は、決議機関として評議会をもち、授業、学位授与、学長や学部長の選挙、学則の作成、印章の行使、大学関係者に対する裁判を行ない、免税などの特典を享受していた(1)。

しかし、その一方で、インゴルシュタット大学は領邦の大学としてバイエルン公爵の側から学長・学部長選挙の結果の承認、学則の承認、大学関係者に対する忠誠宣誓の要求、教授招聘や授業計画への関与という拘束を受けていた。また、インゴルシュタット大学は一種の宗教団体としてキリスト教会とも繋がっており、インゴルシュタットを司教区内に抱えるアイヒシュテット司教が学位授与の名義人であるローマ教皇の代理人として大学の事務長を務めていた。もっとも、アイヒシュテット司教との関係は名目的な色合いが濃く、学位授与の実際の権限は大学にあり、学位授与の儀式も神学部の教授の一人が副事務長に就任して執り行なっていた(2)。

インゴルシュタット大学のモデルとなったウィーン大学はパリ大学の系譜を引いていたので、インゴルシュタット大学も神学部、法学部、医学部、学芸学部からなる四学部制をとっていた。四つの学部は対等ではなく、専門的知識を授ける神学部、法学部、医学部は上級学部、自由学芸を教える学芸学部は下級学部とされていた。学生は学芸学部で修士（マギスター）の学位を取得し、上級学部に進んで博士（ドクトル）の学位を取得した(3)。

また、教員のあり方も当初は上級学部と学芸学部で異なっていた。上級学部には一定の人数の有給の教員が置かれていたが、学芸学部では修士の学位を取得したすべての者に授業を行なうことが認められていた。こうした教員のうち六人には大学の建物に住む権利が与えられたが、それ以外の者はそれぞれの教員の授業を受けた学生が支払う聴講料などを受け取るのみであった。このため、学芸学部の教員は通過的な職務としか見做されていなかった。ところが、学芸学部を修了して修士となる者の数が増えると、すべての修士が実際に授業を行なうことは難しくなり、また一五二〇年代に入ると宗教改革による混乱で学生の数が減少して、聴講料をとることにも問題が出てきたので、一五二六年に上級学部と同じように学芸学部にも有給の講座(六講座)が作られた。これによって学芸学部と上級学部の教員の立場の違いはなくなった。これ以後、学芸学部は次第に上級学部と対等の地位を求めるようになった(4)。

宗教改革は学芸学部の教員の在り方に影響を及ぼしたばかりではなかった。宗教改革の進展は神学部の変化をも促した。神学部ではヨハネス・エック(一四八六～一五四三)がカトリックの立場に立って宗教改革の中心人物マルティーン・ルターを批判する論陣を張り、学生を集めていた。しかし、一五四三年にエックが死亡すると、神学部は衰退し、領邦政府は聖職者教育の建て直しを迫られることになった。そこに登場したのが、対抗宗教改革の担い手として一五四〇年にローマで組織されたイエズス会である。一五五六年イエズス会はバイエルン公爵アルブレヒト五世(一五五〇～一五七九)と協定を結んで、公爵から学寮の提供を受けるのと引き換えに神学部の教授二人(神学部の残りの教授二人はインゴルシュタット市内の教区主任司祭として給料を得ていた)をイエズス会の費用で大学に用立てることになった(5)。

一五六八年になると、領邦政府はローマ教皇庁からの要請に答えてインゴルシュタット大学に対する宗教的な締めつけを強化し、カトリックであることを宣誓しなければ学位をとったり、大学の教員になったりすることができなくなった(6)。こうした領邦政府の動きと平行して、神学部に橋頭堡を築いたイエズス会は着々と勢力を拡大した。イエズス会はまずミュンヘン(一五五九年)やインゴルシュタット(一五七一年)にギュムナージウムを開設し、その後順次学芸学部の講座へも教員を提供するようになった。そして、一五八八年には遂に学芸学部全体がイエズス会の手に委ねられることになったのである(7)。

学芸学部の講座を手に入れると、イエズス会は自らの修道士養成計画に合わせてこれらの講座を運営するようになった。また、イエズス会は学芸学部における古い教員任用方法に先祖返りするかのように、学芸学部の教員には学芸学部で学位を取得したばかりの会士をあて、頻繁に交代させた。こうしたイエズス会のやり方に法学部が繰り返し異を唱えたが、領邦政府によって押さえ込まれた。領邦政府はイエズス会に学芸学部や神学部の講座を任せたことによって余った資金を使って法学部や医学部にも恩恵を与え、法学部の教授を三、四人から七人に、医学部の教授を二人から三人に増員した[8]。

このようにして、一四七二年に創設されてからおよそ一〇〇年経った一六世紀の終わりに、インゴルシュタット大学は神学部の一部と学芸学部をイエズス会に委ねたカトリックの宗派的領邦大学という姿をとるようになった。このあと一七七三年にイエズス会が解散されるまでのおよそ二〇〇年間インゴルシュタット大学はこの体制を維持することになる。なお、一五三七年以降のインゴルシュタットは城壁が増強され、領邦の軍隊が駐屯する要塞都市となっていた。

(2) 一八世紀の大学改革

一七世紀末以降ドイツのプロテスタント地域にはハレ大学（一六九四年開設）やゲッティンゲン大学（一七三七年開設）のような新しい大学が誕生し、カトリックの領邦国家の中にもこれらの大学をモデルにして啓蒙主義的な大学改革に乗り出すところが現れた。バイエルンでも一七四五年にカール・アルブレヒト（一七二六〜一七四五）（神聖ローマ皇帝カール七世）が死亡して息子のマックス三世ヨーゼフ（一七四五〜一七七七）が即位し、政治の重点を内政に移すと、大学改革の動きが始まった。

マックス三世ヨーゼフは即位の翌年ヨハン・アーダム・フォン・イックシュタット男爵（一七〇二〜一七七六）を大学監督官兼法学部筆頭教授（ドイツ国法、自然法、国際法、官房学担当）に任命してインゴルシュタット大学に送り込み、大学改革に着手させた。イックシュタットは啓蒙主義の哲学者クリスティアン・ヴォルフの弟子で、ヴュルツブルク大学において国法・自然法・国際法の教授を務めていたが、一七四一年にバイエルンに招かれ、即位以前のマックス三世ヨーゼフの家庭教師となっていた(9)。

インゴルシュタットに赴いたイックシュタットは、官房学、法制史、バイエルン領邦法、法廷実務などの新しい分野を法学部の講義科目に加え、法学提要・刑法・法制史の教授としてヴュルツブルクから呼び寄せたヨハン・ゲオルク・ヴァイスハウプト(一七一七〜一七五三)とともに、新しい教科書を使った授業を始めた(それぞれの分野で標準的と見做される著書を教科書に指定して、教科書を読みながらその注釈を行なうというのがこの時代の大学における一般的な講義の方法)。これに対して書籍検閲権を持つ神学部の教授が法学部ではプロテスタントの教科書が使われていると攻撃を加えたが、イックシュタットは領邦政府の支持を得てこれを退けた。その後、イックシュタットは一七四九年にヨハン・ゲオルク・ローリ(一七二三〜一七八六)(一七五二年に官僚としてミュンヘンに移動。一七五九年にバイエルン学術協会を設立)を法制史・刑法の員外教授にするなどして啓蒙主義の支持者を増やし、一七六五年にミュンヘンに呼び戻されるまで、法学部での授業を続けた(10)。

医学部でも一七四八年には領邦政府の梃入れで解剖学を充実する措置などがとられていたが、本格的な医学部の改革は少し遅れて一七五四年に始まった。この年マックス三世ヨーゼフの侍医を務めていたヨハン・アントーン・フォン・ヴォルター(一七一一〜一七八七)によって、インゴルシュタット大学医学部の修了者がミュンヘン医師会の試験にとおらない原因の調査が行なわれ、医学部の改革が提案された。これを受けて領邦政府はヴォルターを医学部の監察官に任命し、ヴォルターの提案に基づいて教科書の変更、臨床教育の拡大、講義時間の確保などを医学部に命令した。また、一七六〇年にはヴォルターの提案で化学実験室が開設された(11)。

そのほかに、次のような改正も行なわれた。これまで神学部への進級を希望する学生や修士学位の取得をめざす学生には哲学部(学芸学部は一八世紀には哲学部と呼ばれることが多くなった)で三年間講義を聴くことが義務づけられていたが、一七四六年にその他の学生と同じようにこれを二年に軽減する措置が取られた。また、一七四七年には、学術的水準を向上させるため、法学部で博士の学位を授与する条件に学位請求論文を作成することが加えられた[12]。

一七七三年七月二一日ローマ教皇クレメンス一四世（一七六九〜一七七四）はフランスなどの圧力を受けて長年カトリック世界の中高等教育に大きな影響を及ぼしてきたイエズス会を解散した。これをきっかけにインゴルシュタット大学でもこれまで取り残されていた神学部と哲学部の改革が進むことになった。イエズス会が消滅して、イエズス会から扶持を受ける教員がいなくなったので、まず教員の入れ替えを行なうことが必要となった。そこで一七六五年に法学部を去ったあとも大学監督官の地位を保持していたイックシュタットの手で新しい人事の原案が作成された。一七七三年の時点でイエズス会の教員は神学部二人、法学部一人（教会法）、哲学部六人であったが、その内の六人が大学から排除された。ただし、人材不足と財政上の理由（聖職者の場合、大学外で聖職禄を得ている可能性が高く、給料や年金を節約できた）から俗人の教員は採用されず、ベネディクト派などの高位聖職者修道院（バイエルンの身分制議会に議席を持つ修道院）から教員の提供を受けることになった。また、元のイエズス会士も三人が大学に残され、新たに一人が採用された[13]。

教員の入れ替えは一七七三年一一月初めの新学期までに行なわれたが、教育内容の変更は翌年にずれ込んだ。この問題についても、教員に意見書を提出させた上で、イックシュタットが原案を作成した。これを基に一七七四年一〇月九日に新しい授業計画が制定された。新しい授業計画は大学への入学条件、専門学部への進級条件、講義科目、教科書、授業時間をより厳密に規定していた。個々の学部について見ると、法学部と医学部の場合には変更点は少なく、これまでの改革の成果を土台にして講義科目の調整が行なわれただけであった。神学部に関してはすでに一七七三年に在学期間が法学部と医学部に合わせて四年から三年に短縮されていたが、この短縮が再確認されるとともに、一八世紀の神学の新しい傾向に合わせて司牧神学とオリエント語が新たに講義科目に加えられた。哲学部については実用性が重視されるようになり、数学・自然科学の充実が図られた。また、一八世紀的科目一つである美学の講義が新たに設けられた[14]。

しかし、その後のインゴルシュタット大学はイックシュタットが意図した方向に順調に進んだわけではなかった。一七七三年以後も元のイエズス会士を残したことによって、大学内の元イエズス会士と反イエズス会派の対立が激しくなった。そのような中で一七七六年にイックシュタットが死亡した。後任の大学監督官は任命されず、大学の管理は大学管理委員会という組織によって行なわれることになった。委員会の委員長には宮廷長官のヨーゼフ・フランツ・フォン・ザインスハイム伯爵（一七〇七〜一七八七）、副委員長には枢密顧問会議官房長のヴィグレーウス・クサヴェーリウス・アロイージウス・フォン・クライトマイアー男爵（一七〇六〜一七九〇）が就任し、神学部担当としてハインリヒ・ブラウン（一七三二〜一七九二）（元ベネディクト派。宗教顧問官となり、一七七〇年に初等教育の改革を始める）、法学部担当としてローリ、医学部担当として侍医のヴォルター、哲学部担当として親イエズス会のヨハン・カスパル・フォン・リッペルト（一七二九〜一八〇〇）（元インゴルシュタット大学教授。当時は書籍検閲顧問官）が委員会に加わった。これによってイックシュタットの後継者と目されていたローリは大学管理の主導権を握れなくなった。こうした人事の背後にはクライトマイアーの動きがあったと見られている[15]。

一七七七年末にマックス三世ヨーゼフは子どもを残さずに死亡し、遠縁のプァルツ選帝侯カール・テーオドーア（一七七七〜一七九九）がミュンヘンにやってきてその跡を継いだ。これ以後、バイエルンの大学政策は方向が定まらなくなった。一七八一年に、カール・テーオドーアは一七七三年にイエズス会が解散されたあと政府が接収したイエズス会の資金を流用して自分の非嫡出子や貴族の次三男を扶養するためマルタ騎士団（聖ヨハネ騎士修道会）バイエルン支部を設立することを決定した。これによって元のイエズス会の資金を教育に利用することができなくなったので、高位聖職者修道院が中等学校の経営を引き受け、さらに大学に資金や人材（修道士を大学教員として派遣）を提供することになった。この変化に対応するため領邦政府の側では枢密学校管理局が組織され、翌一七八二年には大学管理委員会の委員長ザインスハイムと副委員長クライトマイアーも枢密学校管理局に合流して、枢密学校管理局が大学を含むすべての学校を管理することになった。これまで元のイエズス会の資金から給料を得ていた元イエズス会士の大学教員（一七八一年の時点では七人に増えていた）は資金の流用によって給料の源泉がなくなったので、すべて大学から排除された[16]。

一七八四年には授業計画の改定も行なわれた。形式上はこの時点まで一七七四年の授業計画が効力を持っていたが、元イエズス会士の巻き返しですでにかなりの修正を施されていたため、一七八一年の教員の入れ替えに合わせて新しい授業計画が作られることになったのである。新しい授業計画は枢密学校管理局のカール・アルブレヒト・フォン・ヴァキーリー（一七四六～一八〇七）がインゴルシュタットを訪れ、教員から直接意見を聞いて作成された。今回の授業計画の特徴はいずれの学部においても講義科目が細分化されたことである。それに加えて、神学部では学説史の講義が導入されて、神学の学術化が図られた。また、法学部では官房学の関連科目、医学部では獣医学の関連科目が強化された[17]。

一七八四年の授業計画によってインゴルシュタット大学は啓蒙主義の流れに戻るかに見えたが、その直後に啓明団事件が起こった。啓明団というのはフリー・メーソンを真似て一七七六年に法学部の教授（教会法担当）アーダム・ヴァイスハウプト（一七四八～一八三〇）（ヨハン・ゲオルク・ヴァイスハウプトの息子）が結成した啓蒙主義の秘密結社である。啓明団は官僚や聖職者のあいだに勢力を広げたが、一七八四年にその存在が明るみに出て騒ぎとなった。動揺が広がる中、翌年二月にヴァイスハウプトはフランスの啓蒙主義者ピエール・ベールの著書の購入をめぐって大学内で争いを起こし、領邦政府の追及を恐れて国外に逃走した。その後、領邦政府による啓明団の本格的な調査が行なわれ、関係者が処分された。一七八九年にフランス革命が発生すると、カール・テーオドーアの秘密結社に対する恐怖心は一段と強まり、啓明団に対する追及が強化された。大学においても、一七九二年に枢密学校管理局に加わった親イエズス会のリッペルトによって、啓蒙主義に理解を示す教員が啓明団の疑いをかけられて追い出されるという事態が生じた[18]。

このようにバイエルンでも一八世紀には啓蒙主義的な大学改革が行なわれていたが、一七七八年以降のカール・テーオドーア時代になると領邦政府の大学運営に首尾一貫性がなくなり、一七九〇年代には啓明団事件の後遺症で啓蒙主義的な教員を忌避する措置がとられるようになった。しかし、一七九〇年代にも、授業計画が改定されるなどの形でこれまでの大学改革の成果が覆されるには至らなかった。

(1) Boehm u. Spörl, Universität, S. 85, 92, 94, 98, 102, 104; Schwaiger, Georg, Die Theologische Fakultät der Universität Ingolstadt (1472-1800), in: Boehm u. Spörl, Fakultäten, Bd. 1, Berlin 1972, S. 14 f.; Prantl, a. a. O., Bd. 1, S. 13, 20 f. 評議会は当初は大学の構成員全体の会議であったが、その後規模が縮小し、一五二二年には上級学部の教員全員と、学芸学部の学部長と教員の代表三人によって構成される会議となり、学芸学部に有給の講座が設けられた一五二六年以降は四学部の講座をもつ教員の会議となった。Boehm u. Spörl, Universität, S. 104; Prantl, a. a. O., S. 165. なお、インゴルシュタット大学を創設したバイエルン・ランツフート公爵の家系は一五〇三年に断絶し、一八世紀後半まで続くバイエルン・ミュンヘン公爵の家系がインゴルシュタット大学をも含めてその遺産を相続した。

(2) Boehm u. Spörl, Universität, S. 94, 97.

(3) Ebenda, S. 92, 94; Liess, Albrecht, Die artistische Fakultät der Universität Ingolstadt 1472-1588, in: Boehm u. Spörl, Fakultäten, Bd. 2, Berlin 1980, S. 17, 19.

(4) Boehm u. Spörl, Universität, S. 87, 131; Liess, a. a. O., S. 17 f., 21, 28 f.

(5) Boehm u. Spörl, Universität, S. 123-129, 136, 140; Schwaiger, a. a. O, S. 64 ff.; Seifert, Arno, Die jesuitische Reform. Geschichte

der Artistenfakultät im Zeitraum 1570-1650, in: Boehm u. Spörl, Fakultäten, Bd. 2, Berlin 1980, S. 65.

（6） Boehm u. Spörl, Universität, S. 148.

（7） Ebenda, S. 140; Seifert, a. a. O., S. 65, 66 f., 72; Schwaiger, a. a. O., S. 73, 76 f.

（8） Boehm u. Spörl, Universität, S. 150, 152; Seifert, a. a. O., S. 66 f., 72 f.; Schwaiger, a. a. O., S. 73, 76 f. イエズス会は一五九九年に自らが運営する中等学校、学芸学部、神学部、学寮の教育を細かく規定した規則（「学事規定」）を完成させ、インゴルシュタット大学の学芸学部や神学部でもイエズス会の解散までこの規則にしたがって教育が行なわれた。

（9） Boehm u. Spörl, Universität, S. 183; Boehm, Laetitia, Bildung und Wissenschaft in Bayern im Zeitalter Maximilian Josephs, in: Hubert Glaser, Hrsg., Wittelsbach und Bayern, III/1, Krone und Verfassung. König Max I. Joseph und der neue Staat, München 1980, S. 195; Prantl, a. a. O., Bd. 1, S. 547, 550; Müller, Winfried, Universität und Orden. Die bayerische Landesuniversität Ingolstadt zwischen der Aufhebung des Jesuitenordens und der Säkularisation 1773-1803, Berlin 1986, S. 46 ff.

（10） Boehm u. Spörl, Universität, S. 184, 185, 186; Boehm, a. a. O., S. 195 f.; Prantl, a. a. O., Bd. 1, S. 552 ff., 584, 592 f.; Pechmann, Hubert von, Geschichte der staatswirtschaftlichen Fakultät, in: Boehm u. Spörl, Fakultäten, Bd. 1, S. 127 f.; Müller, a. a. O., S. 48 ff.

（11） Goerke, Heinz, Die Medizinische Fakultät von 1472 bis zur Gegenwart, in: Boehm u. Spörl, Fakultäten, Bd. 1, S. 201 ff., 203; Prantl, a. a. O., Bd. 1, S. 598 ff., 601; Boehm u. Spörl, Universität, S.180; Boehm, a. a. O., S. 196; Müller, a. a. O., S. 51 f.

（12） Stötter, Peter, Vom Barock zur Aufklärung. Die Philosopische Fakultät der Universität Ingolstadt in der zweiten Hälfte des 17. und im 18. Jahrhundert, in: Boehm u. Spörl, Fakultäten, Bd. 2, S. 105; Prantl, a. a. O., Bd. 1, S. 586 f., 610.

（13） Müller, a. a. O., S. 55, 56 f., 58 ff.; Stötter, a. a. O., S. 199.

（14） Müller, a. a. O., S. 85, 94, 94 f., 96, 97, 99 f.; Stötter, a. a. O., S. 110 ff.

（15） Müller, a. a. O., S. 125 ff.; Prantl, a. a. O., Bd. 1, S. 625.

（16） Müller, a. a. O., S. 190, 206, 207; Gigl, Caroline, Die Zentralbehöhrden Kurfürst Karl Theodors in München 1778-1799, München 1999, S.157 Anm. 10, 444, 446.

（17） Müller, a. a. O., S. 237 f., 240, 241, 249, 252.

（18） Ebenda, S. 279 f., 282 ff., 287-292, 297.

2　内政改革にともなう大学改革の始まり

(1)　大学教員の入れ替え

一七九九年二月にカール・テーオドーアは死亡し、遠縁のマックス・ヨーゼフ（一七九九～一八二五）がバイエルンの新しい君主となった。これを機にバイエルンでは近代国家への転換をめざす内政改革が始まった。マックス・ヨーゼフと実質上の首相に就任したマクシミーリアーン・フォン・モンジュラ男爵（一七五九～一八三八）は、内政改革の第一歩として、代替わりの直後に中央政府を外務省、財務省、法務・警察省、精神問題省の四つの専門的官庁からなる近代的形態に切り替えた。教育問題を担当する精神問題省の大臣には、カール・テーオドーアのもとで上級領邦統治府の議長を務めたあと引退していたテーオドーア・ハインリヒ・トポル・モラヴィツキ伯爵（一七三五～一八一〇）が就任し、次官にはマックス・フォン・ブランカ（一七六七～一八一三）とゲオルク・フリードリヒ・フォン・ツェントナー（一七五二～一八三五）が任命された。ツェントナーは元ハイデルベルク大学法学部教授という経歴の持ち主で、大学政策に特に深く関わることになった[1]。

精神問題省には下部組織として検閲機関、大学管理局、暫定的に存続が認められた宗教顧問会議の三つが配置された。これまで学校問題を統括していた枢密学校管理局は四月六日に廃止され、この官庁を牛耳っていたリッペルトは排除された。大学管理局は枢密学校管理局から切り離されて、大学のみを管理する機関となり、精神問題省の大臣と次官がその責任者となった[2]。

精神問題省・大学管理局という新しい大学管理体制を作ったモンジュラ政府は啓蒙主義的教育を強化するとい

う立場から大学教員の入れ替えにとりかかった。神学部ではドミーニクス・ゴロヴィッツ（一七六一～一八〇九）（ベネディクト派）とマーリアン・ドープマイアー（一七五三～一八〇五）（ベネディクト派）の二人が排除され、パウル・シェーンベルガー（一七六一～一八二九）（聖書学・オリエント語、ベネディクト派）とヴィートゥス・アントーン・ヴィンター（一七五四～一八一四）（教理教授学・典礼学、在俗聖職者）の二人が残された。入れ替わって、ヨハン・ミヒャエール・ザイラー（一七五一～一八三二）（道徳神学・司牧神学、元イエズス会士、元インゴルシュタット大学教授、元ディリンゲン大学教授）とパトリッツ・ベーネディクト・ツィマー（一七五二～一八二〇）（教義学、在俗聖職者、元ディリンゲン大学教授）の二人が教授として採用された。ザイラーは啓明団の嫌疑をかけられて、ツィマーはカント哲学を支持したことが祟ってそれぞれディリンゲン大学を追われていた。ただし、ザイラーを啓蒙主義者と見たのは大学管理局の誤解であった。[3]

法学部ではフランツ・パウラ・シュペンゲル（一七四七～一八二一）、ウルリヒ・リーシュ（一七六二～一八三九）（ベネディクト派、神学部にも所属）、アンドレーアス・ローアの三人が排除され、フランツ・ゼーラフ・ジアルディ（一七三五～一八二三）（学説彙纂）、カスパル・カンドラー（一七四〇～一八一五）（法学提要）、フランツ・クサーヴァー・モースハム（一七五六～一八二五）（官房学）、ゲオルク・フランツ・ゼーマー（一七五五～一八〇五）（学説彙纂）の四人が残された。また、ヨハン・ゴットフリート・クレナー（一七五九～一八一二）は外務省の次官として、カール・ヘラー・フォン・ヘラースベルク（一七七二～一八一八）（員外教授）は領邦総監理府の顧問官としてミュンヘンに去った。入れ替わって、ヨハン・ゲオルク・フェスマイアー（一七七五～一八二八）（国法学）、ニーコラウス・タデーウス・ゲナー（一七六四～一八二七）（国法学、元バンベルク大学教授）、アントーン・ミヒル（教会法、在俗聖職者、神学部にも所属）、アントーン・ブラウン（員外教授）、フランツ・クサーヴァー・クリュル（一七六九～一八四七）（員外教授）、ヨーゼフ・シュテュルツァー（一七七五～一八三七）（私講師）の六人が教員として採用された。ミヒルは啓明団に所属していて、不利益を被った経歴をもっていた。ゲナーはインゴルシュタットにやってくると自宅で啓蒙主義を信奉する大学教員の集まりを開いて、啓蒙主義グループの中心人物となった。(4)

医学部では政策の転換による人員の交替はなく、世代交代による入れ替わりのみが見られた。ハインリヒ・マリーア・レーフェリング（一七六六～一八二八）（病理学）、ペーター・テーオドーア・レーフェリング（一七六七～一八二二）（臨床学、前者の弟）、カール・ヨーゼフ・ニーダーフーバー（一七七〇～一八三四）（解剖学、員外教授から昇格）、ゲオルク・アウグスト・ベルテレ（一七六七～一八一八）（化学・植物学）の四人はそのまま残留し、一七九九年に引退したフィリップ・フィッシャー（一七四四～一八〇〇）の代わりにアーロイス・ヴィンター（外科学）が教授として招かれた。(5)

哲学部ではベーネディクト・シュナイダー（一七六二～一八二九）（ベネディクト派）とアマデーウス・リーシュマン（一七五二～一八三五）（ベネディクト派）の二人が排除され、ヨハン・ネーポムク・メーデラー（一七三四～一八〇八）（歴史学、元イエズス会士、在俗聖職者）、フランツ・フォン・パウラ・シュランク（一七四七～一八三六）（植物学、元イエズス会士）、ガーブリエール・クノグラー（一七五九～一八三八）（物理学、ベネディクト派）、マウルス・マーゴルト（一七六一～一八三七）（数学、ベネディクト派）、ヨーゼフ・エッグル（一七五四～一八〇六）（言語学、員外教授から昇格、在俗聖職者）の五人が残された。入れ替わって、グレーゴル・レーオンハルト・ライナー（一七五六～一八〇七）（哲学、プレモントレ派、元インゴルシュタット大学教授）、パウル・フプアウアー（一七四七～一八〇八）（論理学・形而上学・哲学史、アウグスティヌス修道参事会派）、ベーネディクト・ホルツィンガー（一七五三～一八二二）（経済学、シトー派、元インゴルシュタット大学教授）、ヨーゼフ・ミルビラー（一七五三～一八一六）（歴史学、在俗聖職者）、ヨーゼフ・ゾーハー（一七五五～一八三四）（理論哲学・哲学史、在俗聖職者）、ヨーゼフ・ヴェーバー（一七五三～一八三一）（物理学、在俗聖職者、元ディリンゲン大学教授）、ローレンツ・カプラー（一七六五～一八一八）（教育学、員外教授）の七人が加わった。七人のうちライナーは啓明団事件に巻き込まれて大学を追われ、ホルツィンガーは一七九四年にベネディクト派によって大学から排除されていた。また、ゾーハーはかつての啓明団員、ミルビラーも啓明団事件の関係者、ザイラーの友人のヴェーバーはカント哲学を支持して前任校で教育活動に制限を課せられていた。ただし、大学管理局はヴェーバーについても思想的傾向を誤認していた。[6]

このように一七九九年には大学教員二五人のうち一〇人が辞め、代わって一六人が新たに採用されるという大規模な人事異動が行なわれた。一六人の新しい教員のうち七人は哲学部に割り当てられており、哲学部は七人から一二人への増員となった。中には大学管理局の誤解もあったが、新しい教員の多くは啓蒙主義的教育の強化という観点から選ばれていた。また、新しい教員の中には啓明団事件の関係者も含まれていた。今回の人事は一七八五年の啓明団事件によって啓蒙主義の軌道から外れた大学政策を元に戻す措置であったとも言える。

今回の教員の入れ替えによって啓蒙主義の立場に立つ教員は確かに増えたが、この時点では神学部ばかりでなく哲学部においてもなお修道士や在俗聖職者といった宗教界に籍を置く者が教員の大部分を占めていたことも指摘しておかなければならない。カトリック文化圏では一九世紀初めまで学術文化と宗教が密接に結びついており、その影響がここにも現れていたのである。バイエルンでは、学術文化の一翼を担っていた修道院は一八〇三年にモンジュラ政府が強行する修道院の解散によって消滅することになる。

(2) 大学の新しい体制

教員の入れ替えと平行して、モンジュラ政府はすべての教員に意見書の提出を求めて大学のあり方を検討し、また授業計画についても改定作業を進めた。その結果、一七九九年一一月二五日の命令によって大学に新しい制度が導入されることになった。新しい制度では、大学教授は国家勤務者であることが強調されており、突然辞任したり、他の講座へ勝手に移ったりすることが改めて禁止された。授業時間も増やされ、すべての教授が毎日二時間講義をしなければならなくなった。休暇期間はセメスター制に合わせて四月半ばから四月三〇日までと一〇月一日から一〇月三一日までに分割され、幾分短くなった（以前は九月九日から一〇月三一日まで）。そのほかに、私講師の制度も採用された。学生についても規制が強化され、ギュムナージウムやリュツェーウム（哲学課程と神学課程をもつ、大学の最初の二年と同等の学校）の修了証明書をもたない学生は大学に受け入れないことになった。[7]

今回の改革で取り入れられた講義の新しいやり方には教員同士の関係を悪化させるものも含まれていた。上に述べたように教授はすべて毎日二時間講義を行わなければならなかったが、そのほかに自らの裁量でほかの教員が担当している科目の講義を行なうことが認められていたのである。この競争講義という方式は大学がランツフートへ移転したあと特に大きな影響を及ぼし、啓蒙主義の立場に立つ教員と次第に勢力を増してきたロマン主義の立場に立つ教員の対立を激化させ、学生の争奪戦を引き起こすことになった。[8]

ドイツの多くの大学では、すでに一年を二つの学期に分割するセメスター制が採用されていたが、インゴルシュタットでも今回の改革によって本格的なセメスター制が取られることになった。これに合わせて、学生が受けるべき講義がセメスターごとに指定され、大学における教育の過程が時間の流れに沿って厳密に規定されるようになった。また、教員が行なう講義の内容についても拘束が強化され、教員が授業計画で指定された教科書（すでに述べたように教科書を読みながらその注釈を行なうのがこの時代の一般的な講義の方法）から離れて、自前のノートによって講義することが禁止された。[9]

講義科目に関してはすでに一七八四年の授業計画において細分化と多様化の動きが始まっていたが、法学部と医学部では今回は人類学が追加されたのみで大きな変更は行なわれなかった。これに対して、神学部と哲学部ではさらに新しい講義科目が追加された。神学部では人類学のほかに教育学、農学、ギリシア語が加えられ、哲学部ではは人類学のほかにヨーロッパ史、ドイツ史、政治地理、文学史、経験心理学、古典語学、古典文学、ドイツ文学、教育学が加えられた。人類学（医学部のレーフェリング兄が担当）がすべての学部に導入されたことによって、インゴルシュタットにおいても学部を横断する共通科目の制度が始まった。また、人類学と並んで、神学部で開講される宗教講義（一年間開講、ザイラーが担当）もすべての学生が受講すべき共通科目に指定された。(10)

学部の編成については、官房学インスティトゥートの設置という大きな変化が見られた。官房学は財政学、経済学、行政学などさまざまな分野を網羅した新しい学科で、行政官僚を速成するのに役立つと考えられており、実用主義的傾向の強い啓蒙主義によって非常に重視されていた。すでに述べたようにイックシュタットが大学改革を始めた一七四六年以来インゴルシュタット大学にも官房学という講義科目が設けられており、一七八〇年にはモースハムが専任の教授として官房学の講座を担当するようになった。(11)

しかし、今回の改革で官房学はこれまでの枠を超えて一挙に膨れ上がった。これまで哲学部、法学部、医学部に分散していた官房学に関連する講義科目が官房学インスティトゥートと呼ばれる組織に集められ、さらに新しい講義科目が追加された。これによって官房学インスティトゥートは神学部、法学部、医学部と並ぶ専門の課程と位置づけることのできる数の講義科目を備えるようになり、行政官をめざす法学部の学生の一部がここに収容されることになった。また、法学部と神学部の学生はここで開かれる講義の一部を受講することを求められた。ただし、官房学インスティトゥートはまだ完全に独立した学部になったわけではなく、哲学部に所属するシュランク、ホルツィンガー、クノグラー、マーゴルト、ライナー、ミルビラー、ヴェーバー、法学部に所属するモースハム、フェスマイアー、医学部に所属するレーフェリング兄、ベルテレが官房学インスティトゥートにおける講義を分担していた。(12)

哲学部の取り扱いは今回の改革ではまだこれまでと変わらなかった。教員が七人から一二人へと増強され、講義科目が大幅に増やされたものの、哲学部はこれまでと同じように専門学部へ進む前に通過すべき下級学部とされ、在学期間も二年間となっていた（他の学部は三年間）。学生はまず哲学部で二年間講義を聴いたあと、神学部、法学部、医学部、官房学インスティトゥートのいずれかへ進んで三年間学ぶことになっていたのである。[13]

これまで見てきたような一七九九年一一月二五日の大学改革は一部の人々からは急進的と見做されたが、基本的には伝統的な大学の枠組みを破壊してはおらず、北ドイツのプロテスタント系の新設大学がすでに到達していた水準にインゴルシュタット大学を引き上げたものと言うことができるであろう。[14]

(3) ランツフートへの移転

大学をインゴルシュタットから他の都市へ移そうという議論はオーストリア継承戦争（一七四〇～一七四八年）の頃から活発になり、イックシュタットの協力者ローリの移転論が出てからは大学改革の主張と移転論が結びつくようになった。[15]一七九九年にマックス・ヨーゼフが即位して内政改革が始まり、新たな大学改革が日程に上ると、大学の移転も俄かに現実味を帯びてきた。バイエルンが一七九八年に第二次対仏同盟に参加し、フランスとの戦争が目前に迫っていたことも、要塞都市インゴルシュタットから大学を他の都市に移すべきであるという主張に説得力を与えていた。この一七九九年の段階で早くも啓蒙主義を信奉するヴィートゥス・アントーン・ヴィンター、ゲナー、レーフェリング兄、シュランクらの教授が移転に賛成であることを政府に伝えていた。政府部内ではツェントナーが移転に積極的であった。[16]

一七九九年一一月二五日の大学改革の命令に先立って二一日にマックス・ヨーゼフに提出された報告書の中で、ツェントナーは都市の小ささ、不衛生な環境、要塞都市という状態、軍隊と学生の対立、物価の高さ、教養ある住民の欠如といった理由を挙げて大学のインゴルシュタットからの移転を主張していた。また、移転先についてはランツフートとミュンヘンを比較して、ミュンヘンに軍配を上げていた。しかし、首都のミュンヘンで学生が騒ぎを起こすのを嫌ったマックス・ヨーゼフはミュンヘンへの移転を許さなかった。このため、ランツフートが移転の候補地として残り、一七九九年一一月二五日の大学改革の命令と同時に、ランツフートへの移転が決定された。ただし、この決定は公表されなかった(17)。

翌一八〇〇年五月になるとジャン・ヴィクトル・モローの指揮するフランス軍が南ドイツへの侵攻を始め、緊迫した状況になった。この機会を捉えて移転賛成派のゲナーとシュランクは学長のシェーンベルガーに教員の全体会議を開催するよう要求し、五月一四日に開かれた全体会議でマックス・ヨーゼフに大学を暫定的にランツフートに移すよう請願すること、ミュンヘンに請願のための代表を送ることが決定された。代表に選ばれたゲナーとシュランクはミュンヘンに赴き、五月一七日に大学を暫定的にランツフートに移す措置を実行するという政府の決定が下された。翌日ゲナーとシュランクが政府の決定をもって大学に戻ってきたので、ゲナー（法学部）、シュランク（哲学部）、ヴィートゥス・アントーン・ヴィンター（神学部）、アーロイス・ヴィンター（医学部）の四人からなる移転委員会が組織され、五月末に移転が始まった。六月三日にはランツフートで最初の評議会が開かれ、まもなく講義も始まった。しかし、教員の一部は移転を拒否して大学を去ることになった(18)。

大学がランツフートへ移転したあと、フランス軍がインゴルシュタットにやってきて要塞を破壊した。一二月三日にはホーエンリンデンでオーストリア・バイエルンの連合軍がフランス軍に大敗した。翌一八〇一年二月九日にはリュネヴィル条約が締結されて、フランスとの戦争が終了した（ただしフランス軍はその後もバイエルン各地で駐留を続けた）。こうした状況を受けて、大学内ではインゴルシュタットに戻ることを主張する教員と、ランツフートにとどまることを求める教員のあいだで論争が起こった。しかし、政府には大学をインゴルシュタットへ戻すつもりはまったくなく、一八〇二年四月八日に正式にランツフートへの残留が決定された(19)。

図4　ランツフート大学（元はドミニコ派の修道院）

その後、五月二七日には再出発を記念して大学の名称をルートヴィヒ・マクシミーリアーン大学にするという評議会の要請に許可が与えられた（創設者ルートヴィヒ九世と現君主マックス・ヨーゼフの名前の組合せ）。大学側ではこれに合わせてフェスマイアー、ベルテレ、ゲオルク・アーロイス・ディートル（一七五二〜一八〇九）（言語学、元イエズス会士、在俗聖職者）が祝賀行事を企画し、六月四日から七日にかけて啓蒙主義が抑圧されていて居心地の悪かったインゴルシュタットの土地から決別できたことに対する「感謝の祝典」が催された[20]。

残留決定とともに、翌年決行される修道院の解散を一部先取りして、大学に新しい建物や財産が与えられた。一八〇〇年の暫定的移転以来、大学はランツフートのドミニコ派の修道院に間借りをしていたが、この建物が大学のものとなった（図4）。また、フランチェスコ派の修道院は解剖学教室と化学実験室に、フランチェスコ派の聖十字架女子修道院はゲオルギアーヌム（大学付属の神学校）に、ドミニコ派の建物の一部は助産施設に、元のイエズス会の学寮は大学の大講堂に転用された。そのほかに、宮廷庭園が大学の植物園に、トラウスニッツ宮殿の一部が天文台に変えられた。また、一八〇二年から一八〇三年にかけてゼーリゲンタール女子修道院と聖十字架女子修道院のそれぞれ六〇〇〇グルデンの年収、ドミニコ派修道院の四〇〇〇グルデンの年収を大学に移し、大学の財政基盤を強化する措置もとられた[21]。

一八〇二年には大学の組織の変更も行なわれ、新たに規模を縮小した評議会が設置された。この新しい評議会は大学管理局が任命する常任の評議員と非常任の評議員である学長及び学部長から構成されることになっていた。教授全員の参加する全体会議は学長選挙、退学処分、特に重要な問題の決定の場合にのみ開かれた。学部長会議（懲罰決定）と司法会議（法律問題の処理）はそのまま残された。また、一八〇二年には大学と学部のこれまでの印章が廃止され、政府の一般的な紋章のついた新しい印章が作成された。一八〇二年には政府の大学管理機構にも変更があり、一二月七日に大学管理局は精神問題省本体に吸収された[22]。

（1）Müller, a. a. O., S. 335 f.; Bauer, Richard, Der kurfürstliche geistliche Rat und die bayerische Kirchenpolitik 1768-1802, München 1972, S. 278 f.
（2）Müller, a. a. O., S. 336; Bauer, a. a. O., S. 285.
（3）Müller, S. 344, 348 ff.; Schwaiger, a. a. O., S. 125 f.; Prantl, a. a. O., Bd. 1, S. 666.
（4）Müller, a. a. O., S. 342 f.; Prantl, a. a. O., Bd. 1, S. 672, 674 ff.
（5）Müller, a. a. O., S. 341 f.; Prantl, a. a. O., Bd. 1, S. 682 f.
（6）Müller, a. a. O., S. 344-348; Segl, Peter, Die Philosophische Fakultät in der Landshuter Epoche（1800-1826）, in: Boehm u. Spörl, Fakultäten, Bd. 2, Berlin 1980, S. 125 f.; Prantl, a. a. O., Bd. 1, S. 688-692.
（7）Ebenda, S. 646 f.; Müller, a. a. O., S. 339; Boehm, a. a. O, S. 203; Spindler, Max, Hrsg., Bayerische Geschichte im 19. und 20. Jahrhundert, 1800-1970, Bd. 2, München 1978, S. 998.
（8）Segl, a. a. O., S. 128; Prantl, a. a. O., Bd. 1, S. 647.
（9）Müller, a. a. O., S. 362; Segl, a. a. O., S. 126; Prantl, a. a. O., Bd. 1, S. 647.
（10）Müller, a. a. O., S. 363, 363 ff., 366, 267.

(11) Pechmann, a. a. O., S. 127 f., 130.

(12) Müller, a. a. O., S. 367; Prantl, a. a. O., Bd. 1, S. 647, 692 f.; Pechmann, a. a. O., S. 135.

(13) Segl, a. a. O., S. 126 f.; Prantl, a. a. O., Bd. 1, S. 647.

(14) Vgl. Müller, a. a. O., S. 354, 368; Spindler, a. a. O., Bd. 2, S. 998. なお、一七九九年一一月二五日の改革を直ちに実施するため、一七九九年の学年の始まりは一一月一日から一二月一日に延期された。Müller, a. a. O., S. 368.

(15) Boehm, a. a. O., S. 203 f.; Prantl, a. a. O., Bd. 1, S. 568 f., 626 f.

(16) Müller, a. a. O., S. 369; Prantl, a. a. O., Bd. 1, S. 648.

(17) Ebenda, S. 649; Dobmann, Franz, Georg Friedrich Freiherr von Zentner als bayerischer Staatsmann in den Jahren 1799-1821, Kallmünz 1962, S. 74.

(18) Prantl, a. a. O., Bd. 1, S. 650; Müller, a. a. O., S.369; Boehm u. Spörl, Universität, S. 197; Boehm, a. a. O., S. 204; Döllinger, Georg, Sammlung im Gebiete der inneren Staats-Verwaltung des Königreichs Bayern bestehenden Verordnungen, Bd. 9, München 1838, S. 139; Dokumente zur Geschichte von Staat und Gesellschaft in Bayern, hrsg. von der Kommission für bayerische Landesgeschichte, Abt. Ⅲ（以下 Dokumente と略記）, Bd. 8, München 1983, S. 100 f. 法学部のジアルディ、カンドラー、ブラウン、哲学部のメーデラー、エッグルがインゴルシュタットに居残り、大学を去った。Prantl, a. a. O., Bd. 1, S. 672, 674, 689, 691, 711 f.; Müller, a. a. O., S. 236, 342, 345.

(19) Prantl, a. a. O., Bd. 1, S. 651 f., 699; Boehm, a. a. O., S. 205; Boehm u. Spörl, Universität, S. 198; Segl, a. a. O., S. 128. プラントルは正式決定を四月二一日としている。

(20) Prantl, a. a. O., Bd. 1, S. 699 f.; Boehm u. Spörl, Universität, S. 198; Segl, a. a. O., S. 128 f.

(21) Boehm, a. a. O., S. 205; Prantl, a. a. O., Bd. 1, S. 701; Boehm u. Spörl, Universität, S. 199; Dobmann, a. a. O., S. 77 f. このときドミニコ派修道院などがもっていたランツフート周辺の森林も大学のものになった。Pechmann, a. a. O., S. 138 f.

(22) Prantl, a. a. O., Bd. 1, S. 701; Boehm u. Spörl, Universität, S. 202; Müller, a. a. O., S. 338.

3 ランツフートにおける大学改革

(1) 自治の制限と学部の廃止

一七九九年一一月二五日の大学改革はまだ伝統的な大学の枠組みの中に収まっていたが、その後モンジュラ政府はもっと抜本的な大学改革を検討するようになった。インゴルシュタット・ランツフート大学はもともと領邦政府の強い統制下にあったが、それでも形の上では自治団体としての体裁を維持していたので、近代国家体制が整備されるにつれて、大学の自治制度にさらに制限を加える必要が生じたのである。

この二度目の大学改革を具体化するきっかけを与えたのは、一八〇三年二月二五日に決定された神聖ローマ帝国内の大規模な領土の再編成（帝国代表者会議主要決議）であった。これによってバイエルンはフランケンやシュヴァーベンに領土を拡大し、バンベルク大学、ヴュルツブルク大学、ディリンゲン大学の三校を手に入れた。しかし、国家の規模や財源の問題から、元からあるランツフート大学とヴュルツブルク大学の二校のみを大学として残すことになり（バンベルク大学とディリンゲン大学はリュツェーウムに格下げ）、この二校についても制度の全面的な見直しが行なわれることになったのである。このうちランツフート大学に関してはツェントナーが改革案を作成し、それに基づいて一八〇四年一月二六日に新しい制度が決定された(1)。

新しい制度では、大学の自治は大幅に制限されることになった。毎年新年度の初めに行なわれていた教授全員による学長選挙は廃止され、学長の選出は次のような方式に改められた。すべての教授が二名の候補者を用紙に書いて密閉して投票し、退任する学長が用紙を集めて未開封のまま大学管理局（一八〇二年に精神問題省と合体）

に送り、大学管理局が票を集計して、多数を得た者を考慮して学長を選任した（選挙結果に拘束力はなく、実質的に大学管理局の任命制）。大学の最高決定機関である評議会はすでに大学管理局が選任する常任の評議員と非常任の評議員（学長と学部長）の会議に切り替えられていたが、学部が廃止されたため（後述）、非常任評議員の選出方法が変更され、今後は学部長の代わりに、毎年八つのセクション（後述）から四人の非常任評議員が学長と同じ方式で選ばれることになった。また、学部長会議と司法会議は廃止された(2)。

学長と評議会の権限も縮小され、今後は大学管理局の監督のもとで大学の教育体制を維持し、学生を管理することが主な仕事となった。ただし、新しい制度でも大学には引き続き裁判権が認められており、評議会が裁判権を行使した。裁判権の範囲は民事裁判と警察業務に限られ、刑事事件については評議会は調査のみを行ない、ランツフートを管轄地区内にもつ宮廷裁判所（中級裁判所）が事件を審理することになっていた。大学の裁判権の対象も教員とその家族、大学の使用人、学生に限定され、製本業者、本屋などの大学の保護民は大学の裁判権から切り離された(3)。その後、一八〇六年には学生が大学の警察権から分離され、一八〇九年には大学の裁判権自体が廃止された(4)。大学の財産の管理については、一七八四年に財産管理委員会が設置され、大学側の意見が反映されるようになっていたが、この委員会が今回の改革で廃止され、大学は再び財産管理に対する発言権を失った(5)。

教員の招聘や授業計画についてはもともと大学の発言力は弱かったが、一七九九年に登場したモンジュラ政府は独断で新しい教員の任命を進めており、新しい制度でも教員の招聘は大学の関与なしに行なわれることになっていた。採用された教員については、学部が廃止されたため、これまでのような学部による序列はなくなり、すべて同等の国家勤務者となった。教員就任の際にこれまで行なわれていたカトリックとしての宣誓は廃止され、国家勤務者としての宣誓のみが残された。これによって大学の宗派色は払拭された。大学関係者の伝統的な服装も廃止となり、代わりに教員の制服が制定された。学位授与にともなう行事も簡素化された。その後、一八〇七年にはローマ教皇に代わってバイエルン国王（バイエルンの君主は一八〇六年に選帝侯から国王に昇格）が学位授与の名義人となり、事務長職や副事務長職も廃止されて、学長が学位授与の儀式を行なうようになった[6]。

一八〇四年一月二六日の命令は大学の自治を掘り崩したばかりではなかった。同じ命令によって大学の伝統的な教育組織である学部も廃止された。今後大学で教えられる科目は学部別にではなく、次のように分類されることになった。大学の科目は、まず、国家における特定の役割に関係なく高度な精神文化を育むために必要な一般学問と、国家における特定の役割を果たすために必要な特殊学問の二つの主要群に区分される。次に、二つの主要群はそれぞれ四つのセクションに分けられる。すなわち、一般学問群は第一セクションの哲学、第二セクションの数学・物理学、第三セクションの歴史学、第四セクションの芸術・言語学・美術史に、特殊学問群は第一セクションの聖職者養成、第二セクションの法学、第三セクションの国家経済学あるいは官房学、第四セクションの医学に区分されるのである[7]。

一八〇四年一月二六日の命令は、すべての教員が学長のもとに集まって担当する主要科目を決めることを求めていたので、二月一八日に学長ゾーハーの指揮によって当時在籍していた二四人の教員の主要科目と所属セクションが決定された[8]。それぞれの年度に開かれる講義科目の一覧表は秋の休暇が始まる四週間前に学長と二つの主要群に属する何人かの教員によってまとめられ、大学管理局の許可を受けることになっていた。ただし、一八〇四年一月二六日の命令ではこの一覧表は法的強制力をもつ授業計画ではないとされていた[9]。

しかし、その一方で、同じ一八〇四年一月二六日に制定されたランツフート大学の学生に関する法律は、将来国家勤務に就こうとする国内の学生に対して大学で受講すべき科目を指定していた。これらの学生は国家勤務のそれぞれの分野で必要な特殊学問群の科目を受講するほかに、一般学問群の中の理論哲学、実践哲学、初等数学、博物学、一般物理学と実験物理学、世界史、ヨーロッパ国家史と統計学、バイエルン史の講義を聴かなければならなかった。ただし、一般学問群と特殊学問群の受講上の段階区分はなく、学生の在学期間も全体で四年ということになっていた。これによって、一七九九年に確認された哲学部に二年在学したあと、それぞれの専門学部で三年を過ごすという規則は効力を失った[10]。

(2) 新しい人事と官房学の行方

ランツフート大学に関する一八〇四年一月二六日の改革案を準備していたツェントナーはそれと同時に教員の増員を計画するようになり、改革案が決定される二日前の一月二四日に新しく呼び寄せる教員の候補者を提案した。先に見たように一七九九年の教員人事の主眼は啓蒙主義の強化、啓明団関係者の復権にあったが、今回のツェントナーの人事案はバイエルンの外部から著名な学者を招くことに重点を置いていた[11]。

ツェントナーの提案にしたがって、モンジュラ政府は一八〇四年にキール大学から刑法学者のパウル・ヨハン・アンゼルム・フォイエルバッハ（一七七五〜一八三三）、ザルツブルクから教育学者のヨハン・バプティスト・グラーザー（一七六六〜一八四一）、ゲッティンゲン大学から数学者・天文学者のカール・フェーリクス・ザイファー（一七六二〜一八二二）を招いた。また、フォイエルバッハの仲介によって一八〇四年にイェーナ大学から歴史学者のカール・ヴィルヘルム・フリードリヒ・ブライアー（一七七一〜一八一八）、一八〇五年には古典言語学者のゲオルク・アントーン・フリードリヒ・アスト（一七七八〜一八四一）が招かれた。さらに一八〇五年にはマールブルクから解剖学者のフリードリヒ・ティーデマン（一七八一〜一八六一）、バンベルクから外科医のフィリップ・フランツ・ヴァルター（一七八二〜一八四九）がやってきた（ヴァルターはすでに一八〇三年にウィーンからバンベルクの医学校に呼ばれていた[12]）。

その後も、外部から教員を招く努力は続けられた。一八〇五年には領土の再編成によってバイエルンはヴュルツブルクを放棄したが、ヴュルツブルク大学から一八〇六年に法学者のゴットリープ・フーフェラント（一七六〇

〜一八一七)、林学者のルートヴィヒ・メーディクス（一七七一〜一八五〇）、一八〇八年には歴史学者のコンラート・マネルト(一七五六〜一八三四)が呼び戻された。また、一八〇七年にはブレーメンから哲学者のフリードリヒ・ケッペン（一七七五〜一八五八）(ルター派の牧師)、一八〇八年にはマールブルク大学から歴史法学の創始者フリードリヒ・カール・ザヴィニー（一七七九〜一八六一）が招かれた(13)。

しかし、外部から呼ばれた教員のすべてがランツフートに定着したわけではなかった。フォイエルバッハはゲナーと対立して、早くも一八〇五年に法務・警察省の次官としてミュンヘンに去った（一八一三年にバイエルンの刑法典を作成)。ザイファーは結局ランツフートでは講義せず、一時フランス軍で働いたあと、一八〇六年にミュンヘンの天文台の所長となった。一八〇七年にはブライアーがミュンヘンのリュツェーウムに移り、一八〇八年にはフーフェラントが出身地のダンツィヒに戻って市長となった。一八一〇年にはザヴィニーがやはりゲナーと対立して、新設のベルリン大学に移動した(14)。

思惑どおりに行かなかったのは人事ばかりではなかった。官房学の拡充も計画どおりの成果をあげなかった。一七九九年一一月二五日の改革では準学部として官房学インスティトゥートが作られ、一八〇四年一月二六日の改革では、学部という組織はなくなったものの、官房学（第三セクション）は聖職者養成（第一セクション）、法学（第二セクション）、医学（第四セクション）と完全に対等の専門課程となった。また、官房学関連の講義を行なう教員には他の学部の出身者が多かったが、一八〇六年にはヴュルツブルク大学から官房学固有の教育を受けた専門家メーディクスもやってきた(15)。

一七九九年に官房学インスティトゥートが成立して以来、官房学のコースは啓蒙主義の要請に応じてすぐに役立つ行政官僚を育てるために非常に多様な講義を開講していた。しかし、そのことは受講者の深い知識の習得を妨げ、逆に官房学コースの弱点となった。また、多様な講義を開講していたため、一人の教員がざまざまの専門分野を担当しなければならず、講義内容を希薄化させるということにもなった。フォイエルバッハは「空虚な種々雑多」、「法律によって指示された、大部分は不必要な、とてつもなく大量の講義」と官房学コースのあり方を酷評している。(16)

学生も受講しなければならない講義の多様さに恐れをなしたのか、あまり官房学コースには集まらなかった。官房学コースに在籍した学生の数は一八〇二年度の六二人が最高で、その後は一八〇五年度三六人、一八一〇年度一九人、一八一四年度二五人、一八一八年度六人と減少傾向を示した。学生全体に占める割合に直すとそれぞれの年度で五・九パーセント、三・七パーセント、三・四パーセント、六・八パーセント、一・二パーセントということになる。(17) これでは各年度におよそ三〇パーセントから五〇パーセントの学生が在籍していた法学部・法学セクション（従来の官僚と法律家の養成課程）とは勝負にならなかった。

(3) 学部復活への歩み

予想外の展開はそれだけではなかった。一八〇四年一月二六日の改革で廃止された学部も復活への道を歩み始めた。一八〇四年の改革で学生の在学年数は四年に短縮され、四年間の講義の割振りにも拘束がなくなった。しかし、一八〇六年一〇月二九日に行なわれた中央官庁の再編成で精神問題省から内務省の次官に横滑りし、引き続き大学の管理を任されたツェントナーは次第に学生が専門課程の講義に十分な時間を割くかどうか不安を覚えるようになった。このため、特殊学問群の受講期間を三年以上と指定することを提案し、一八〇七年五月八日にその旨の決定が行なわれた。その後、各セクションの教員の意見を聞いたうえで、専門課程に移る前の最初の一年間に一般学問群の中で受講しなければならない講義、専門課程に移ったあとの三年間に特殊学問群の講義と平行して受講しなければならない一般学問群の講義、受講することが望ましい一般学問群の講義の振分けが行なわれ、受講の段階区分が復活した[18]。

一八一四年になると、一八〇七年五月八日の規則が修正されて、学生は専門課程に移る前の最初の一年間に受講するよう指定された一般学問群の講義を実際に受けたことを一般学問群のセクションの責任者に証明してもらわなければならなくなった。ところが、この変更が一般学問群のあり方についての議論を呼び起こすことになった。一八一五年度の学長を務めていたカール・ヨーゼフ・アントーン・ミッテルマイアー（一七八七〜一八六七）（法学セクションに所属）は、政府への報告書の中で、一般学問群全体を統括している責任者がいないので、これまで一般学問群の証明書をもらって専門課程に移った学生はいないことを明らかにし、一般学問群が四つのセクションに分かれていることには問題があることを指摘した。また、学位の授与に関しても一般学問群の細分化が悪影響を及ぼしているとして、四つのセクションを統合し、哲学部を復活すべきであると提案した[19]。

一八一六年度の学長に再選されたミッテルマイアーは、すぐに評議会をつうじて、一般学問群の統合について一般学問群の四つのセクションに所属している教員の意見を求めたが、その反応は否定的であった。そこでミッテルマイアーは評議会に一般学問群の統合についての見解を求めた。評議会は、ミッテルマイアーの主張を受け入れて一般学問群の四つのセクションの哲学部への統合に賛成し、併せて、これまで多くの不愉快な議論を引き起こしてきたセクションという名称を学部に変更するよう政府に求めることになった[20]。

大学側の要望を受けて、政府は一八一七年七月八日の決定によって一般学問群の四つのセクションを哲学セクションとして統合することを許可したが、セクションの名称にはこだわり、学部の名称の復活は許さなかった。学部の名称の復活は一八二六年に行なわれる大学のミュンヘンへの移転のあとに持ち越される。しかし、一八一四年に一年間の一般学問群の受講と三年間の特殊学問群の受講の間に制度上の関門が設定され、さらに一八一七年に一般学問群の四つのセクションが統合されたことによって、実質上学部が復活することになった[21]。

実質的な学部復活の動きとともに、財政面でも大学の自立性を回復させる動きが生じた。一八〇四年一月二六日の改革によって大学の財産管理委員会が廃止されたあと、大学の財産は大学管理局（一八〇二年に精神問題省と合体）が管理していたが、一八〇六年一二月二九日にバイエルン国内の各種の基金や自治体財産を一〇月二九日に新しく設けられた内務省が一括して管理することになり、大学の財産も一八〇七年にその中に組み込まれた。しかし、この方式は内務省の事務量が膨らんで失敗に終わり、一八一五年一二月二〇日にモンジュラの強い意向を受けて大学に財産の管理権が返されることになった。[22]

これにともなって、大学には管理委員会と呼ばれる組織が作られた。管理委員会は大学の組織ではあるが、評議会からは完全に独立しており（ただし評議会に大学の財産の状態について報告する義務があった）、内務省の指揮のもとで大学と付属の神学校ゲオルギアーヌムの財産の管理にあたった。管理委員会には学長、大学の四人の教授、ゲオルギアーヌムの校長の六人が委員として加わった。大学の四人の教授は任期四年で、教授全員の中から多数決で選ばれ、毎年一人ずつ交替した。[23]

このようにランツフート大学は一八〇四年以降の改革によって中世以来の自治権の大部分を失った。ただし、一八一五年には、政府の都合によるとはいえ、財産の自主的な管理権を取り戻している。一方、教育制度の面では、一八〇四年に導入されたセクションによる講義科目の区分という新機軸は長続きせず、早くも内政改革時代の終了期には伝統的な学部制度への事実上の復帰が行なわれた。ランツフート大学はこの形で近代国家体制の中に収まり、一八一七年二月二日にモンジュラが失脚して内政改革時代が終わったあとも高等教育機関としての地位を維持することになった。

なお、ランツフート大学以外のバイエルンに編入された八つの大学についても触れておくと、ランツフート大学とともに内政改革時代以後も生き残ったのはエアランゲン大学（一八一〇年に獲得）とヴュルツブルク大学

（一八〇三年に獲得、一八〇五年に放棄、一八一四年に再び獲得）の二校のみであった。残りのバンベルク大学（一八〇三年に獲得）、ディリンゲン大学（一八〇三年に獲得）、インスブルック大学（一八〇五年に獲得）、ザルツブルク大学（一八〇九年に獲得）、アシャッフェンブルク大学（一八一四年に獲得）はリュツェーウムに格下げされ、アルトドルフ大学（一八〇六年に獲得）はエアランゲン大学に吸収される形で閉鎖された[24]。

（1） Döllinger, a. a. O., Bd. 9, S. 140; Dokumente, Bd. 8, S. 101; Boehm, a. a. O., S. 206, 207; Segl, a. a. O., S. 130. なお、ヴュルツブルク大学についてはフランケンの領邦監理府長官フリードリヒ・フォン・テュールハイム伯爵（一七六三〜一八三二）によって改革案が作成され、すでに一八〇三年一一月三日に新しい制度が導入されていた。

（2） Döllinger, a. a. O., Bd. 9, S. 143; Dokumente, Bd. 8, S. 104; Prantl, a. a. O., Bd. 1, S. 702; Boehm u. Spörl, Universität, S. 202.

（3） Döllinger, a. a. O., Bd. 9, S. 143, 144 f.; Dokumente, Bd. 8, S. 104 f.; Prantl, a. a. O., Bd. 1, S. 702; Boehm, a. a. O., S. 207.

（4） Boehm u. Spörl, Universität, S. 204; Prantl, a. a. O., Bd. 1, S. 705.

（5） Döllinger, a. a. O., Bd. 9, S. 106; Dokumente, Bd. 8, S. 147; Boehm, a. a. O., S. 208; Müller, a. a. O., S. 233. 一七〇四年に大学は自らの財産に対する管理権を失い、宮廷財務局（財政担当の中央官庁）が大学の財産を管理するようになった。一七八四年に財産管理委員会が作られたあとも、財産管理の主導権は宮廷財務局の側にあった。

（6） Döllinger, a. a. O., Bd. 9, S. 141, 142,146, 147; Dokumente, Bd. 8, S. 102, 103, 104, 105; Prantl, a. a. O., Bd. 1, S. 704; Boehm, a. a. O., S. 205, 208; Boehm u. Spörl, Universität, S. 202.

（7） Döllinger, a. a. O., Bd. 9, S. 140 f.; Dokumente, Bd. 8., S. 101 f. 啓蒙主義的観点から学術の新しい分類を行ない、この分類に基づいて新しい教育体制を導入しようという計画はバイエルン以外でも検討されたが、実行されなかった。Boehm, a. a. O., S. 209.

（8） Döllinger, a. a. O., Bd. 9, S. 141; Dokumente, Bd. 8, S. 102; Segl, a. a. O., S. 131.

（9） Döllinger, a. a. O., Bd. 9, S. 141; Dokumente, Bd. 8, S. 102; Segl, a. a. O., S. 130.

（10） Dokumente, Bd. 8, S. 111; Segl, a. a. O., S. 130 f.

（11） Ebenda, S. 131; Boehm, a. a. O., S. 207. ツェントナーは一八〇四年四月一〇日の講演で望ましい大学教員について「教員は自らの専門分野の熟達者でなければならない。習得した蓄積を必要に応じて伝えるだけではなく、学生に自分で前進する精神を吹き込むことができなければならない」という考えを述べている（Segl, S. 134）。ただし、ツェントナーは学生を研究者として育てるよう求めていたわけではない。

(12) Ebenda, S. 131 f.; Prantl, a. a. O., Bd. 1, S. 712, 715, 717; Boehm, a. a. O., S. 207.

(13) Segl, a. a. O., S. 133 f.; Prantl, a. a. O., Bd. 1, S. 712, 713, 718.

(14) Segl, a. a. O., S. 132; Prantl, a. a. O., Bd. 1, S. 712, 717.

(15) Pechmann, a. a. O., S.138.

(16) Ebenda, S. 136 f., 138 f.

(17) Ebenda, S. 139; Segl, S. 147. なお、大学全体の学生数は一八〇二年度一〇五三人、一八〇五年度九七二人、一八一〇年度五六二人、一八一四年度三六五人、一八一八年度五〇三人と変化した。

(18) Ebenda, S. 135 f., 139 ff. 一八〇六年一〇月二九日の中央官庁の再編成では法務・警察省が法務省に改組され、精神問題省が廃止されて、新たに内務省が設けられた。ブランカとツェントナーは精神問題省の次官から内務省の次官となり、引き続き大学の管理も任された。一八〇八年に内務省内に専門部局が設けられると、ブランカは教会部、ツェントナーは公教育部の部長に就任し、ツェントナーが大学を管理する立場に立った。Dobmann, a. a. O., S. 23; Schärl, Walter, Die Zusammensetzung der bayerischen Beamtenschaft von 1806 bis 1918, Kallmünz 1955, S. 122.

(19) Segl, a. a. O., S. 142 f.

(20) Ebenda, S. 143 ff.

(21) Ebenda, S. 146; Boehm u. Spörl, Universität, S. 212. プロテスタント地域ではプロペドイティクと呼ばれる学術研究のための予備教育は中等学校の仕事とされていたが、カトリック地域ではイエズス会が中等学校を専らラテン語教育の学校として運営し、大学の哲学部で予備教育を行っていた。カトリック地域の大学はこの伝統を払拭できず、ランツフートでも一般学問群（旧哲学部）に予備教育を確実に担わせようとしたことが学部復活の呼び水となった（Vgl. Boehm, a. a. O., S. 209）。こうしたところからは哲学部を学術研究の中心に据えるというベルリン大学のような考えは出てこなかった。

(22) Ebenda, S. 208; Boehm u. Spörl, Universität, S. 212; Dokumente, Bd. 3, München 1977, S. 155 f.

(23) Döllinger, a. a. O., Bd. 9, S. 205 f., 207; Prantl, a. a. O., Bd. 1, S. 707.

(24) Spindler, a. a. O., Bd. 2, S. 996.

終わりに

一七八九年のフランス革命はドイツ諸国でも近代国家への転換をめざす内政改革を呼び起こした。その中でこれまで高等教育を担ってきた大学は危機に直面し、改革を迫られるようになった。その意味では内政改革と大学改革は結びついていたと言える。しかし、大学改革はこの時代に初めて浮上してきた問題ではなかった。ドイツ諸国ではそれ以前に啓蒙主義の広がりの中で大学改革が試みられていた。内政改革時代の大学改革の多くは啓蒙主義に基づく一八世紀の大学改革の延長線の上にあった。

一七九九年以降のバイエルンの内政改革時代にインゴルシュタットとランツフートで行なわれた大学改革もこのタイプのものであった。インゴルシュタットにおける一七九九年一一月二五日の大学改革が啓蒙主義的大学改革の一種であったことは理解しやすい。一方、ランツフートにおける一八〇四年一月二六日の大学改革は一見するともっとラディカルな過去との断絶を示しているように見える。もちろん、この改革によって大学の自治体制が解体されたという点では、そのような受止め方も間違いではない。しかし、教育制度という点ではどうであろうか。

ランツフートにおける一八〇四年一月二六日の改革は学部を廃止して、新しい学術の区分を導入し、それに基づいてセクションという新しい教育制度を作ろうとした。しかし、それは大学の伝統との断絶ではあっても、啓蒙主義的大学改革との断絶ではなかった。国家における役割によって学術を区分しようとするそのやり方はまさしく啓蒙主義的であったし、官房学の拡充も実用性を重視する啓蒙主義が以前から追求していたものであった。一八〇四年一月二六日の改革とこれまでの大学改革と違いは、これまで存在した制約が一掃されて啓蒙主義的な考えが全面的に採用されているところにあった。

ところが、その全面的な啓蒙主義的大学改革としての一八〇四年一月二六日の改革は教育制度の上ではほとんど持続的な成果を生み出さなかった。学術の新しい区分に基づくセクション制は定着せず、まもなく伝統的な学部が事実上の復活を遂げ、官房学も期待された行政官僚の速成という効力を発揮しなかった。その意味では、一八〇四年一月二六日の改革は実は啓蒙主義的な大学改革が行き着いた袋小路をも表していたのである。

全体として、バイエルンの内政改革時代の大学改革については、大学を組織として近代国家の中に取り込むこと、啓蒙主義的な実用志向と速成志向に基づいて講義科目を拡大すること（教育体制の組み替えには失敗）に終始したと言うことができるであろう。これによって、バイエルンの大学は、自治団体という性格を捨て、それなりに多彩な講義科目を用意して、高等教育機関として生き延びることになった。しかし、バイエルンの大学が「研究機関としての大学」という大学の新しい方向性を提示することはなかった。

第二部

第4章　宗教顧問会議とブラウンの学校改革

はじめに

ドイツでは一八世紀後半に啓蒙主義的教育改革が始まり、近代的な学校制度を作り上げる最初の一歩が踏み出された。ただし、これらの教育改革は啓蒙主義が広がったために自動的に生じたものでも、学校での個別の改革が積み重ねられて生まれたものでもない。これらの教育改革は領邦国家の統治者が政治的な意図に基づいて政策（たいていは宗教政策と関連する政策）として実施したものである。

政策として実行するには、当然、政府部内にそれを担当する責任者なり、部署なりが必要である。ところが、一八世紀以前のヨーロッパの国家には専門的に学校を取り扱う部門は存在しなかった。一八世紀以前には学校はキリスト教会付属の宗教施設と考えられていて[1]、たとえ教育に関する部署がある場合にも、宗教問題を担当する官庁がその業務の一部として学校を監督しているにすぎなかった。宗教改革以後プロテスタント地域では教会が世俗権力のもとに取り込まれたので、宗教問題を担当する官庁として宗務局が作られていた（ただしカルヴァン派の地域では状況が異なる）。一方、カトリック地域では教会が自立性を保ったので、宗教官庁を設けたところは一部にとどまった[2]。

いずれにせよ、一八世紀後半に教育改革を始めるにあたって、領邦の支配者は宗教を取り扱う官庁の内部などに専門的に学校問題を担当する責任者なり、部署なりを新たに作らなければならなかった。この点で教育改革は領邦の官庁の改変と連動しており、官庁の再編をめぐる単なる組織編成上の都合を超えた非常に政治的な動きの影響を受けたのである。

この章では、バイエルンに関して、政府部内の学校担当部門の改変が教育改革と具体的にどのように結びついていたのかを見ることにしたい。なお、バイエルンはカトリックの国家であったが、宗教顧問会議と呼ばれる宗教問題の担当官庁をもっており、学校を管理する専任の官職の新設やその後の変更もおおむねこの官庁の枠の中で行なわれた。

一八世紀後半のバイエルンの宗教顧問会議についてはRichard Bauer(3)の研究があるので、この官庁の動向についてはは主にこの研究書を利用した。バイエルン教育史の側は一七七〇年の学校条令に始まる啓蒙主義的学校改革と宗教顧問会議の動きの関連を把握しているようには見えない(4)。未だに残っている「啓蒙主義の時代精神」から学校改革を説明しようなどという発想が祟って、学校改革の政策としての側面が捉えにくくなっているのであろう。この章の記述は学校改革と宗教顧問会議の関連にもっと注意を払っている。

(1) 神聖ローマ帝国の基本法の一つと見做されるようになったウェストファリア講和条約にも学校を宗派の付属物とする規定が盛り込まれていた(第五条第三五項、第三一項)。Buschmann, Arno, Hrsg. Kaiser und Reich. Klassische Texte und Dokumente zur Verfassungsgeschichte des Heiligen Römischen Reiches Deutscher Nation vom Beginn des 12. Jahrhunderts bis zum Jahre 1806, München 1984, S. 317, 323.

(2) Vgl. Jeserich, Kurt G. A. u. a., Hrsg. Deutsche Verwaltungsgeschichte, Bd. 1, Stuttgart 1983, S. 366-369.

(3) Bauer, Richard, Der kurfürstliche geistliche Rat und die bayerische Kirchenpolitik 1768-1802, München 1971.

（4） 例えば Liedtke, Max, Hrsg., Handbuch der Geschichte des bayerischen Bildungswesens, Bd. 1, Bad Heilbrunn 1991, S.639, 641 f. の記述を見よ。また、この記述では一七七三年のイエズス会解散に始まる五年間が「バイエルンにおける学校制度の最初の大規模な拡張と修理の時期」(ebenda, S. 639) とされているが、この時期区分ではハインリヒ・ブラウンによる学校改革の開始（一七七〇年）を整合的に説明できない。

1 一七六八年以前

(1) 聖職者優位の宗教顧問会議

最初に、専任の学校問題の担当者が現れる以前のバイエルンの宗教顧問会議について見ておこう。ドイツの領邦国家の官庁組織は一六世紀後半に発展し、一八世紀から一九世紀への転換期に近代国家への移行が行なわれるまでほぼその形態を保った。バイエルンにおいてもアルブレヒト五世（一五五〇～一五七九）とヴィルヘルム五世（一五七九～一五九七）の時代に近世の官庁組織が形成された。枢密顧問会議（外交などの機密事項担当）、宮廷顧問会議（法務・内務官庁）、宮廷財務局（一五五〇年に成立）、宗教顧問会議（一五七〇年に成立）、宮廷軍事顧問会議（一五八三年に成立）が近世のバイエルンの中央政府の骨組みを作っていた。のちに枢密顧問会議の委員会から枢密協議会（最高助言機関、一七二六年に成立）が生まれ、また内政を統括する官庁として上級領邦統治府（一七七九年に成立）が組織された。(1)

これらの官庁のうち宗教問題を取り扱う部門である宗教顧問会議は一五七〇年一月にアルブレヒト五世によって創設された。一五七三年には宗教顧問会議の職務の見直しが行なわれ、権限の及ぶ範囲が拡大された。このとき、それまで宮廷顧問会議が担当していた学校が宗教顧問会議の所管となった。当初は、宗教顧問会議においても、他の官庁と同じように、俗人の顧問官が中心になって業務を行っていた。しかし、ローマ教皇庁やバイエルン領内に司教区の一部が入る周囲の司教の抗議によって、一五八四年にカトリックの聖職者の身分をもつ顧問官が議長を務め、また顧問官の中でもカトリックの聖職者の身分をもつ者が多数を占めるように変更が行なわれた。このような聖職者優位の態勢は一六二九年一月二日の宗教顧問会議条令にも受け継がれた。これ以降宗教顧問会議条令の改定は行なわれず、聖職者の優位は一七六八年に宗教顧問会議の改組が行なわれるまで維持されることになった。(2)

聖職者の優位が確定したあとも、宗教顧問官の人数は時期によって変動していた。しかし、次第に聖職者の顧問官は七人（議長、長官、副長官を含めて）、俗人の顧問官は三人に固定されるようになった。また、宗教顧問官に就任する聖職者の地位についても固定化が進んだ。一六〇八年以降、宗教顧問会議の議長に就任するのはミュンヘンの聖母教会共同祭式団（共同で宗教的儀式を行なう高位聖職者の団体）の主席、議長代理に就任するのは同じ共同祭式団の参事会長ということになった。議長代理は一六七四年以降長官と呼ばれるようになる。ミュンヘンの聖ペテロ教会の参事会長兼主任司祭は早くから宗教顧問会議に加わっていたが、一八世紀には副長官の地位を占めるようになった。聖母教会共同祭式団の参事会員の一人が就任する聖母教会主任司祭も宗教顧問官を務める慣例になっていた。その他の聖職者の宗教顧問官も聖母教会共同祭式団の参事会員の中から任命された。一方、俗人の宗教顧問官は騎士席の宮廷顧問官、学者席の宮廷顧問官、財務顧問官が兼務することになっていた。(3)

宗教顧問会議に聖職者の顧問官の大半を供給していたミュンヘンの聖母教会共同祭式団はもともとバイエルン公爵が身近に聖職者を宗教的助言者として置いておくために作った組織であった。ミュンヘンには古くから聖ペテロ教区という教区が設けられていたが、一二七一年にこの教区が分割されて新たに聖母教区が設置された。

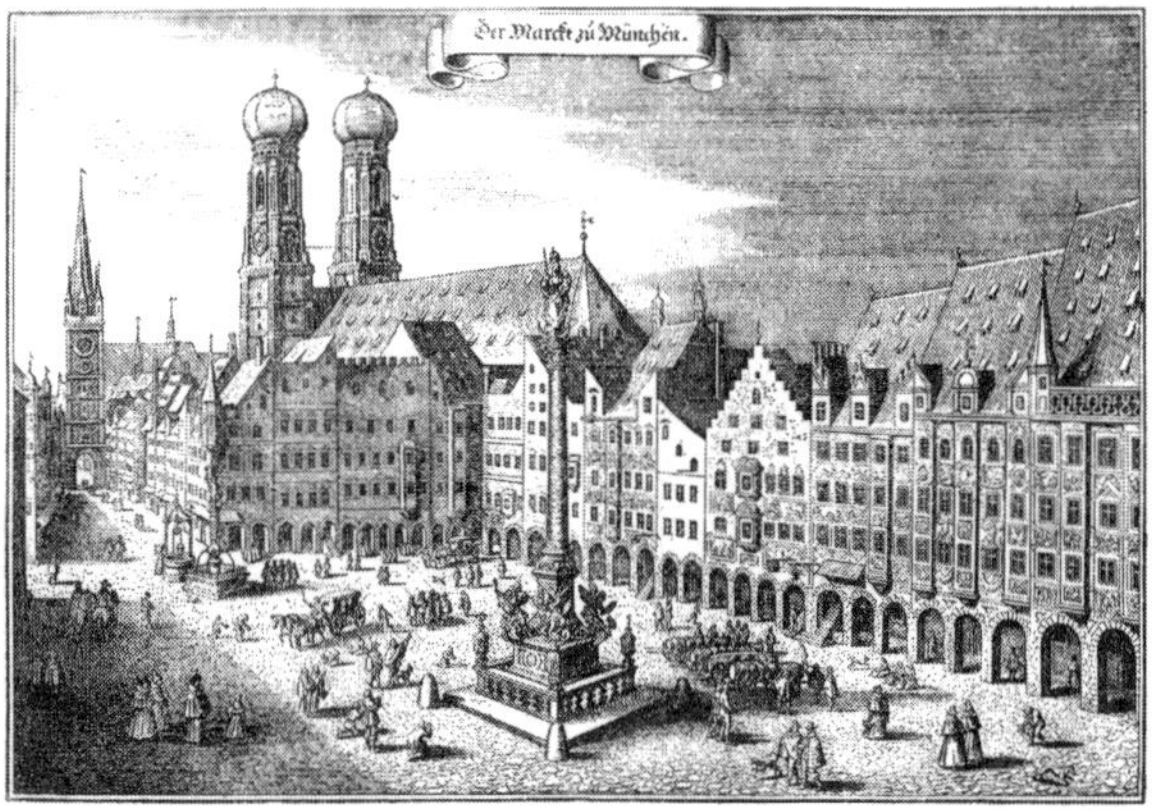

Der Marktplatz zu München. Aus Mathias Merians Topographia Bavariae

図５　17世紀中頃のミュンヘン聖母教会（左の奥）

一四九二年になるとバイエルン公爵はイルムミュンスターとシュリーアーゼーの共同祭式団を廃止して、その財産を基にミュンヘンの聖母教区の教区教会に共同祭式団を創設した（図５）。共同祭式団には一四人の参事会員（貴族五人、学識者五人、その他四人）が配置され、主席（席次は参事会長の上位、ただし参事会員に対する指揮権なし）、参事会長（参事会員に対する指揮権あり）などの役職が設けられた。他の共同祭式団とは異なって、この共同祭式団は自己補充権も参事会長選出権ももたず、バイエルン公爵が共同祭式団の構成員の実質的人事権（推薦権）を握っていた[4]。

宗教顧問会議が成立すると、聖職者の顧問官の多くはこの聖母教会共同祭式団から任命されることになったが、彼らは微妙な立場に立たされた。彼らは宗教顧問官としてはバイエルン公爵（一六二三年以降は選帝侯）の官僚であったが、実質的人事権がバイエルン公爵（選帝侯）にあったとはいえ、共同祭式団を構成する高位聖職者としてはミュンヘンを司教区内にもつフライジング司教の指揮を受けていたのである。また、給与の面でも聖職者の宗教顧問官は通常の官僚とは異なっていた。共同祭式団の構成員には聖職禄が与えられていたので、宗教顧問官に任命されても俸給は支給されなかった。なお、俗人の宗教顧問官も本務官庁である宮廷顧問会議や宮廷財務局から俸給を受けていたので、宗教顧問官としての報酬は受け取っていなかった。宗教顧問会議は俸給の出ない官庁であった。(5)

宗教顧問会議の主要な任務は、一六二九年の宗教顧問会議条令によって確定されたところでは、バイエルン公爵（選帝侯）が推薦権を持つ教会の役職の推薦、バイエルン領内の教会の役職の監督、バイエルン領邦議会に代表を送っている高位聖職者修道院の監督、教会や修道院の財産管理の監督、カトリック信仰の擁護であった。(6)官僚組織としては変則的な存在であったが、一六二九年以降組織の改変が試みられなかったことからすると、宗教顧問会議はこれらの問題を取り扱う官庁としてそれなりの機能を果たしていたということであろう。ただし、一五七三年以降宗教顧問会議の管轄とされていたものの、学校については専任の担当者もなく、特別の注意も払われてはいなかった。(7)

(2) 宗教顧問会議改革への流れ

一七四五年一月カール・アルブレヒト（一七二六〜一七四五）（神聖ローマ皇帝カール七世）が死亡し、息子のマックス三世ヨーゼフ（一七四五〜一七七七）がその跡を継いでバイエルンの君主となった。マックス三世ヨーゼフは即位以前に啓蒙主義と親和的なイエズス会士ダーニエール・シュタードラー（一七〇五〜一七六四）や啓蒙主義の哲学者クリスティアン・ヴォルフの弟子で法学者のヨハン・アーダム・フォン・イックシュタット男爵（一七〇二〜一七七六）の教育を受けていたので、この代替わりを機にバイエルンにおいても啓蒙主義的改革の時代が始まった。イックシュタットが一七四六年に大学監督官（法学部教授兼任）に就任し、インゴルシュタット大学の改革に着手したのもその一部である。ただし、一七六五年頃までマックス三世ヨーゼフは祖父や父親が追求したようなバイエルンを大国化しようという外交政策に未練を残していて、内政に全力を傾注していたわけではなく、啓蒙主義的改革も部分的なものにとどまっていた。[8] このような状況の中で、聖職者優位の宗教顧問会議も放置されたままであった。

宗教顧問会議の改革に繋がる動きはようやく一七五〇年代の後半に始まった。マックス三世ヨーゼフは即位当初から祖父と父親の大国化政策が残した膨大な財政赤字に悩まされていた。一七五六年に七年戦争（一七五六〜一七六三）が始まり、バイエルンがオーストリア・フランス側に立って参戦すると、財政は一段と悪化した。このためバイエルン領内の教会の収入に一〇分の一税を課して資金を調達することになり、一七五七年にローマ教皇ベネディクト一四世（一七四〇〜一七五八）から課税の許可を受けた。ただし、教皇の許可には期間五年（一七五九年から一七六三年まで）、実際に徴税を行なうのはバイエルン領内に司教区の一部が入っている周囲の司教という条件がついていた。領内の教会はこの課税に抵抗し、資金は政府の思惑どおりには集まらなかった。[9]

こうした中で、一七六一年一月にペーター・フォン・オースターヴァルト（一七一八〜一七七八）が宗教顧問会議の長官（議長代理）に任命された。オースターヴァルトはヘッセン出身者で、元はプロテスタントであったが、シュトラースブルク大学在学中にカトリックに転向し、一時ベネディクト派の修道院に入っていた。その後レーゲンスブルクに移って、一七四五年にレーゲンスブルク司教の官房に入り、宮廷顧問官、枢密内局秘書官となった。一七五八年には枢密顧問官に任命され、貴族に取り立てられて、フライジングに転勤した（当時のレーゲンスブルク司教はフライジング司教を兼任していた）。一七五九年にイックシュタットの協力者のヨハン・ゲオルク・ローリ（一七二三〜一七八六）（元インゴルシュタット大学法学部教授、一七五二年教授を免職となり、宮廷顧問官に）がバイエルン学術協会を創設すると、オースターヴァルトはその会員となって、啓蒙主義者と交流を深め、司教との関係が悪化した。このため、友人イルデフォンス・ケネディー（一七二二〜一八〇四）（当時はレーゲンスブルクのベネディクト派の神学校の校長、バイエルン学術協会会員）などの仲介によってバイエルンに鞍替えしたのである。司教領の高官オースターヴァルトは司教領の徴税に詳しいと思われて歓迎された[10]。

オースターヴァルトはすでに聖職者ではなく、他の官職を兼務してもいなかったので、年俸一二〇〇グルデンを支給されて、宗教顧問会議最初の有給の顧問官となった。俸給の支給と並んで、聖職者の長官のほかに俗人の長官が任命されるというのも先例のないことであった。このため、順位のはっきりしない聖職者の副長官イグナーツ・アントーン・ヘルテル（？～一七六八）（聖ペテロ教会参事会長兼主任司祭、元インゴルシュタット大学神学部教授）と俗人長官オースターヴァルトのあいだで席次争いが起こったが、マックス三世ヨーゼフにはこの時期にはまだ宗教顧問会議の改組に踏み込む意図はなく、オースターヴァルトを聖職者副長官の下位とする裁定を下した。オースターヴァルトや宮廷財務局のヨーゼフ・フォン・プランク（一七二三～一八〇一）は聖職者優位の宗教顧問会議の改革を訴える意見書を出したが、改革は実行されなかった[11]。

しかし、その後オースターヴァルトは教会に対する国家の監督権を強化することを主張して、次第に勢力を増していった。オースターヴァルトが宗教顧問会議内の聖職者と争って最初に実現させたのが、一七六四年一〇月に成立した、遺言で修道院に寄付できる財産の最高額を制限する死手譲渡法であった。同じ時期に、一七五七年にローマ教皇の許可を受けた教会の収入に対する一〇分の一税が五年間の期限を終え、新たな教会への課税に教皇の同意が必要か否かが議論となった。結局、バイエルン政府は一七六四年一月に教皇クレメンス一三世（一七五八～一七六九）から課税の許可を受け、教会の収入に三年間五パーセントの税が課されることとなったが、これを不満とするオースターヴァルトは一七六六年の春に匿名で教会の免税特権を批判する著書『フェレムント・フォン・ロッホシュタイン』を出版して、大きなセンセーションを起こした[12]。

オースターヴァルトの著書が出版されたのと同じ頃に、宗教顧問会議の議長が死亡した（一七六六年三月）。後任の聖母教会共同祭式団の主席はすぐに任命されたが、宗教顧問会議条令の規定に反して、この主席は宗教顧問会議の議長には任命されず、議長職は空席となった。これをきっかけに聖職者優位の宗教顧問会議の改革を求める動きが活発になった。宗教顧問会議の秘書官（顧問会議に出席して議事録を作成する事務方の長）ヨハン・アントーン・リポウスキ（一七二二〜一七八一）も宗教顧問会議の歴史を著わしてこの官庁がもとは俗人主導であったことを訴えた。[13]

（1）近世のバイエルンの官庁組織については Spindler, Max und Andreas Kraus, Hrsg., Handbuch der bayerischen Geschichte, Bd. 2, 2. Aufl., München 1988, S. 651-655, 1237-1247; Schmid, Alois, Der Reformabsolutismus Kurfürst Max III. Joseph von Bayern, in: Zeitschrift für bayerische Landesgeschichte, Bd. 54, 1991, S. 43-66.

（2）Bauer, Geistlicher Rat, S. 6 f., 8 ff., 12 f.; Hopfenmüller, Annelie, Der geistliche Rat unter den Kurfürsten Ferdinand Maria und Max Emanuel von Bayern (1651-1726), München 1985, S. 7 f.; Pfister, Peter, Das Kollegiatstift Zu Unserer Lieben Frau in München (1495-1803), in: Georg Schwaiger, Hrsg., Monachium Sacrum. Festschrift zur 500-Jahr-Feier der Metropolitankirche Zu Unserer Lieben Frau in München, Bd. 1, München 1994, S. 354 f. バイエルン公爵（選帝侯）は広い領土を持っていたので、領土と周囲の八つの司教区（ザルツブルク・キームゼー、フライジング、レーゲンスブルク、パッサウ、バンベルク、アイヒシュテット、アウクスブルク、コンスタンツ）の一部が重なっていた。これらの司教区を担当する司教（あるいは大司教）はいずれも神聖ローマ帝国の聖界諸侯であり、バイエルン公爵（選帝侯）と政治的に対等の立場にあった。

（3）Bauer, Geistlicher Rat, S. 12 f.; Hopfenmüller, a. a. O., S. 26 f., 50, 54; Pfister, a. a. O., S. 356. 宮廷顧問会議は騎士席（貴族）と学者席（法律家）の二つの部会に分かれていた。宮廷財務局には部会は存在しなかった。

（4）Bauer, Richard, Hrsg., Geschichte der Stadt München, München 1992, S. 139; Hopfenmüller, a. a. O., S. 21; Pfister, a. a. O., S. 315, 329 f., 332.

（5）Hopfenmüller, a. a. O., S. 64; Pfister, a. a. O., S. 356, 357.

（6）Hopfenmüller, a. a. O., S. 165-179; Pfister, a. a. O., S. 357.

（7）Vgl. Bauer, Geistlicher Rat, S. 104. ただし、一七六八年以前にはバイエルン政府が学校にまったく関心を示さなかったというわけではない。この時期のバイエルン政府は学校を宗教施設としてしか見ていなかった、したがって教会と別枠で管理すべき対象とは考えていなかったと捉えるべきであろう。近世のバイエルン政府の学校に対する関心のあり方の変化については第5章「教会vs国家——学校管理権は誰のものか」で述べる。

（8）Spindler u. Kraus, a. a. O., Bd. 2, S. 1206 f.; Schmid, Reformabsolutismus, S. 65 f.

（9）Bauer, Geistlicher Rat, S. 22; Schmid, Alois, Max III. Joseph und die europäischen Mächte. Die Außenpolitik des Kurfürstentums Bayern von 1745-1765, München 1987, S. 411 f.; Spindler u. Kraus, a. a. O., Bd. 2, S. 1203 f., 1269, 1270. マックス三世ヨーゼフが父親から受け継いだ負債は三二〇〇万グルデンと言われている（諸説あり）。一方、教会はバイエルンの所領の五六パーセントを手中に収め、非常に裕福と見られていた。Ebenda, S. 1269.

（10）Hammermayer, Ludwig, Geschichte der bayerischen Akademie der Wissenschaften 1759-1807, Bd. 1, München 1983（B. 1, 1. Aufl., 1959）, S. 136, 161 f.; Bauer, Geistlicher Rat, S. 19 f., 22 f.

（11）Ebenda, S. 24 ff.

（12）Ebenda, S. 34-38, 39 ff., 50 f.

（13）Ebenda, S. 55. 宗教顧問会議の事務方については Vgl. Hoppenmüller, a. a. O., S. 74-86; Gigl, Caroline, Die Zentralbehörden Kurfürst Karl Theodors in München 1778-1799, München 1999, S. 437.

2　一七六八年から一七七八年まで

（1）宗教顧問会議の改革と学校改革の始まり

すでに述べたように、マックス三世ヨーゼフは一七六五年頃大国化路線を最終的に断念し、内政に力を入れるようになった。同じ時期に、古くからの重臣の死亡が相次ぎ、主要な官職の入れ替わりが進んだ。一七六四年には外交を補佐していた宮廷長官ヨハン・マクシミーリアーン・フォン・プライジング伯爵（一六八七〜

一七六四）が死亡し、以前帝国議会公使を務めていたヨハン・ヨーゼフ・フォン・バウムガルテン伯爵（一七一三～一七七二）が枢密協議会（最高助言機関）における外交担当大臣に任命された。一七六七年に侍従長が死亡すると、バウムガルテンは侍従長にも就任し、さらに一七六八年八月には一七六六年以来空席になっていた宗教顧問会議の議長をも兼務することになった。これに合わせて、マックス三世ヨーゼフは懸案になっていた宗教顧問会議の組織改革を行なった。(1)

一七六八年初めに、以前オースターヴァルトと席次争いをした聖職者の副長官ヘルテルが長官に昇格したが、まもなく急死し、今回の改革によって聖職者の長官と聖職者の副長官のポストそのものが廃止されたので、俗人長官のオースターヴァルトが議長の代理権を持つ宗教顧問会議における第二目の地位を獲得した。実質のない第二長官には聖母教会共同祭式団参事会長補佐（後に参事会長）カール・アントーン・フォン・ヴァキーリー（一七〇二～一七八二）（一七四八年から宗教顧問官）が任命された。(2)

また、今回の改革によって俗人の宗教顧問官は三人から六人に増員され、議長バウムガルテンと長官オースターヴァルト、宗教顧問会議の改革を求める意見書を出して一七六三年に宗教顧問官に任命されたプランク（財務顧問官）のほかに、アーロイス・フォン・ホーフシュテッテン（？～一七九三）（宮廷顧問官兼財務顧問官）、フェルディナント・フォン・プルークグラッハ（一七三〇～一七七四）（宮廷顧問官）、ヨハン・バプティスト・フォン・シュテープ（宮廷顧問官）の三人が新たに任に就いた。一方、聖職者は四人に削減され、第二長官以外に、フランツ・クサーヴァー・フォン・フェリー（？～一七八一）（聖ペテロ教会参事会長兼主任司祭）、ヨハン・バプティスト・ノイジンガー（聖霊施療院主任司祭）、フランツ・ヨーゼフ・ハイス（？～一七七〇）（聖母教会共同祭式団参事会員）という顔触れになった。さらに、今回の改革でそれまであった聖職者席と俗人席の区分も廃止された。こうして宗教顧問会議における聖職者の優位は完全に覆されたのである。(3)

宗教顧問会議の議長に就任したバウムガルテンは、それに合わせて枢密協議会において宗教問題についても報告する権限を獲得し、政府の中枢で宗教顧問会議の意見を代弁する役割を果たした。しかし、多数の官職を兼務していて非常に多忙であったので、宗教顧問会議そのものにはあまり顔を出さなかった。このため、長官のオースターヴァルトが宗教顧問会議の議事を実質的に取り仕切ることになった。ただし、一七六八年九月に宗教顧問会議の副議長として宮廷顧問会議の副議長マクシミーリアーン・フォン・ライデン（一七二八〜一七七二）が発令されたので、形の上ではオースターヴァルトの行動に制約が課されていた。(4)

これまで宗教顧問会議には固有の地方組織は存在しなかったが、宗教顧問会議の改組に合わせて一七六九年一月に宗教顧問会議の命令を受ける地方組織が作られた。バイエルン選帝侯領には会計局管轄地区と呼ばれる四つの中級の地方行政区が設けられており、ミュンヘン周辺以外の三つの会計局管轄地区は政庁と呼ばれる役所が管理していた（ミュンヘン周辺は中央政府が管理）。この政庁の中に宗教顧問会議直属の教会分科会が組織されたのである。教会分科会は俗人の政庁顧問官二人、聖職者の政庁顧問官一人、秘書官一人によって構成され、政庁の指導部から独立して活動することになった。また、これまで宮廷財務局内にあったミュンヘン周辺の教会財産を管理する委員会が宗教顧問会議に移されて、宗教顧問会議内の教会分科会となった。(5)

こうした形で再編された宗教顧問会議の実質的な中心を占めるようになったオースターヴァルトは、教会の権利や権限を純粋に宗教的なものと世俗的なものに区分し、世俗的な権利や権限に対しては国家の統制を強化すべきであるという考えをもっていた。一七六八年以後、バイエルン政府はオースターヴァルトのこの考えに沿って教会の活動を規制する新しい法令を次々に制定することになった。バイエルン政府が最初に手をつけたのはローマ教皇の許可を受けない教会の収入への一〇分の一課税であった。課税は一七六八年九月に決定され、翌年から一七七一年まで徴税が行なわれたが、聖職者の抵抗を受けて教皇の許可による課税ほど税を集めることができなかったので、一七七一年に廃止された。[6]

教会への課税と並んで重要な問題となったのがバイエルン領内に数多く存在した修道院に対する規制の強化である。一七六八年九月には修道院に構成員の数の申告と設立文書の提出を求める命令が出され、一二月にはバイエルン領内の聖職録の取得をバイエルンの国籍を持つ者に限定する命令が出された。翌一七六九年一一月には修道院の幹部の修道院構成員に対する懲戒権が否定され、また二一歳以前の者が修道士の誓願を行なうことも禁止された。さらに、一二月にはバイエルン領内に三つ以上修道院を持つ修道会にバイエルン領内で独立した管区を作るよう求める命令が出された。[7]

そのほかに、信心会（一般信者の事業団体）の新設を禁止する命令（一七六八年一二月）、教会の財産管理に対する監視を強化するため会計報告の書式を統一する命令（一七六九年一月）、教会から完全に独立した書籍検閲会議を設置する命令（一七六九年二月）、世俗の法廷での婚約を認め、婚約に関する争いを世俗の法廷の管轄とする命令（一七六九年七月）、教会のすべての告知について領邦政府の許可を求めることを要求する命令（一七七〇年四月）など多方面にわたる命令が出された。[8]

一七六八年八月に宗教顧問会議の改革が行なわれて、オースターヴァルトが実質的にこの官庁を取り仕切るようになり、こうした宗教政策が展開されるようになったあと、ようやく学校改革の動きが始まった。教会の世俗的な部分に対する国家の監督権の強化を主張していたオースターヴァルトは学校も国家の関与を強めるべき対象と考えていた。このため一七六八年の組織改革のあとすぐにハインリヒ・ブラウン（一七三二～一七九二）（図6）が宗教顧問会議に加えられ、その後学校委員に任命された。こうして宗教顧問会議内に初めて専門の学校担当者が現れることになった。[9]

ブラウンは元ベネディクト派の修道士で、一七五八年から一七六二年にかけてフライジングのリュツェーウムで教鞭を取っていた。オースターヴァルトとブラウンはこの時期に知り合った。その後ブラウンはテーガンゼーの修道院に戻ったが、一七六五年にオースターヴァルトの仲介によって、バイエルン学術協会に新設されたドイツ語・詩学・修辞学講座の担当者となってミュンヘンに移り、修道会を離れた。ミュンヘンではブラウンはドイツ語教育についての研究、講演、著述に精を出し、バイエルンにおけるドイツ語改革の旗手となった。その結果、一七六八年四月に聖母教会共同祭式団参事会員に任命され、その後宗教顧問会議に加わることになったのである。(10)

ブラウンは学校委員として新しい学校条令の作成にあたり、一七七〇年九月三日に学校条令を制定して、初等学校の重点を宗教教育や道徳教育からドイツ語の読み書きに移し、また初等教員を養成する制度（聖母教会付属学校を模範学校とし、宗教顧問会議による初等教員の資格認定試験を行なう）を設けた。さらに、一七七一年二月五日にはこの学校条令を補う学校に関する命令を出して、初めて一般就学義務を規定し、宗教顧問会議内に学校金庫（貧困者への教科書の配布、資格認定試験に出る初等教員への旅費の援助などを行なう）を設置した。(11) しかし、ブラウンが単独で学校改革を指揮できた期間は長くはなかった。

Heinrich Braun.
1732—1792

図6　ハインリヒ・ブラウン
（1732-1792）

(2) 宗教政策の再転換とイエズス会解散の余波

一七六八年以降バイエルン政府はローマ教皇や周囲の司教の抗議を無視して領内の教会に対する統制を強化していたが、一七七〇年代に入ると次第にローマ教皇や周辺の司教の合意をとりつける道を探るようになった。このような方向転換を引き起こした原因の一つは教皇の同意のない教会への課税が所期の税収をもたらさず、期待外れに終わったことである。その穴埋めのため、バイエルン政府は早くも一七七〇年に教皇庁と課税の交渉を始め、一七七一年九月にローマ教皇から新しい五年間の期限付きの一〇分の一課税の許可を獲得した（その後も継続して期限付きの許可を受けた）。もう一つの原因はバイエルン政府の攻勢に危機感を募らせた周囲の司教が一七七〇年八月からザルツブルクで代表者会議を開いて共同歩調をとるようになったことである（代表者会議は一七七七年まで続けられた）。このような司教の結束はバイエルン政府にとっては予想外のことであった。[12]

バイエルン政府が教皇や周囲の司教との協調路線を模索する中で、一七七二年五月にバウムガルテンが死亡した。これによってオースターヴァルトは宗教顧問会議の実質的な指揮を行なわせてくれる理解者を失うことになった。宗教顧問会議の後任の議長にはこれまでシュトラウビングの代官（政庁の長官）を務めていたジーギスムント・フォン・シュプレーティ伯爵（一七三二〜一八〇九）が任命されたが、政権中枢での発言力を欠いていたため、重要な官職の兼務はなく、宗教顧問会議の会議に出席して自ら議長の職務を行なった。[13]

宗教政策の変更とバウムガルテンの死によって宗教顧問会議におけるオースターヴァルトの影響力は次第に衰えていったが、それに拍車をかけたものにローリ（一七六二年以降バイエルンの外交にかかわり、一七六八年に外交担当次官に就任）との争いがある。バイエルン学術協会において始まった両者の対立は宗教政策にも及び、オースターヴァルトが宗教的領域と世俗的領域を区分しようとしたのに対して、ローリは教会に対する国家の全面的な優位を要求する立場をとった。宗教顧問会議においてはシュテープ、ホーフシュテッテンがローリの立場を支持した。

オースターヴァルトの発言力低下と並行して、宗教顧問会議そのものの意義も低下していった。それを表しているのが有力者の推挙によって宗教顧問会議に加わる者が増えたことである。これによって俗人の顧問官と聖職者の顧問官の比率も逆転し、マックス三世ヨーゼフが死亡した一七七七年末には俗人と聖職者の比率は九対一三になっていた[14]。

オースターヴァルトの勢力に陰りが生じると、ブラウンの立場も弱まった。一七七二年には早くもその影響が現われ、ブラウンの学校金庫管理能力に不安があるとして、ローリに近いシュテープが第二の学校委員に就任した。同じ時期に綴字学習法をとるブラウンと音読学習法を主張する宮廷声楽家のあいだでドイツ語の教育方法をめぐる論争が起こり、シュテープとアントーン・コルマン（一七二八〜一七八七）（一七七〇年から宗教顧問官、聖母教会共同祭式団参事会員）が宮廷声楽家を支持して、ブラウンと争いになった。このような成り行きに嫌気がさしたのか、一二月にブラウンは学校委員を辞任し、コルマンが跡を引き継いだ。一七七三年春にはシュテープの代わりにローレンツ・アイヒベルガー（？〜一八二一）（宮廷顧問官、一七六九年から宗教顧問官）が学校委員となった[15]。

ところが、まもなくブラウンが学校行政に戻る機会がやってきた。一七七三年七月ローマ教皇クレメンス一四世（一七六九〜一七七四）はフランスなどの圧力に屈してイエズス会を解散した。その影響はすぐにバイエルンにも及び、これまでイエズス会が政府の監督を受けずに独自に経営していたギュムナージウムを政府が経営しなければならなくなった。宗教顧問会議議長シュプレーティは宗教顧問会議内にイエズス会の財産（およそ七四〇万グルデン）を管理する分科会と学校を管理する分科会を立ち上げようとしたが、財産管理委会は枢密協議会のもとに作られ、一〇月に臨時の学校委員会のみが宗教顧問会議の中に作られた。この臨時学校委員会にはシュプレーティ、オースターヴァルトのほかに、シュテープ、アイヒベルガー、ブラウン、コルマン、ケネディー（一七六一年にバイエルンに移り、ローリに代わってバイエルン学術協会の事務長に就任、一七七三年から宗教顧問官）などが入った。[16]

一方、宗教顧問会議の外ではギュムナージウムがイエズス会の手を離れたこの機会にバイエルンの学校制度全体を再検討しようという動きが活発になった。その中で一七七四年に入るとイックシュタットとブラウンが新しい学校制度の提案を行なった。一七七四年三月にマックス三世ヨーゼフは宗教顧問会議議長シュプレーティを委員長とする委員会（委員は六人、コルマン、ケネディー、学校長ラプス、残りの三人は元イエズス会士）を設けて学校制度の検討を行なわせた。委員会はイックシュタットの案（単線型）を実現不可能として退け、ブラウンの案（複線型）を基に独自の計画を提示した。それに宗教顧問会議内の臨時学校委員会がさらに手を加えて、一七七四年一〇月八日に中等学校に関する学校条令が制定された。[17]

この学校条令によって、バイエルンにおいて初めて実科学校が制度化され、またそれまで相互に関連のなかったバイエルンの学校全体が体系化された。こうしてバイエルンの学校は初等学校（数年）から実科学校（二年）へ、実科学校からギュムナージウム（五年）へという階梯を持つことになった。それと同時に、この学校条令によって学校管理体制の整備が図られた。宗教顧問会議内には大学以外のすべての学校を担当する が設置され、臨時学校委員会からシュテープ、アイヒベルガー、ブラウン、コルマン、ケネディーが学校監理部に加わった。また、学校監理部の下部組織としてギュムナージウムの存在する七つの都市（ミュンヘン、ブルクハウゼン、ランツベルク、ミンデルハイム、ランツフート、シュトラウビング、アンベルク）に地域学校委員会が設けられて、初めて学校を担当する地方行政組織が誕生した。学校監理部内には規律と学術に関する責任者が置かれたが、ブラウンと対立していたシュテープとコルマンがそれぞれ規律の責任者と学術の責任者に選ばれ、ブラウンは学校監理部の主導権を握れなかった。[18]

学校監理部の中心になれなかったブラウンはしばらく実科学校の教育内容などをめぐってシュテープやコルマ

ンと争っていたが、やがて学校行政から遠ざかった。しかし、イックシュタットが一七七六年八月に死亡すると、支えを失ったローリのグループの勢力は弱まり、ブラウンは別の部署で再び復活することになった。イックシュタットの死亡によって空席となった大学監督官のポストは一七七六年九月に廃止されて、代わりに選帝侯直属の大学管理委員会が設けられた。大学管理委員会の委員長には宮廷長官ヨーゼフ・フランツ・フォン・ザインスハイム伯爵（一七〇七～一七八七）、副委員長には枢密顧問会議の官房長ヴィグレーウス・クサヴェーリウス・アロイージウス・フォン・クライトマイアー男爵（一七〇六～一七九〇）が就任し、神学部担当委員としてブラウン、法学部担当委員として後継の大学監督官になり損なったローリ、医学部担当委員として侍医のヨハン・アントーン・フォン・ヴォルター（一七一一～一七八七）、哲学部担当委員として親イエズス会のヨハン・カスパル・フォン・リッペルト（一七二九～一八〇〇）（当時は書籍検閲顧問官、一七六一年までインゴルシュタット大学法学部教授）が任命された。大学管理員会の設置にはローリを押さえ込もうという官房長クライトマイアーの意向が働いていたものと見られている。[19]

その後ブラウンは政権中枢にギュムナージウムの改革を働きかけ、一七七七年四月にギュムナージウムの管理権を学校監理部から切り離して大学管理委員会内の自らの手に移すことに成功した。一七七七年九月一日ブラウンはギュムナージウムに関する新しい学校条令を公布した。この学校条令ではギュムナージウムが存在する都市のラテン語準備学級をもつ実科学校もブラウンが管理することになっていたが、学校監理部はこれらの学校を手放さず、ブラウンと学校監理部（シュテープ、コルマン）の争いが続いた。[20]

（1） Bauer, Geistlicher Rat. S. 55 f., 58; Schmid, Max III. Joseph. S. 476 f., 508; Spindler u. Kraus, a. a. O., Bd. 2, S. 1201 Anm. 4, S. 1238 Anm. 4; Schmid, Reformabsolutismus, S. 62 f.

（2） Bauer, Geistlicher Rat, S.56 f., 58 f.

（3） Ebenda, S. 59 f.

（4） Ebenda, S. 61 f., 65.

（5） Ebenda, S. 65 f., 67 f. 宗教顧問会議と中級官庁の関係については Vgl. auch Hopfenmüller, a. a. O., S. 143-148.

（6） Bauer, Geistlicher Rat, S. 45-50, 71 f.

（7） Ebenda, S. 76-80; Spindler u. Kraus, a. a. O., Bd. 2, S. 1271 f.

（8） Bauer, Geistlicher Rat, S. 72 f., 75, 81 f., 83, 84 f.; Spindler u. Kraus, a. a. O., Bd. 2, S. 1272.

（9） Bauer, Geistlicher Rat, S. 104.

（10） Hammermayer, a. a. O., Bd. 2, S. 58 f.; Pfister, a. a. O., S. 392; Keck, Christian, Das Bildungs- und Akkulturationsprogramm des bayerischen Aufklärers Heinrich Braun, München 1998, S. 42 ff.; Heim, Manfred, Kurbayerische Bildungspokitik im Zeitalter der Aufklärung. Heinrich Brauns „Entwurf einer systematischen Lehrart in der katholischen Theologie für die theolosischen Studien in Bayern" von 1777, in: Konrad Ackermann u. a., Hrsg., Bayern vom Stamm zum Staat. Festschrift für Andreas Kraus zum 80. Geburtstag, Bd. 2, München 2002, S. 114 f.

（11） Braun, Heinrich, Plan der neuen Schuleinrichtung in Baiern 1770, hrsg. von Alfons Bock, München 1916, S. 9 ff., 11 f.; Liedtke, a. a. O., Bd. 1, S. 660 f., 646, 702 f. 一七七〇年の学校条令については第5章「教会 vs 国家――学校管理権は誰のものか」2の⑵で詳しく説明する。

（12） Bauer, Geistlicher Rat, S. 86 f., 88; Spindler u. Kraus, a. a. O., Bd. 2, S. 1272 f.

（13） Bauer, Geistlicher Rat, S. 94 ff. 一七七二年にバウムガルテンが死亡したあと、枢密協議会の外交担当大臣は宮廷長官のザインスハイムが兼務することになった。宗教顧問会議の議長は枢密協議会の構成員には数えられておらず、一七七六年になってようやく議長のシュプレーティに自由に枢密協議会に出席して宗教問題について報告する権限が認められたにすぎなかった。

（14） Ebenda, S. 64, 96, 97, 99 ff. バイエルン学術協会におけるローリとオースターヴァルトの争いについては Hammermayer, a. a. O., Bd.1, S. 162 f., 324-337.

（15） Bauer, Geistlicher Rat, S.105 f. 綴字学習法というのは当時の一般的なドイツ語の学習方法で、例えば alt と書いてあれば、アー、エル、テーと読むというように、文字の名称を先に教える。これに対して音読学習法では、alt はアルトと発音するというように、最初から単語の読み方を教える。

(16) Ebenda, S.106-109; Buchinger, Hubert, Die Geschichte der bayerischen Realschule, Teil 1, Passau 1983, S. 31 f.; Müller, Winfried, Aufhebung des Jesuitenordens in Bayern. Vorgeschichte, Durchführung, Administrative Bewältigung, in: Zeitschrift für bayerische Landesgeschichte, Bd. 48, 1985, S. 329 ff.; Müller, Rainer A., Akademische Ausbildung zwischen Staat und Kirche. Das bayerische Lyzealwesen 1773-1849, Teil 1, Paderborn u. a. 1986, S. 38 f. 一般にバイエルンのイエズス会の財産はおよそ七三八万グルデン、年間収益はおよそ一〇万八〇〇〇グルデンであったとされているが、W・ミュラーは財産七四〇万グルデン、年間収益一五万六〇〇〇グルデンという数字を提示している。Müller, W., Aufhebung, S. 336, 338 f.

(17) Bauer, Geistlicher Rat, S. 109 f.; Buchinger, a. a. O., S. 32-41; Müller, W., Aufhebung, S. 331; Müller, R. A., a. a. O., Teil 1, S. 39-45; Liedtke, a. a. O., Bd. 1, S. 692-696.

(18) Lurz, Georg, Mittelschulgeschichtliche Dokumente Altbayerns, einschließlich Regensburgs, Bd. 2, Berlin 1908, S. 203, 205, 214; Bock, Alfons, Hrsg., Die bayerischen Schulordnungen vom Jahre 1774 und 1778, München 1916, S. 7 f., 9, 19; Bauer, Geistlicher Rat, S. 110; Müller, R. A., a. a. O., Teil 1, S. 45 f.; Liedtke, a. a. O., Bd. 1, S. 646 f.

(19) Buchinger, a. a. O., S. 44 ff.; Müller, W., Universität und Orden. Die bayerische Landesuniversität Ingolstadt zwischen der Aufhebung des Jesuitenordens und Säkularisation 1773-1803, Berlin 1986, S. 125 f.

(20) Lurz, a. a. O., Bd. 2, S. 237 f.; Bauer, Geistlicher Rat, S.111; Buchinger, a. a. O., S. 46; Müller, R. A., a. a. O., Teil 1, S. 49 ff.; Müller, W., Universität, S. 125 f.; Gigl, a. a. O., S. 442 f.

3　一七七八年以降

(1) 代替わりとマルタ騎士団バイエルン支部の設置

一七七七年一二月末にマックス三世ヨーゼフは五一歳で急死し、親類のプファルツ選帝侯カール・テーオドーア（一七七七〜一七九九）がバイエルンを相続した。代替わりに合わせるように一七七八年一月に宗教顧問会議の中心にいたオースターヴァルトが死亡した。議長シュプレーティは態勢を立て直すため、四月に宗教顧問官の入れ替え、宗教顧問会議とイエズス会の財産を管理する委員会の統合を提案したが実現を見なかった(1)。

バイエルンとオーストリア領ネーデルラント（ベルギー）の交換を計画していたため、即位した当初カール・テーオドーアはバイエルンの官庁の改編を控えていたが、一七七九年八月になると行政の一元化に乗り出し、宮廷顧問会議と宮廷財務局の権限の一部を削って上級領邦統治府を設置した。これに合わせて八月一六日には宗教顧問会議条令も改定された。この間に宗教顧問会議内では、顧問官と法務官（官庁に関係する訴訟の担当者）の地位を併せもち、宮廷長官ザインスハイムと良好な関係をもつアントーン・アイゼンライヒ（一七三五〜一七九三）（一七七三年に法務官、翌年顧問官）の発言力が強くなり、この宗教顧問会議条令の改定もアイゼンライヒの手で行なわれた。アイゼンライヒは一七八〇年九月にオースターヴァルトの死後空席になっていた長官に任命された(2)。

すでに述べたように、バイエルン政府は一七七〇年代にローマ教皇や周囲の司教との協調路線に舵を切っていたが、カール・テーオドーアは一七八〇年頃からローマ教皇との連携をさらに強化して、周囲の司教を抑える作戦をとるようになった。その最初の成果として、カール・テーオドーアは自分の非嫡出子を扶養するため望んでいたマルタ騎士団（聖ヨハネ騎士修道会）バイエルン支部設置の許可をローマ教皇ピオ六世（一七七五～一七九九）から獲得した。ただし、この事業に必要な資金はバイエルン側で用意する必要があった。そこで広大な領地をもつ高位聖職者修道院から資金を引き出す方策が練られ、アイゼンライヒなどは修道院財産の調査を断行するよう主張した。しかし、結局のところは、一七七三年にイエズス会が解散されたあと政府が接収して教育に使ってきたイエズス会の資金が支部に流用されることになった。その際、高位聖職者修道院側と交渉してギュムナージウムの経営を引き受けさせ、資金の流用を可能にしたのが、ファルツからやってきた宮廷礼拝堂司祭カージミーア・ヘフェリーン（一七三七～一八二七）であった。一七八一年一二月に支部が設立されると、ヘフェリーンは支部の司教総代理に収まった[3]。

こうした領邦君主の代替わりやマルタ騎士団バイエルン支部の設置は学校管理体制にどのような影響を与えたであろうか。一七七六年に大学管理委員会の委員として復活したブラウンは、代替わりのあとも勢力を保ち、さらに権限を拡大した。一七七八年五月ブラウンはギュムナージウムに加えてギュムナージウムが存在する都市の実科学校、初等学校をも自らの管理下に置くことに成功した。それと同時に、その他の都市や農村の初等学校の管理権も、ブラウンと対立していた学校監理部から宮廷顧問会議内の内務分科会に移され、これによって学校の管理は一時宗教顧問会議の手を離れることになった。主要な学校の管理権を手に入れたブラウンは一七七八年八月八日に新しい学校条令を公布した。この学校条令によって、ギュムナージウムが存在する都市（これらの都市ではブラウンがすべての学校を管理）以外の都市や農村では、各地の内務当局が学校を監督し、教育に関心のある人物を「監視員」に任命すること、ミュンヘンのほかに四つの政庁所在都市にも模範学校を開設し、これらの都市の地域学校委員会においても初等教員の試験を行なうことが定められた。さらに、一〇月にブラウンは大学以外のすべての学校を統括する権限を獲得した[4]。

しかし、初等学校の管理を押しつけられた形の宮廷顧問会議は学校問題にかかわることを喜ばず、ブラウンとの協力関係は生まれなかった。一七七九年八月に新たな内務官庁として上級領邦統治府が創設されると、宮廷顧問会議が担当していた初等学校の管理権は上級領邦統治府に移され、宗教顧問会議にも再びこれらの学校の管理権が認められることになった。一二月になると、錯綜した学校管理体制の調整が行なわれ、上級領邦統治府の中に、議長テーオドーア・ハインリヒ・トポル・モラヴィッキ伯爵（一七三五〜一八一〇）、副官房長フランツ・ヨーゼフ・フォン・ペッテンコーフェン（？〜一七九七）、宗教顧問会議の議長シュプレーティ、同副議長マクシミーリアーン・ヨーゼフ・フォン・ザインスハイム伯爵（一七五一〜一八〇三）（一七七九年から副議長、宮廷長官ザインスハイムの息子）からなる学校分科会が設けられて、この機関が学校監督官ブラウン、副監督官ヨーゼフ・メルヒオル・ダンツァー（一七三九〜一八〇〇）（元ギュムナージウム教師、一七八〇年から聖母教会共同祭式団参事会員）と協議しながら学校行政を行なう仕組みが作られた。しかし、一七八〇年には元のイエズス会士によるギュムナージウム運営に対する攻撃が激しくなったため、この年の九月にブラウンは学校統括の地位を離れることになった（実際の退任は翌年一月）[5]。

その後、上級領邦統治府議長モラヴィッキのもとにギュムナージウムの教育を再検討する委員会が作られたが、ブラウンや元のイエズス会士を交えた委員会の議論が続いているうちに、マルタ騎士団バイエルン支部設置が決定され、状況は大きく変化した。これまで教育に使われていたイエズス会の資金がバイエルン支部の運営に流用されることになったため、ギュムナージウム（リュツェーウムと実科学校も）は高位聖職者修道院が分担して経営することになり、一七八一年八月修道院のあいだの調整機関として学校総監理府と呼ばれる組織が作られた。これに合わせて政府の側には選帝侯直属の枢密学校管理局が設置され、上級領邦統治府議長モラヴィッキ、マルタ騎士団バイエルン支部設立の功労者ヘフェリーン、再審院顧問官カール・アルブレヒト・フォン・ヴァキーリー（一七四六〜一八〇七）が管理官に任命された。一一月には初等学校もこの枢密学校管理局の所管とされたが、実際の管理は宗教顧問会議が行なうことになり、宗教顧問会議内に再び学校監理部が作られた。学校監理部には宗教顧問会議の議長、副議長、長官のほかに、学校統括者の地位を失ったブラウンが入り、さらに学校顧問官としてダンツァーと枢密学校管理局秘書官のルートヴィヒ・フローンホーファー（一七四六〜一八〇〇）（模範学校、実科学校の元教師）が加わった(6)。

一七八二年には宮廷長官のザインスハイム（大学管理委員会委員長）とクライトマイアー（同副委員長）が枢密学校管理局の管理官に就任し、翌一七八三年には枢密学校管理局は大学管理委員会と同化して、インゴルシュタット大学をも傘下に収めた。これによって、学校総監理府（中等学校）や宗教顧問会議内の学校監理部（初等学校）をあいだに挟んだ形ではあるものの、枢密学校管理局が大学を含むすべての学校を統括することになった。その一方で、一七八三年には上級領邦統治府議長モラヴィツキが枢密学校管理局管理官の兼任を解かれ、上級領邦統治府は学校行政にかかわらなくなった(7)。

(2)　聖職者優位への復帰と啓明団事件の後遺症

マルタ騎士団バイエルン支部を開設する上で重要な役割を果たしたヘフェリーンはローマ教皇の許容する範囲での活動が宗教顧問会議の本来の在り方であると考えていた。このため、支部設置にかかわる一方で、ローマに報告書を送って宗教顧問会議を聖職者優位の状態に戻すことを画策していた。一七八二年四月教皇ピオ六世がウィーン訪問から戻る途中ミュンヘンに立ち寄って、カール・テーオドーアと会見した。教皇はその際カール・テーオドーアに宗教顧問会議を一七六八年以前の状態に戻すよう求め、カール・テーオドーアも改組を約束した。宗教顧問会議の長官アイゼンライヒはこの動きに抵抗したが、改組を阻めなかった(8)。

一七八三年四月カール・テーオドーアが返礼のローマ訪問に出かける直前に前年の教皇との約束どおり宗教顧

問会議の改組が行なわれた。これまでの宗教顧問会議の幹部は他のポストに異動ということになり、議長のシュプレーティはノイブルク公領の長官に、副議長のザインスハイムは上級領邦統治府の副議長に任命され、長官のアイゼンライヒは枢密顧問官に昇格して、宮廷財務局の法務部長となった。その上で宗教顧問会議の組織は一七六八年以前の状態に戻された。(9)

宗教顧問会議議長には聖母教会共同祭式団の主席ヨーゼフ・フォン・シュパウアー伯爵（一七〇五～一七九三）が就任し、副議長にはヘフェリーン（一七八五年に聖母教会共同祭式団副主席）、聖職者の長官には聖ペテロ教会参事会長兼主任司祭フランツ・パウラ・フォン・クンプ（　?　～一八一〇）（一七七五年から宗教顧問官）が任命された。また、聖職者席と俗人席の区分も復活し、聖職者席はブラウン、コルマン、ケネディーなどの古くからの顧問官に新たにゲーアホー・シュタイゲンベルガー（一七四一～一七八七）（ポリング修道院参事会員兼宮廷司書）を加えた六人、俗人席は以前からの顧問官に新たにマクシミーリアーン・フォン・マイアーホーフェン（一七五七～一八一九）（宮廷顧問官）を加えた三人という布陣になった。俗人と聖職者の比率は議長、副議長、長官を含めて三対九ということになる。(10)

新しく宗教顧問会議の議長となったシュパウアーはすでに七九歳の高齢になっており、副議長のヘフェリーンがこの官庁を実質的に取り仕切ることになった。ヘフェリーンは宗教顧問会議副議長と同時に枢密協議会において宗教問題を担当する次官にも就任し、その立場を確かなものにした。このあとヘフェリーンはカール・テーオドーアの意向に沿ってローマ教皇庁と協調しながら、周囲の司教の勢力を弱める政策を推進した。ヘフェリーンが最初に力を入れたのは、すでにケルンに駐在しているような、司教に対する監督権をもつ教皇使節をミュンヘンに設置させることであった。一七八四年教皇ピオ六世はこの計画に同意を与え、一七八六年に教皇使節がミュンヘンに着任した。この問題は神聖ローマ帝国の大司教や司教の強い反発を引き起こしたが、教皇使節はミュンヘンに居座った[11]。

続いて、ヘフェリーンは「ミュンヘン司教」を設ける計画を進めた。一七八八年にフライジング司教が死亡したのを機に、バイエルン政府は新司教と交渉して、ミュンヘンの宮廷礼拝堂首席司祭が司教の権限を行使することを認めさせ、一七八九年には教皇の承認を得た。こうしてバイエルン選帝侯が実質的な任命権を持ち、ザルツブルク大司教管区からもフライジング司教区からも独立した教皇直属の「ミュンヘン司教」(宮廷礼拝堂首席司祭)が誕生した。ただし、「ミュンヘン司教」は宮廷内でしか権限を行使できなかった。この計画を推進してきたヘフェリーンは自らが首席司祭に任命されることを疑わなかったが、一七八五年に秘密結社「啓明団」への関与が明らかになったことと問題のある私生活を送っていたことが障害となって、ヘフェリーンの登用は見送られ、暫定措置として八五歳の宗教顧問会議議長シュパウアーが首席司祭に任命された[12]。

こうした宗教政策を推進する傍ら、ヘフェリーンは宗教顧問会議を俸給の出る官庁に切り替える措置もとった。すでに一七八三年九月には聖職録のない聖職者の宗教顧問官には宗教顧問会議が管理している教会の財産から俸給が出るようになっていたが、一七八八年になるとすべての宗教顧問官に教会の財産から俸給が支払われることになった。それと同時に現任者が退任したあと宗教顧問官の数は一二人(議長と長官のほかに、聖職者の顧問官五人、俗人の顧問官五人)に限定されることになったが、人数制限の方は守られなかった[13]。

このように一七八一年のマルタ騎士団バイエルン支部設立以来ヘフェリーンは個人的な野心を絡ませながらカール・テーオドーアの宗教政策の推進者として力を振るっていたが、一七八〇年代後半になるとその立場は次第に危うくなった。ヘフェリーンの足元を掘り崩したのは一七八五年に起きた啓明団事件である[14]。インゴルシュタット大学法学部教授アーダム・ヴァイスハウプト(一七四八〜一八三〇)によって結成された秘密結社の存在が明るみに出たこの事件はバイエルンの政界に大きな衝撃を与え、啓明団に加わっていた多くの官僚が辞任に追い込まれた。ヘフェリーンも啓明団にかかわっていたが、その影響はすぐには現われなかった。しかし、この事件以後、カール・テーオドーアの聴罪師で、元イエズス会士のペーター・フランク（一七二二～一七九五）が影響力を増大させて、ヘフェリーンと勢力争いを行なうようになり、一七八八年には宗教顧問会議にもフランクの協力者が入り込んだ。一七八九年にフランス革命が始まると、カール・テーオドーアは改めて啓明団に対する警戒心を強め、ヘフェリーンの立場は急速に悪化した。[15]

ヘフェリーンの影響力の衰退は一七九〇年に宮廷礼拝堂首席司祭に就任できなかったことによって表面化し、翌一七九一年に宗教顧問会議議長兼宮廷礼拝堂首席司祭シュパウアーが退任した後の人事によって決定的となった。シュパウアーに代わって品行方正のみが取り柄のミュンヘン・テアティノ修道参事会主席カエターン・マリーア・フォン・ライザッハ（一七三五～一八〇五）が首席司祭の後釜に据えられ、さらに宗教顧問会議の議長に任命された。宗教顧問会議議長の交代と同時にヘフェリーンは枢密協議会における宗教問題担当次官の地位を失い、フランクの協力者となっていたリッペルト（当時は領邦統治府顧問官）が後任となった。ヘフェリーンはその後も宗教顧問会議副議長の地位を保持したが、発言力はなくなり、宗教顧問会議は親イエズス会のリッペルトとライザッハの勢力下に入った。[16]

このような形で宗教顧問会議の幹部が入れ替わったあとも、カール・テーオドーアの宗教政策に大きな変化はなかった。カール・テーオドーアはその後もローマ教皇と連携しながら、周囲の司教やバイエルン領内の高位聖職者修道院を押さえ込む政策を続けた。治世末期の一七九八年にはカール・テーオドーアはローマ教皇の許可を得て、バイエルン領内の高位聖職者修道院から一五〇〇万グルデンもの資金を供出させようとして、高位聖職者修道院もその一角を占めるバイエルンの身分制議会の代行機関、領邦議会委員会と睨み合いの状態になるまでこの政策を亢進させている。[17]

こうした宗教顧問会議における勢力図の変化は学校管理体制にどのような影響を与えたのであろうか。一七八三年に行なわれた宗教顧問会議の聖職者優位への復帰は学校管理体制には直接影響を与えなかった。しかし、一七八五年に起きた啓明団事件の影響は学校行政にも及んだ。一七八四年から枢密学校管理局の管理官を兼ねていた上級領邦統治府の副議長ザインスハイムはこの事件の余波で一七八七年にバイエルンの官職を辞し、ツヴァイブリュッケンに去った。枢密学校管理局のもとで初等学校を担当していた宗教顧問会議内の学校監理部も啓明団事件に巻き込まれた。学校行政の中心にいたブラウンが一七八四年一月に病気で宗教顧問会議を辞めたあと、態勢を立て直すため、九月にいずれも元ギュムナージウム教師で聖職者のヨーゼフ・ゾーハー（一七五五〜一八三四）（後にインゴルシュタット大学哲学部教授）、アントーン・フォン・ブーハー（一七四八〜一八一七）、ローレンツ・ヴェステンリーダー（一七四八〜一八二九）の三人が学校顧問官として新たに学校監理部に加えられた。ところが、ゾーハー、ブーハー、さらにフローンホーファーが啓明団に属していたことが明らかになり、一七八五年九月に解任されてしまったのである。このため、学校の問題は今後宗教顧問会議全体で取り扱われることになり、専門の学校管理部門は消滅してしまった。学校顧問官として残っていたダンツァーとヴェステンリーダーは一七八六年になって宗教顧問官に任命された(18)。

一七九一年のヘフェリーンの没落も学校管理体制に影響を及ぼした。枢密協議会における宗教問題担当次官の地位を失ったヘフェリーンは翌一七九二年二月に枢密学校管理局からも退いた。このあと枢密学校管理局は、一七九〇年に枢密顧問会議の官房長クライトマイアーが死亡したあとその職務を引き継いだフリードリヒ・フォン・ヘルトリング（一七二九〜一八〇六）、宗教問題担当次官リッペルト、付属領土担当次官カール・テーオドーア・フォン・ベットシャルト伯爵（一七五四〜一八二〇）、宮廷顧問官ヨハン・バプティスト・フォン・ヴァキーリーの四人によって構成されることになり、リッペルトを中心に啓明団の関係者を大学やギュムナージウムから排除する作業が進められた[19]。

人員の入れ替わった枢密学校管理局は初等学校に対しても影響力を強めようとして一七九二年一〇月に宗教顧問会議内に再び枢密学校管理局から指揮を受ける学校監理部を設けることを命じたが、宗教顧問会議側の抵抗によってこの試みは失敗に終わった。カール・テーオドーアの末年には宗教顧問会議内で顧問官に個別の仕事が割り振られ、ヴェステンリーダーとヨーゼフ・グレーゴル・エングル（宮廷顧問官、一七八六年から宗教顧問官）が学校担当となったが、この時にも宗教顧問会議が全体で問題にかかわる態勢は維持された[20]。こうした組織改編の動きとは別に、一七九〇年代に入ると革命に対する警戒心から初等学校では宗教教育を重視する方向への転換が行なわれた。一七九〇年には宗教顧問会議によって初等学校では伝統的な教育科目であるキリスト教、読み、書き、計算のみを教える方針が示され、さらに一七九五年にはミュンヘンにおいては就学義務の徹底、地方においては教理教育（祝日に行なわれる子どもに対するキリスト教教育）の強化をめざす命令が出された[21]。一七九〇年代には学校行政は一七七〇年から始まる学校改革以前の時代に先祖返りしたような状況になっていたのである。

最後に宗教顧問会議の行く末を記しておこう。一七九九年二月にカール・テーオドーアは死亡し、親類のマックス・ヨーゼフ（一七九九〜一八二五）がバイエルンの新しい支配者になった。これによって状況は一変した。マックス・ヨーゼフはマクシミーリアーン・フォン・モンジュラ男爵（一七五九〜一八三八）を起用して内政改革に着手し、バイエルンの近代国家への転換を図った。

宗教顧問会議については、一七九九年四月に差し当たり一七六八年の俗人優位の態勢を復活させて存続させることが決定され、大幅な人員の変更が行なわれた。議長のライザッハと聖職者長官のクンプは解任されて、ツヴァイブリュッケンから戻ったザインスハイムが議長に就任し、俗人長官には財務顧問官のヨハン・エヴァンゲリスト・キトライバー、聖職者長官にはこれまでの副長官フランツ・イグナーツ・シュトレーバー（一七五八〜

一八四二）（一七八三年から聖母教会共同祭式団参事会員、一七九二年から宗教顧問官）が任命された。また、俗人の顧問官五人、聖職者の顧問官六人が発令されて、俗人の顧問官はいずれも専任となった。新しい宗教顧問官の中には啓明団事件で失職したヴォルフガング・ベルミラー（一七四三〜一八一四）（在俗聖職者）なども含まれていた。[22]

学校管理体制も変更された。枢密学校管理局は一七九九年四月に廃止され、管理官のリッペルトは解任された。これ以後大学は代替わりのあと新設された精神問題省の大臣と次官を構成員とする大学管理局の管理下に入った。一方、ギュムナージウムなどの中等学校は宗教顧問会議の担当とされ、宗教顧問会議の中に初等学校と中等学校を管理するための学校分科会が設けられた。学校分科会には宗教顧問会議の議長と聖俗両長官のほかにヴェステンリーダーとフランツ・クサーヴァー・プレントナー（一七七三〜 ？ ）（一七九九年に宗教顧問官）が入り、さらに学校問題にのみかかわる学校顧問官としてヨハン・ミヒャエール・シュタイナー（一七四六〜一八〇八）（元イエズス会士、元ギュムナージウム教員）と啓明団事件で排除されたフローンホーファーが加わった。[23]

しかし、内部に聖職者を含む宗教顧問会議に対するモンジュラ政権中枢部の不信感は強く、一八〇二年一〇月宗教顧問会議の解散が決定された。それまで宗教顧問会議が担当していた業務のうち教会に対する君主の権利主張は領邦総監理府（一七九九年四月に設置された新しい内務官庁）の第一分科会、教会警察は領邦総監理府の第二分科会に移され、教会財産の管理については独自の管理局が設置された。宗教顧問会議議長ザインスハイムなどが移籍したこの官庁が宗教顧問会議の後継機関と見做されている。初等学校と中等学校の管理についても学校総監理府と呼ばれる独自の役所が設けられた。一八〇二年以降のモンジュラ政府の学校改革はこの役所が推進することになる。[24]

（1） Bauer, Geistlicher Rat. S. 126 ff.

（2） Ebenda, S. 129-133, 135, 142. カール・テーオドーアの領土交換計画についてはSpindler u. Kraus, a. a. O., Bd. 2, S. 1214-1220.

（3） Bauer, Geistlicher Rat, S. 145-150; Müller, R. A., a. a. O., Teil 1, S. 67 f.; Müller, W., Universität, S. 157, 169 f., 173; Spindler u. Kraus, a. a. O., Bd. 2, S. 1275 f.; Gigl, a. a. O., S. 423 ff.

（4） Bock, a. a. O., S. 39, 41, 47, Bauer, Geistlicher Rat, S. 167; Buchinger, a. a. O., S. 50; Gigl, a. a. O., S. 443. 一七七八年八月八日の学校条令の第二条に述べられているギュムナージウムの存在する都市に設置される模範学校というのは将来構想か。なお、ブラウンと対立していたシュテープは、初等学校の管理権が宮廷顧問会議に移って学校監理部が消滅したあと、故郷のウィーンに戻った（一七七九年）。Bauer, Geistlicher Rat, S. 59 Anm. 23.

（5） Ebenda, S. 167 f.; Buchinger, S. a. a. O., 52 f., 55 f.; Gigl, a. a. O., S. 443 f.

（6） Müller, R. A., a. a. O., Teil 1, S. 68 f., Teil 2, S. 428 f.; Bauer, Geistlicher Rat, S. 168 f.; Buchinger, a. a. O., S. 55 f.; Müller, W., Universität, S. 190, 206; Gigl, a. a. O., S. 444 f., 446, 456.

（7） Müller, W., Universität, S. 190, 206; Gigl, a. a. O., S. 157 Anm. 10, 446.

（8） Bauer, Geistlicher Rat, S. 152-158; Spindler u. Kraus, a. a. O., Bd. 2, S. 1276 f.

（9） Bauer, Geistlicher Rat, S. 158 f.; Gigl, a. a. O., S. 422, 429 f.

（10） Bauer, Geistlicher Rat, S. 159 f.; Gigl, a. a. O., S. 435 f.

（11） Bauer, Geistlicher Rat, S. 163, 164 ff., 185-191; Spindler u. Kraus, a. a. O., Bd. 2, S. 1277 f.; Gigl, a. a. O., S. 169 f., 425-428.

（12） Bauer, Geistlicher Rat, S. 197-202, 228; Spindler u. Kraus, a. a. O., Bd. 2, S. 1281.

（13） Bauer, Geistlicher Rat, S. 173 ff.

（14） 啓明団についてはDülmen, Richard van, Der Geheimbund der Illuminaten. Darstellung, Analyse, Dokumentation, Stuttgart-Bad Cannstatt 1975; Spindler u. Kraus, a. a. O., Bd. 2, S. 1189-1197. ヘフェリーンが啓明団の団員（団員名フィロー・ビブリクス）であったことについてはDülmen, a. a. O., S. 56, 74.

（15） Bauer, Geistlicher Rat, S. 223, 224 f., 226; Spindler u. Kraus, a. a. O., Bd. 2, S. 1195, 1225. 一七九〇年になると、警戒心を強めたカール・テーオドーアはすべての官吏と聖職者に秘密結社に属していないという宣誓を要求し始めた。

（16） Bauer, Geistlicher Rat, S. 229 f.; Gigl, a. a. O., S. 127, 170 f., 198 ff.

（17） Bauer, Geistlicher Rat, S. 272 ff.; Spindler u. Kraus, a. a. O., Bd. 2, S. 1281 ff.

(18) Bauer, Geistlicher Rat, S. 100 Anm 33, 169 ff., 222; Müller, W., Universität, S. 295.
(19) Bauer, Geistlicher Rat, S. 256; Müller, R. A., a. a. O., Teil 1, S. 82; Mueller, W., Universität, S. 286 ff.; Gigl, a. a. O., S. 447.
(20) Bauer, Geistlicher Rat, S. 242 ff., 257.
(21) Bregulla, Claudia, Die Entwicklung des Volksschulwesens im Landkreis Landsberg am Lech bis zum Ende des 19. Jahrhunderts im Zusammenhang mit der bayerischen Schulgeschichte, Frankfurt am Main 1995, S. 281-284; Liedtke, a. a. O., Bd. 1, S. 651.
(22) Bauer, Geistlicher Rat, S. 281, 283 f.
(23) Ebenda, S. 285; Müller, R. A., a. a. O., Teil 1, S. 91, 101; Müller, W., Universität, S. 336.
(24) Bauer, Geistlicher Rat, S. 286 f., 289 f.; Müller, W., Universität, S. 337.

終わりに

一八世紀後半になってドイツ各地で啓蒙主義的な教育改革が行なわれる中で、バイエルンにおいても一七七〇年にブラウンによる初等学校の改革が始まった。これまで見てきたように、この初等学校の改革は一七六八年にそれまでの聖職者優位の宗教顧問会議が俗人優位の官庁に改組され、教会に対する政府の統制を強化する方向へ宗教政策が転換されたことと関連して行なわれたものである。学校改革を始めるにあたってブラウンは学校委員に就任し、学校を管轄していた宗教顧問会議の中に初めて専任の学校担当部署が登場した。

その後、学校担当部署は宗教顧問会議内外での勢力争いや宗教政策の変更、さらには突然の政治的事件の影響を受けて転変を繰り返した。その概要をここで再度述べる必要はあるまい。転変の果てに、一七八五年には専任の学校担当部署は消滅して、宗教顧問会議が全体として初等学校の監督にあたる古い体制が復活し、一七九一年には宗教顧問会議の指導部が入れ替わって、反啓蒙主義の色合いが強まった。こうして、一七九〇年代には学校改革は中断状態になった。

もっとも、これによって一七七〇年以来の学校改革の成果がすべて取り消されたというわけではない。一七七〇年以前には存在しなかった学校金庫、地方の学校管理機構、初等教員の資格認定試験、模範学校による初等教員の養成などは生き残り、モンジュラ政権下の教育改革に足場を提供した。一七七〇年の学校改革の始まりとともに生まれた学校担当部署が周囲の政治状況によってこれほど頻繁に変わっていなければ、学校改革はもっと多くの成果を上げたのではないかとも考えられるが、学校政策や学校担当部門の改変が政治の動きと絡まっていた以上、それは実際にはありえない展開と言わざるをえないであろう。

第5章 教会vs国家——学校管理権は誰のものか

はじめに

ヨーロッパでは、長いあいだ、学校は宗教施設であった。中世には学校の役割は主としてキリスト教の聖職者の後継世代を育成することにあった。近世に入って、この役割に一般の青少年に対するキリスト教教育、道徳教育という仕事が付け加わったが、学校がキリスト教会の付属施設という点は変わらなかった。

こうした宗教施設としての学校の管理権は、当然のことながら、中世にはキリスト教会に属していた。しかし、近世に入ると、宗教改革によるキリスト教世界の分裂に便乗して、学校に介入し始める国家が現れた。このため、学校に関する教会と国家の権限をどのように調整するべきかという問題が発生した。その後、学校に対する国家の監督は強化され、一八世紀から一九世紀への転換期に近代国家が登場すると、学校管理における国家の優位は動かないものとなった。それにともなって、少なくとも国家の側からは、学校はもはや宗教施設とは見做されなくなった。

南ドイツのバイエルンにおいても、一六世紀の後半に領邦政府が学校条令を制定して、学校への梃入れに乗り出した。やがて、学校の管理をめぐるカトリック教会と領邦国家の立場は逆転し、一九世紀初めの内政改革の時代にはバイエルンでも国家が学校を管理する権限を掌握するようになった。バイエルンにおけるこの学校管理権の教会から国家への移行はどのような経過を辿ったのであろうか。その概略を示すことがこの章の課題である。それによって、一九世紀初めの内政改革時代に実現された国家の優位に直接繋がる転換がどの時点で生じたのか、内政改革時代の学校改革の淵源がどこにあるのかをも明らかにすることができるであろう。

この章では Georg Lurz[(1)] の中等学校に関する史料集に収録されている学校条令、Alfons Bock[(2)] が刊行したハインリヒ・ブラウンの学校条令、Kommission für bayerische Landesgeschichte[(3)] の史料集に収録されている学校関係の法令を中心に議論を組み立てた。近世バイエルンにおける学校をめぐる国家と教会の関係については Rudolf Hindringer[(4)] の研究、また一八世紀から第二次世界大戦後までのあいだに学校に関する国家と教会と父兄の権利がどのように変化したのかについては Stefan Täschner[(5)] の研究があるので、これらの著書も参考にした。

（1） Lurz, Georg, Mittelschulgeschichtliche Dokumente Altbayerns, einschließlich Regensburgs, Bd. 1, Berlin 1907, Bd. 2, Berlin 1908.

（2） Braun, Heinrich, Plan der neuen Schuleinrichtung in Baiern 1770, hrsg. von Alfons Bock, München 1916 及び Bock, Alfons, Hrsg, Die Bayerische Schulordnungen vom Jahre 1774 und 1778, München 1916.

（3） Dokumente zur Geschichte von Staat und Gesellschaft in Bayern, hrsg. von der Kommission für bayerische Landesgeschichte, Abteilung III（以下 Dokumente と略記）, Bd. 8, München 1983.

（4） Hindringer, Rudolf, Das kirchliche Schulrecht in Altbayern von Albrecht V. bis zum Erlasse der bayerischen Verfassungsurkunde 1550-1818, Paderborn 1916.

（5） Täschner, Stefan, Schule in Bayern im Spannungsverhältnis von Staat, Eltern und Kirche. Eine verfassungsgeschichtliche Untersuchung von der Aufklärung bis zur Bayerischen Verfassung vom 2. Dezember 1946, Frankfurt am Main 1997.

1 宗教施設としての学校

(1) カトリック教会の立場

ヨーロッパでは学校は中世以来キリスト教会の付属施設であった。学校の多くは修道院、司教座、教区などの教会内の組織によって設立されたものであり、その教育内容も教会の監督を受けていた。一五一七年にマルティーン・ルターによる宗教改革が始まると、ヨーロッパのキリスト世界は宗教改革を支持するプロテスタント教会と旧来の信仰を守ろうとするカトリック教会に分裂した。その中で、学校はそれぞれの宗派の考えを次世代の信者に伝える手段として改めて重要な役割を与えられるようになった。

宗教改革が始まってからしばらくのあいだ、カトリック教会は守勢に立たされていたが、ようやく一五四五年から一五六三年にかけて北イタリアのトリエントで公会議を開き、態勢を立て直した。トリエント公会議の終了を受けて、カトリック教会にとどまっていたヨーロッパの各地で地方的な宗教会議が開かれた。バイエルンが属していたザルツブルク大司教管区においても、一五六九年三月にザルツブルク大司教の呼びかけでザルツブルクに管区内の聖職者が集まり、宗教会議が開かれた。ここでトリエント公会議の決議を管区内で実行に移すための決定が作成され、一五七二年にはローマ教皇グレゴリウス一三世（一五七二～一五八五）もこの決定を承認して、管区内の司教にその遵守を促した。[1] この一五六九年のザルツブルク宗教会議の決定の中にも、学校に関する規定が含まれていた（決定第五九号「学校とその指導者について」など）。これらの規定はトリエント公会議以後のカトリック教会の学校についての考えを示した重要な記録の一つで、次のような内容になっていた。

「我々の管区のすべての都市と村に、それぞれ地域の必要に応じて、青少年をキリスト教共同体のために教育する公的な学校が存在しなければならない」。一方、青少年に異端（プロテスタントの教義のこと）の害毒を吹き込むもぐりの学校は禁止される（決定第五九号第一章）。事前に司教の役所によって信仰と教養を審査され、信仰告白を行なった者以外は教師として認めるべきではない（第四章）。異端の疑いのある大学あるいは学校で学んだ者は三年間カトリックとして生活していることを証明した場合にしか教師として認めるべきではない（第五章）。学校で異端の著作を読んではならない（第六章）。宗教的に問題があり、改善が期待できない生徒は学校から遠ざけなければならない。少なくとも祝日には生徒は教理問答の授業を受けなければならない（第七章）。生徒にあまり厳しい罰を与えてはならない（第八章）。教師には適切な報酬を支払わなければならない（第九章）[2]。

これらの規則が守られて、学校に宗教上問題のない、能力のある教師が配置され、生徒に学習と倫理の向上が見られるように配慮し、とりわけプロテスタントの影響が及ばないように監督するのは、司教座付属学校長、助祭長、地区長、修道院長の役目であった。これらの教会の役職者はそれぞれ所管の学校に対して定期的に視察を行なうことになっていた（決定二三号第五章など）[3]。

学校に関するこれらの規定は主にラテン語学校を念頭に置いたものであったが、ドイツ語学校もまったく無視されていたわけではなかった。ドイツ語学校についても、一五六九年のザルツブルク宗教会議の決定には、風紀を保つために男女の生徒を分けることや、教育内容として、敬虔な態度、カトリックの教義、ドイツ語の読み書き、良き倫理を教えること求める規定が盛り込まれていた（決定第五九号第一一章）[4]。一六世紀初めまでは学校と言えばラテン語学校であったが、一六世紀半ば以降ドイツ語学校の数が増えていたことがこうしたドイツ語学校への言及の背景にあった[5]。

カトリック教会がプロテスタントの挑戦を受けて改めて学校に強い関心を示したのは、この一五六九年のザルツブルク宗教会議の決定にも見られるように、青少年からプロテスタントの影響を遠ざけて、カトリックの宗教教育を施し、カトリック信仰を守るためであった。また、それと並んで、特にラテン語学校は、引き続き、将来カトリックの聖職者となる青少年を育てる役割をも果たしていた。学校はその意味でカトリック教会の苗床であった。(6) 学校のこれらの機能はいずれもカトリック教会の死活にかかわるものであり、このためカトリック教会は学校が教会の一部であるという考えを近世に入っても引き続き堅持することになったのである。(7)

その後、長らく、学校が教会の付属施設であるというカトリック教会の主張に正面から異論が唱えられることはなかった。神聖ローマ帝国内の宗教紛争が引き金となって始まった三〇年戦争（一六一八〜一六四八）を終結に導いた一六四八年のウェストファリア講和条約においても、学校はカトリック、プロテスタント両宗派の宗教施設の一つとして認められていた（第五条第二五項、第三一項）(8)。

このウェストファリア講和条約は一九世紀に至るまでカトリック、プロテスタント両教会が学校に対する監督権を主張する場合の法的根拠として持ち出されることになった。一八六七年にバイエルンの大司教と司教が公表した覚書にも、ウェストファリア講和条約は「学校が宗派の付属物であると宣言している」という文言が見られる。(9)

(2) 国家によるカトリック教会の防衛

しかし、その一方で、宗教改革にともなう混乱の中で、バイエルンにおいても学校を国家の監督のもとに置こうという動きが現れた。すでに一五五三年には、イン河畔のミュールドルフにおいて開かれたザルツブルク大司教管区の司教とオーストリア、バイエルンの両政府の代表者の会議で、バイエルン政府の代表者がバイエルン公領内の学校の管理権は領邦政府にあるという考えを表明していた。その後、ザルツブルク宗教会議が行なわれたのと同じ一五六九年の六月にミュンヘンでおよそ一五〇人の住民がプロテスタントの嫌疑で告発され、調査のために一〇人の俗人と六人の聖職者からなる委員会（一五七〇年に発足する「宗教顧問会議」の前身）が設置されるという騒ぎが起こった。これをきっかけにバイエルン政府はこの年の九月三〇日に最初の学校条令を制定することになった(10)。

バイエルン政府は学校条令を定める理由を次のように説明していた。バイエルン公爵の地位は「神に命令された官職」であり、「真実の、唯一祝福を与えるカトリックの宗教」が維持されるよう努めなければばない。そのためには、学校を純粋に保ち、青少年がプロテスタントの影響に惑わされないようにする必要がある。そこで、学校ではカトリックの信者ではない、宗教的に疑わしい人物を教師として採用してはならないこと、カトリックの印刷所で作られた本以外は利用してはならないことを命令した。しかし、それだけでは不十分なので、学校条令によって教師に対してさらに指示を与えるというのである(11)。

学校条令の第一条では、教師に対して、朝夕の授業の初めと終りにどのようなお祈りをどのように唱えるべきか、どのような聖歌を歌うべきか、また生徒に日常のさまざまな場面でどのようなお祈りを唱えることを教えるべきかが指示されていた。さらに、教理問答をどのように取り扱うべきか（第二条）、生徒による聖歌隊の活動をどのように行なうべきか（第三条）、生徒が聖体拝領を受けるように主任司祭にどのように協力すべきか（第四条）、生徒にどのようなしつけを行なうべきか（第五条）、学校で具体的にどのような本を読んではいけないのか、どのような本を読んでも良いのか（第六条）、学級をどのように分けるべきか（第七条）、ルター派の地域から引っ越してきた子どもをどのように扱うべきか（第一〇条）といった点についても非常に細かい指示が出されていた(12)。

この学校条令においても学校というのは主としてラテン語学校であったが、「ほとんど読み書きと計算しか」問題にならないドイツ語学校の教師もラテン語学校の教師と同じようにこれらの指示を守らなければならなかった

（第八条）[13]。

このような学校条令を制定すると同時に、バイエルン政府は新しく任命する教師をすべてバイエルン領内に四つ設けられていた会計局管轄地区と呼ばれる中級の地方行政区の中心都市に出頭させ、信仰の正しさについて検査を受けさせるように命令を出した[14]。続いて一五七〇年一月にはバイエルン領内のカトリック教会を監督する中央官庁として宗教顧問会議が設置された。一五七三年一〇月に宗教顧問会議は改組されて、俗人の議長、四人の俗人の顧問官、五人の聖職者の顧問官からなる官庁となり、それと同時に権限が拡大されて、この官庁が学校問題をも取り扱うことになった[15]。

このようにバイエルン政府は一五七〇年前後にカトリック教会や学校に対する干渉を強めたが、その後は次第に柔軟姿勢に転じた。もともとバイエルン政府がカトリック教会を監督しようとした動機は教会の権限の侵害というよりは、カトリック信仰の防護ということにあった。時のバイエルン公爵アルブレヒト五世（一五五〇～一五七九）はバイエルンをドイツにおけるカトリックの砦とすることをめざしており、自らの政治権力によってカトリック教会を守ろうとしたのである[16]。

学校についても、青少年にカトリックの宗教教育を施す機関として機能させなければならないと考える点では、バイエルン政府とカトリック教会のあいだに違いはなかった。学校の監督や教師の採用にどちらが主要な責任を負うかについては対応が分かれていたが、この問題に関しても一五八六年にバイエルン政府が譲歩し、カトリック教会の末端組織の責任者である主任司祭が領邦の下級の行政区である保護裁判区を預かる保護官とともに新たに採用される教師の宗教的審査を行なうことを認めた。こうして領邦政府がカトリック教会と協調して共同で学校を管理する道が開かれた[17]。

学校を、カトリック信仰を守るための宗教施設と見る立場をカトリック教会と共有し、教会の活動を支援するために学校に干渉するというバイエルン政府の姿勢はその後一七世紀半ばまで変化しなかった。しかし、三〇年戦争をへたあと、バイエルン政府は学校に新たな役割を割り当てるようになった。それを示しているのが、一六五九年九月にバイエルン政府によって制定された新しい学校条令である。

この一六五九年の学校条令でも、バイエルン政府は、一五八六年に決定したのと同じように、主任司祭と世俗当局による審査を受けた者しか教師として採用してはならない（第一八条）、採用される教師は主任司祭の前でカトリックの信仰告白を行わなければならない（第二〇条）という形で、カトリック教会が学校の管理にかかわることを認めていた[18]。

(3) 宗教教育と道徳教育による規律化

また、引き続き宗教教育を重視する点でも、バイエルン政府の対応は変わらなかった。一六五九年の学校条令はこの点について次のように命じていた。教師は何よりもまず生徒に「キリスト教的な規律、実直さ、神への畏れ」を教えなければならない。教師にはその職務にふさわしい報酬を払わなければならない（第一条）。教師は日曜日には生徒を教理教育（聖職者による青少年のためのキリスト教教育）に連れてゆかなければならない（第三条）。教師は毎週生徒に教理問答の一節、お祈り、有益な文章などを暗唱させなければならない（第五条）。教師は常に主任司祭に宗教教育の方法を問い合わせなければならない（第一六条）[19]。

しかし、一六五九年の学校条令には、一五六九年の学校条令とは異なった面も見られた。一六五九年の学校条令では、プロテスタントの侵入に対する切迫感が弱まったためか、プロテスタントにかかわりのある人間や印刷物の排除を求める直接的な表現はなくなっていた。その代わりに、バイエルン政府が学校に期待した新たな役割に対応して、道徳教育に関する規定が非常に細かくなっていた。道徳教育の重視は、学校条令が対象とする主な学校がラテン語学校からより広い階層の子どもを受け入れるドイツ語学校に変わったこととも関連していたものと思われる。

一六五九年の新しい学校条令は道徳教育に関して教師に次のようなことを求めていた。教師は自ら生徒に道徳的な生活の模範を示さなければならない（第二条）。教師は祝日などに生徒が街頭で騒ぐのをやめさせなければならない（第五条）。教師は生徒に「誠実、実直、遠慮、柔和、従順、謙虚など」の美徳を教え、悪徳をやめさせなければならない（第六条）。教師は男生徒と女生徒の不必要な接触を禁止しなければならない（第七条）。教師は規律条令を月に一度生徒に読み聞かせて、正しい生活態度を教えなければならない（第一七条）[20]。

規律条令というのは学校条令と抱き合わせで制定された子どもの日常的な行動を規制するための条令である。規律条令には子どもが朝起きてから夜寝るまでのあいだにとるべき行動が一二箇条にわたって細かく定められていた。例えば、子どもは朝起きるとすぐに十字を切り、神と聖母マリアと守護天使と聖人にお祈りを唱え、顔と口と手をきれいに洗い、親に挨拶をしなければならなかった。また、日曜日や祝日には教会に出かけて、ミサを聴かなければならず、祭壇のあいだを走り回ったり、あちこち眺めたり、お喋りしたりしてはならなかった[21]。

このほかに一六五九年の学校条令には一五六九年の学校条令には見られない学校運営や教育方法に関する条項も幾つか含まれていた。一六五九年の学校条令では授業時間は少なくとも午前七時から一〇時まで、午後一時から四時までと定められており、一日の授業の初めと終わりにはお祈りを唱えなければならなかった（第一一条）。生徒は学校では決まった席に座らなければならず、学校に食べ物を持参してはならず、登下校時には規律を保たなければならなかった（第一二条、第一五条）[22]。教師はほかの仕事をせず、生徒の世話をすること、文字、読み書き、計算をうまく教え、授業についてよく問い質すこと、歪んだ文字を使わず、手本を正しく書くことなどを求められた（第一三条）[23]。

もっとも、規定の詳しさから考えれば、生徒に読み書きや計算を教えることは二の次で、宗教教育と道徳教育を行なうこと、より正確には宗教教育と道徳教育によって生徒に日常生活を送る上での規律を身につけさせることが、一六五九年の学校条令の主要な関心事であったと言うことができよう。(24) 一六五九年の学校条令は若干の手直しをへただけで一六八二年と一七三八年に再公布された。

このように一七世紀半ばを過ぎると、バイエルン政府が学校に求める中心的な役割はカトリック信仰の防護から宗教教育と道徳教育による生徒の規律化へと変化したが、その後も引き続き、学校は宗教教育と道徳教育の施設として位置づけられ、聖職者に学校での教育内容や教師の採用に関する発言権が保証されていたので、カトリック教会とのあいだで大きな摩擦は生じなかった。

（1） Lurz, a. a. O., Bd. 2, S. 55; Hindringer, a. a. O., S. 8; Täschner, a.a. O., S. 19 f.
（2） Hindringer, a. a. O., S. 9 f.; Täschner, a. a. O., S. 23 f.; Lurz, a. a. O., Bd. 1, Berlin 1907, S 59.
（3） Hindringer, a. a. O., S. 16, 17, 18.
（4） Ebenda, S. 10, 11 f.; Liedtke, Max, Hrsg., Handbuch der Geschichte des bayerischen Bildungswesens, Bd. 1, Bad Heilbrunn 1991, S. 363.
（5） Ebenda, S. 353 f., 363 f. Vgl. Hindringer, S. 10 f. ただし、一八世紀後半までラテン語学校かドイツ語学校か区分できない学校も多かった。Lurz, a. a. O., Bd. 1, S. 80; Liedtke, a. a. O., Bd. 1, S. 365, 367, 369.
（6） Täschner, a. a. O., S. 23.
（7） Ebenda, S. 24 f.; Hindringer, a. a. O., S. 15.
（8） Buschmann, Arno, Hrsg., Kaiser und Reich. Klassische Texte und Dokumente zur Verfassungsgeschichte des Heiligen Römischen Reiches Deutscher Nation vom Beginn des 12. Jahrhunderts bis zum Jahre 1806, München 1984, S. 317, 323; Hindringer, a. a. O., S. 3 f.; Täschner, a. a. O., S. 21.

(9) Hindringer, a. a. O., S. 4; Täschner, a. a. O., S. 22.

(10) Lurz, a. a. O., Bd. 1, S. 61, 240, 242, Bd. 2, 27 f.; Hindringer, a. a. O., S. 37, 38, 46 f.; Liedtke, a. a. O., Bd.1, S. 362; Brandmüller, Walter, Hrsg., Handbuch der bayerischen Kirchengeschichte, Bd. 2, St. Ottilien 1993, S. 42; Täschner, a. a. O., S. 28.

(11) Lurz, a. a. O., Bd. 2, S. 29 f.; Liedtke, a. a. O., Bd. 1, S. 361; Täschner, a. a. O., S. 27, 29.

(12) Lurz, a. a. O., Bd. 2, S. 30-41; Täschner, a. a. O., S. 27.

(13) Lurz, a. a. O., Bd. 2, S. 40 f. ただし、一六一六年の領邦警察条令の制定時までバイエルン政府は農村のドイツ語学校を念頭に置いていなかった。Ebenda, S. 12 f., 13 f., 22 f.

(14) Lurz, a. a. O., Bd. 1, S. 97; Liedtke, a. a. O., Bd. 1, S. 363. 四つの会計局管轄地区はそれぞれミュンヘン、ブルクハウゼン、ランツフート、シュトラウビングを中心地としていた。ミュンヘン以外の三都市には政庁と会計局（財政担当）という二つの中級官庁が置かれていたが、ミュンヘン周辺の会計局管轄地区には中級官庁はなく、領邦政府が直接この地区を管理していた。

(15) Lurz, a. a. O., Bd. 2, S. 67 f.; Liedtke, a. a. O., Bd. 1, S. 362; Brandmüller, a. a. O., Bd. 2, S. 42 f.; Täschner, a. a. O., S. 30. その後、一五八四年に宗教顧問会議は聖職者の顧問官が議長を務める聖職者優位の官庁に変更された。なお、宗教顧問会議には一八世紀後半まで固有の下部組織はなく、中級の地方行政区である会計局管轄地区の財政の責任者（会計局長）から学校の状況について報告を受けていた。Lurz, a. a. O., Bd. 2, S. 75 f.; Liedtke, a. a. O., Bd. 1, S. 363.

(16) Hindringer, a. a. O., S. 38 ff.; Täschner, a. a. O., S. 29.

(17) Lurz, a. a. O., Bd. 1, S. 97 f., Bd. 2, S. 86; Liedtke, a. a. O., Bd. 1, S. 363; Täschner, a. a. O., S. 30.

(18) Lurz, a. a. O., Bd. 2, S. 161.

(19) Ebenda, S. 154, 155, 156, 160; Liedtke, a. a. O., Bd. 1, S. 368.

(20) Lurz, a. a. O., Bd. 2, S. 154 f., 156, 157, 160; Liedtke, a. a. O., Bd. 1, S. 368.

(21) Lurz, a. a. O., Bd. 2 S. 163; Liedtke, a. a. O., Bd. 1, S. 368.

(22) Lurz, a. a. O., Bd. 2, S. 158, 160.

(23) Ebenda, S. 158 f.

(24) Vgl. Hindringer, S. 48 f.; Liedtke, a. a. O., Bd. 1, S. 367, 368.

2 国家による学校管理へ

(1) 啓蒙主義の影響

一八世紀に入るとヨーロッパでは啓蒙主義の勢力が強くなり、これまでの国家と教会の関係や学校のあり方に批判の目が向けられるようになった。バイエルンでは一七四五年にマックス三世ヨーゼフ（一七四五～一七七七）が父親の跡を継いで領邦君主となったのを契機に、啓蒙主義が政治に影響を及ぼすことになった。マックス三世ヨーゼフは即位以前に啓蒙主義者クリスティアン・ヴォルフの弟子の法学者ヨハン・アーダム・フォン・イックシュタット男爵（一七〇二～一七七六）から教育を受けており、即位の翌年にはイックシュタットをインゴルシュタット大学の監督官兼法学部教授に任命して、大学改革を始めた。イックシュタットは新しい教授を迎えるなどして大学における啓蒙主義の勢力拡大を図った。[1]

一七五〇年代後半になると、カトリック教会への規制強化が始まった。七年戦争（一七五六～一七六三）への参戦によって領邦政府の財政が逼迫し、免税特権をもつ教会の財産に対する課税が政治的な問題となる中で、一七六一年に宗教問題を担当する宗教顧問会議の長官（議長代理、議長が最高責任者）にペーター・フォン・オースターヴァルト（一七一八～一七七八）が任命された。オースターヴァルトはフライジング司教領の官僚であったが、バイエルンの啓蒙主義者と交流を深めて、司教との関係が悪化したため、バイエルンに鞍替えし、宗教顧問会議に迎えられたのである。[2]

一七六八年になると、マックス三世ヨーゼフは宗教顧問会議の改組に踏み切り、宗教顧問会議の議長を兼務することになった外交担当大臣ヨハン・ヨーゼフ・フォン・バウムガルテン伯爵(一七一三〜一七七二)のもとで長官のオースターヴァルトが宗教顧問会議を実質的に切り回すことになった。オースターヴァルトはバイエルン領内の聖職録の所有をバイエルン臣民に限定する命令(一七六八年)や修道院をバイエルン領外の修道院管区から切り離すことを求める命令(一七六九年)など多数の法令を次々に制定して、バイエルン領内のカトリック教会の組織を領邦政府の管理のもとに組み込もうとした。オースターヴァルトは教会の権利や権限を純粋に宗教的なものと世俗的なものに区分し、教会の世俗的な権利や権限に対しては国家が統制を行わなければならないと考えていたのである。(3)

このオースターヴァルトの区分に従えば、学校も純粋な宗教の問題ではなく、国家が最終的な責任を負うべき世俗的な領域に属する事柄であった。オースターヴァルトは、学校に関して、神から委ねられた臣民の知性をますます啓蒙し、神と自分自身と他人に対する義務を果たせるように役に立つ人間にすること、それと同時に地上で許される限り幸福にすることは、君主の最も崇高な義務であり、それを実現するために最も適した手段は学術の振興と近代的な教育内容を取り入れた学校制度である、と述べている。(4)

こうしたオースターヴァルトの考えに沿って、バイエルン政府による学校への介入の先頭に立ったのがハインリヒ・ブラウン(一七三二〜一七九二)であった。ブラウンは元ベネディクト派の修道士で、フライジングのリュツェーウムの教師やテーガンゼー修道院の司書を務めながらドイツ語・ドイツ文学に関する研究と著述活動を行なっていた。一七六五年にブラウンはオースターヴァルトの仲介でミュンヘンに招かれ、バイエルン学術協会のドイツ語・詩学・修辞学教授に就任した。ドイツ語改革運動との関連で学校教育にも関心を持っていたブラウンはやがて学校改革についての提言も行なうようになった。一七六八年にブラウンはミュンヘンの聖母教会共同祭式団の参事会員に任命されて宗教顧問会議に加わり、一七七〇年には学校行政の担当者に就任して、学校改革にとりかかった[5]。

すでに一七六八年の講演で、ブラウンは「良き教育は、常に、最も偉大で、最も有名な政治家たちによって私的家族ばかりでなく、国家と共同体にとっても福利の基礎であると見做されてきた」、最初教育は親の仕事であったが、「しかし、すべての親が将来の世界市民を育てる手腕をもっているわけでも、その技術を理解しているわけでもないので、賢明にも一般的な学校と公的な教師が配置された」と教育と学校の重要性を強調していた。しかし、「青少年がドイツ語の話し方、書き方、計算方法を学ぶためにのみドイツ語学校が設立された」と見做すのは誤りで、我々はそこで美徳やキリスト教の教育を行なわなければならない、「我々は事前に理性的な人間、良きキリスト教徒になったあとに、ようやく誠実な市民、また役に立つ学識者になる」と正しい道徳教育、正しい宗教教育の必要性を指摘している。一方で、ブラウンは道徳と宗教の教育を行なえば十分と考えていたわけではなく、「市民としての市民に不可欠なもの」、「市民が自分自身と仲間の市民と国家にとって役に立つ」ために最も必要なものとして、母国語の読み書きと計算の教育があるとも述べている[6]。

このように、ブラウンは、初等教育を、理性的な人間を作るための美徳の教育、良きキリスト教徒を作るための宗教の教育、十分な読み書き能力と計算能力を備えた国家や社会の役に立つ市民を作るためのドイツ語と算数の教育の三つの要素からなるものと考え、これらの三つの教育に新しい手法を導入しようとしていたのである。

(2) 一七七〇年の学校条令

一七七〇年に学校行政の責任者となったブラウンは学校教育を改革するため直ちに「バイエルンにおける新しい学校制度の計画」と題する新しい学校条令を作成し、九月三日にこの学校条令を公布した。この一七七〇年の学校条令は(.i)学校教育(具体的には初等教育。この学校条令では初等学校を「ドイツ語学校あるいは三学科学校」と表記)

におけるドイツ語の読み書きと計算の授業の重要性を高め、新しい教育方法を導入した点、(ii)教師の資格認定を国家の官庁の権限とし、教員養成のための施設を用意した点で、これまでの学校条令とは大きく異なっていた。

(i)まず、第一の点について見てみよう。これまでの学校条令は宗教教育や道徳教育については非常に詳細な規定を設けていたが、読み書きや計算の教育には手短にしか触れていなかった。これに対して、一七七〇年の学校条令では学校教育においてこれから採用すべき読み書きと計算の新しい教育方法の説明に多くの部分が割かれていた。

一七七〇年の学校条令によれば、「良い学校制度において主として〔……〕問題なのは、Ⅰ．良い教科書、Ⅱ．良い有能な教師、Ⅲ．良い教育方法である」。新しい良い教育方法では、生徒を六つの学級(習熟度学級)に分けて、それぞれの学級に学ぶべき対象を割り当てなければならない。具体的には、第一学級では文字の学習、第二学級では読み方の学習、文法の入門、書き方の入門、第三学級では書き方と習字の規則の学習、第四学級では文法の体系的な学習、第五学級では計算の学習、第六学級では手紙の書き方の入門を行なうべきである。キリスト教教育はすべての学級をつうじて行なわれる(第一節)。それぞれの学級では対象に応じた専用の教科書を利用しなければならない(第二節)。これまでのような間違いの多い教科書を使用してはならないので、宗教顧問会議が教科書の検査を行なう(第四節)[7]。

(ii)第二の点については次のようになっていた。新しく採用される教師に関しては、一七六五年五月二二日の命令でバイエルン学術協会が試験を行なうことにしたが、これを改めて、これからは宗教顧問会議が試験を行なう。「今後は、事前に当地で我が宗教顧問会議において〔……〕試験を受け、この非常に重要な官職の役に立つと判断され、確認されたものでない教師は、我が選帝侯領の何処であろうと採用され、受け入れられてはならない」(第五節)。新しく採用される教師、あるいはすでに採用されている教師が新しい教育方法を理解できるように二冊の本を指定する(第六節)。また、新しい教育方法を実例で学べるように、ミュンヘンの聖母教会付属学校を模範学校(有能な教師による実際の授業を見学させて教師の能力を向上させるための初等学校)とし、この学校で準備した者を優遇する(第七節)。指定されている二冊の本はいずれもブラウンが著わしたもので、一冊は『教師のための授業』と題する新しい教育方法と教師の資質についての解説書、もう一つはドイツ語の正書法の手引であった。(8)

そのほかに一七七〇年の学校条令は次のようなことを定めていた。学校条令の規定が守られるように、地方の官僚と学校担当者は毎年四回宗教顧問会議に学校の状況を報告しなければならない(第九節)。「公的な学校教師という官職は国家における最も重要な官職の一つ」であり、「善良な役に立つ国家公民の教育は大部分がそれにかかっている」ので、教師にはそれにふさわしい尊敬と支援が与えられなければならない(第一〇節、第一一節)。公的な学校教師の収入にも、学校制度にも損害を与えているので、もぐりの学校は禁止する。特に農村では冬の時期に親は子どもを公的な学校にやることに努めなければならない(第一二節)。(9)

このように一七七〇年の学校条令では、以前の学校条令に比べると、格段に宗教色が薄まっていた。教師の資格は宗教顧問会議が新しい教育方法による授業の能力と資質を審査して認定することになっており、もはや教師の採用に対する主任司祭の関与は認められておらず、カトリックの信仰告白も採用条件として明示されてはいなかった。ただし、一七七〇年の学校条令によって宗教教育と道徳教育が行なわれなくなったわけではない。この学校条令で指定された解説書『教師のための授業』の中には啓蒙主義的色合いの宗教教育と道徳教育の方法が示されていた。

この『教師のための授業』は四章に分かれており、第一章は新しい教育方法の特徴、第二章は教師の資質、第三章は読み、書き、計算の教育方法、第四章は宗教教育と道徳教育の方法となっていた。第一章では、これまでの教育方法には暗記偏重などの欠陥があり、長く学校にいても、必要なことを学べなかったとして、新しい教育方法の特徴が述べられている。新しい教育方法では、言葉ではなく事実を記憶させる。生徒の思考力を養う。生徒に原因を教える。生徒を真の原因に導くため質問を繰り返す。生徒に教えていることの目的や利点を明らかにする（第二節）。生徒に正しい規則を教える。体系的・統一的に教える（第三節）[10]。

第三章では、こうした点を踏まえて、読み、書き、計算の授業を実際にどのように行なうかを解説している。新しい教育方法では特に文字の習得に力が注がれる（綴字学習法）。第一学級の生徒は全員文字の一覧表（この学級の教科書）をもち、教師は前方の高いところに立って、黒板に文字を書いて、生徒に文字の発音を教え、生徒全員に一緒に発音させる。そのあとで個々の生徒に文字の発音を尋ねたり、その答えが正しいか他の生徒に尋ねたりする。このような形で同じ学級の生徒に同じことを一斉に教えるというのは、これまでにないやり方であった。このような一斉授業はもっと上級の読み書きや計算の学級でも続けられた[11]。

続いて第四章では宗教教育と道徳教育の方法が説かれていた。子どもにキリスト教の教育を行なうことは主に聖職者の役目であるが、親と教師もそれを手伝わなければならない。教師は生徒に単に教理問答や福音書を暗記させるだけではいけない。生徒が知性を働かせて教理問答や福音書を理解できるようにしなければならない。そのためには生徒に絶えず、多様な質問を投げかけなければならない[12]。

一方、道徳教育は教師の仕事である。教師はまず生徒に規律を教えなければならない。その場合、忠告や警告を優先すべきで、体罰は最終的な手段である。また、教師は生徒の誠実な心や知性を育まなければならない。さらに、教師は生徒に勤労意欲を植えつけなければならない。それには仕事を快適にする、勤労の利益を理解させる、自ら実例を示すなどの方法をとらなければならない。親はしばしば投遣りであったり、自ら実例を示す資格をもっていなかったりするので、実例を示して生徒に上品で礼儀正しい生活態度を身につけさせることは教師の役目である。[13]

このように解説書『教師のための授業』まで含めると、バイエルン政府がなお教師に宗教教育や道徳教育を求めていたことが明瞭になるが、その解説書においても、読み書きの新しい教育方法を教師に学ばせることに、宗教教育や道徳教育以上の力点が置かれていたことには注目してよいであろう。なお、模範学校による教師の能力向上や、教室での一斉授業、生徒への質問の多用といった新しい教育方法は、シュレージエンのザーガン修道院の院長ヨハン・イグナーツ・フェルビガー（一七二四～一七八八）が広めたもので、ブラウンの独創的考えというわけではなかった。[14]

(3)　一七七〇年以後の動向

一七七〇年の学校条令に対してはバイエルンの各地で抵抗が起こった。新しい教科書の採用は進まず（とりわけ読み方の教科書に指定された新しい教理問答への反対が強かった）、宗教顧問会議による試験や模範学校における研修を受けるためにミュンヘンに現れる教師の候補者も少なかった。このためマックス三世ヨーゼフは翌一七七一年二月五日に命令を出して、一七七〇年の学校条令の遵守を指示した。[15]

この一七七一年二月五日の命令では、次のような形で、初めて明示的にすべての親に子どもを就学させることが義務づけられた。「すべての親は、誰であろうと（官職と地位から自らの家庭教師を抱えることのできる身分ある者のみを除いて）、その子どもを例外なく公的学校にやらなければならないことを、私〔マックス三世ヨーゼフ〕はここに厳しく命令する」。[16]また、この一七七一年二月五日の命令には、読み書き、計算を忘れないように、学校を修了して職業に就いた子どもを毎週一度学校に通わせることを求める規定も盛り込まれていた。[17]

しかし、こうした努力にもかかわらず学校改革は進展せず、さらに宗教顧問会議内での勢力争いも重なって、ブラウンは一七七二年一二月に学校行政担当を辞任した。[18] 翌一七七三年七月二一日、長年カトリック世界の中高等教育を担ってきたイエズス会がローマ教皇クレメンス一四世（一七六九〜一七七四）の命令で解散された。バイエルンでもこれまでギュムナージウムの経営を全面的にイエズス会に委ねてきたので、今後中等学校をどのように運営するかが大きな問題となった。これを受けて一七七四年にはイックシュタット、ブラウンらが中等学校を含めて学校制度全体をどのようにすべきかについての提案を行なった。[19]

これらの提案は検討委員会にかけられ、委員会で支持を得たブラウンの提案を基に、一七七四年一〇月八日に宗教顧問会議によって主に中等学校の取り扱いに関する新しい学校条令が制定された。この学校条令では学校制度の体系化と並んで、学校管理体制の整備も試みられた。宗教顧問会議の中に学校問題を担当する専門の部署として学校監理部が作られ、ギュムナージウムが存在する七つの都市（ミュンヘン、ブルクハウゼン、ランツベルク、ミンデルハイム、ランツフート、シュトラウビング、アンベルク）には学校監理部の下部組織として地域学校委員会が設けられた。学校監理部は毎年ギュムナージウム、実科学校、初等学校の視察を行なうことになっていた。[20]

一方、学校制度については、初等学校（この学校条令では「三学科学校」と表記）とギュムナージウムのほかに、新たに初等学校より高度な内容の実科学校（当初二年制）を設けること、初等学校と実科学校を修了していない生徒はギュムナージウムの初級に入学できないものとし、学校の段階区分を明確化すること、三種類のすべての学校で「キリスト教と道徳、言語、歴史的学問、哲学的学問」の四つの対象を教えるが、上級の学校ではより高度で、広い範囲の授業を行なうことが定められた。しかし、これによって初等学校の授業の取り扱いが変わったわけではなく、初等学校については引き続き一七七〇年九月三日の学校条令が適用されるものとされた（第五四項）。[21]

この一七七四年の学校条令によって学校管理体制が新しくなったが、ブラウンは学校監理部における主導権を握れず、再び学校行政から遠ざかった。しかし、一七七六年にイックシュタットが死亡すると、政治的な勢力配置が変化して、学校監理部は次第に力を失い、一七七七年四月にはブラウンが学校監理部からギュムナージウムの管理権を奪いとることになった。同じ年の一二月にマックス三世ヨーゼフは子どもを残さずに死亡し、遠縁のカール・テーオドーア（一七七七～一七九九）がバイエルンの新しい君主となった。ブラウンはカール・テーオドーアのもとでさらに勢力を拡大し、一七七八年五月にはギュムナージウムの存在する都市のすべての学校の管理権を手に入れるとともに、その他の地域の学校の管理権を学校監理部から宮廷顧問会議（法務・内務官庁）内の内務分科会に移すことに成功した。これを受けて、ブラウンは一七七八年八月八日に実科学校（あるいは「基幹学校」とも表記）と初等学校（この学校条令では「普通都市・農村学校あるいは三学科学校」と表記）に関する新しい学校条令を制定した[22]。

この一七七八年の学校条令では、一七七〇年九月三日の学校条令、一七七一年二月五日の命令、一七七四年一〇月八日の学校条令にもかかわらず、学校改革がなお実現されていないとして（第二〇節）、これらの法令の内容を繰り返すとともに、新たに次のようなことを命令している。ブラウンが直接担当しているギュムナージウムの存在する都市以外では、各地の行政当局が「内政の問題」として学校を管理する（第一九節など）。各地の行政当局は、教育に関心を持つ人物を、学校を訪問してその様子を調べる「監視員」に任命する（第三四節）。教師の養成を容易にするため、ミュンヘンのほかに、中級の地方行政官庁である政庁が設置されている都市（ブルクハウゼン、ランツフート、シュトラウビング、アンベルク）にも模範学校を開設する（第二三節）。また、教師の試験を政庁所在都市の地域学校委員会においても行なう（第二四節[23]）。

そのほかに、この学校条令では、一七七〇年の学校条令には規定のなかった学校と聖職者の関係についても触れている。カトリックに関する無知を根絶するため、聖職者は教理教育に出席しない子どもを調べて、子どもとその親を当局に通報する。教理教育で教えたことを学校で繰り返せるように、聖職者は教師に教理問答の方法を教える。農村では少なくとも一週間に一度、都市では二週間に一度、聖職者は学校で教える。教理問答の方法は宗教教育以外でも有効なので、教師は聖職者からその方法の他の分野への応用を教わる（第三二節）。また、聖職者を上記の「監視員」に任命することも認められていた（第三四節）[24]。

一七七〇年の学校条令によって教師の試験や採用に聖職者が関与することは認められなくなったが、聖職者がそれぞれの地域において学校に影響を及ぼしている状況を変えることは困難であった。また、ブラウンも読み書き、計算の教育を重視してはいたが、宗教教育や道徳教育を蔑ろにする意図はもともともっていなかった。このため、この一七七八年の学校条令には、各地の学校における宗教教育に聖職者がかかわることや、聖職者が地域のレヴェルで学校管理に関与することを認める規定が、改めて盛り込まれることになったのである。

一七七九年八月になるとカール・テーオドーアは統一的行政を行なうために宮廷顧問会議と宮廷財務局の権限を削って上級領邦統治府という新しい官庁を作り、この官庁の内部に学校問題を取り扱う分科会を設置した。ブラウンはこの分科会のもとで実質的な学校問題の統括責任者の地位を保っていたが、一七八一年にはギュムナージウムを管理する地位を失った。その後ブラウンは初等学校を管理するために宗教顧問会議内に再建された学校監理部に戻ったが、一七八四年初めに病気のため退職した[25]。

ブラウンが学校行政から離れたあと、一七八五年には啓蒙主義の秘密結社「啓明団」の存在が明るみに出る事件が起こり、その余波で学校監理部が消滅して、宗教顧問会議本体が初等学校を管理する古い体制が復活した。さらに、一七八九年にフランス革命が起こると、改めてカール・テーオドーアの啓明団に対する警戒心が強まり、学校行政も反啓蒙主義的色彩を強めた[26]。こうして学校改革は一時中断状態となった。しかし、それでもなお、一七七〇年の学校条令によって始まった学校改革の中で、学校を国家が管理する施設に転換しようという強い意志が示されたことは間違いのないところであり、その意味では一七七〇年を一七九九年以降の内政改革時代の学校改革に繋がる転換の年と見ることができるのである。

（1） Kreh, Fritz, Leben und Werk des Reichsfreiherrn Johann Adam von Ickstatt（1702-1776）. Ein Beitrag zur Staatsrechtslehre der Aufklärungszeit, Paderborn 1974, S. 73 f., 89 ff. 95 f.; Liedtke, a. a. O., Bd. 1, S. 638, 658.

（2） Bauer, Richard, Der kurfürstliche geistliche Rat und die bayerische Kirchenpolitik 1768-1802, München 1971, S. 19 f., 22 f.; Spindler, Max und Andreas Kraus, Hrsg., Handbuch der bayerischen Geschichte, Bd. 2, 2. Aufl., München 1988, S. 1270; Müller, Winfried, Die Aufhebung des Jesuitenordens in Bayern. Vorgeschichte, Durchführung, Administrative Bewältigung, in: Zeitschrift für bayerische Landesgeschichte, Bd. 48, 1985, S. 303.

（3） Bauer, a. a. O., S. 45-50, 55 f., 58 f., 63, 76-80; Spindler u. Kraus, a. a. O.,Bd. 2, S. 1271 f.; Müller, a. a. O., S. 303 f.; Brandmüller, a. a. O., Bd. 2, S. 313 f., 317; Heim, Manfred, Kurbayerische Bildungspolitik im Zeitalter der Aufklärung. Heinrich Brauns „Entwurf einer systematischen Lehrart in der katholischen Theologie für die theologischen Studien in Bayern“ von 1777, in: Ackermann, Konrad u. a., Hrsg. Bayern vom Stamm zum Staat. Festschrift für Andreas Kraus zum 80. Geburtstag. Bd. 2, München 2002, S. 110 ff.

（4） Bauer, a. a. O., S. 104; Liedtke, a. a. O., Bd. 1, S. 657 f.; Täschner, a. a. O., S. 38.

（5） Braun, a. a. O., S. 5 f.; Liedtke, a. a. O., Bd. 1, S. 641, 659, 701 f.; Täschner, a. a. O., S. 36; Heim, a. a. O., S. 114 f.; Gigl, Caroline, Die Zentralbehörden Kurfürst Karl Theodors in München 1778-1799, München 1999, S. 431, Anm. 28.

（6） Keck, Christian, Das Bildungs- und Akkulturationsprogramm des bayerischen Aufklärers Heinrich Braun, München 1998, S. 488, 490, 491, 492 ff., 494 ff., 497 ff.; Hüttner, Dieter, Von der Normalschule zum Lehrerseminar. Die Entstehung der seminaristischen Lehrerbildung in Bayern（1770-1825）, München 1982, S. 59 ff. Liedtke, a. a. O., Bd. 1, S. 659 f., 702; Täschner, a. a. O., S. 37.

(7) Braun, a. a. O., S. 9, 10, 11; Liedtke, a. a. O., Bd. 1, S. 660, 702 f.
(8) Braun, a. a. O., S. 11 f., 12; Hüttner, a. a. O., S. 63 f.; Liedtke, a. a. O., Bd. 1, S. 661.
(9) Braun, a. a. O., S. 13, 14.
(10) Ebenda, S. 16 f.
(11) Ebenda, S. 24 f., 31, 40, 41.
(12) Ebenda, S. 45, 47.
(13) Ebenda, S. 44, 48 ff., 50, 51 f., 52 f.
(14) Liedtke, a. a. O., Bd. 1, S. 661. ブラウンがどのような著述家の影響を受けたのかについてはケックの研究（Keck, a. a. O）がある。
(15) Braun, a. a. O., S. 7; Liedtke, a. a. O., Bd. 1, S. 646, 661.
(16) Ebenda, S. 662; Täschner, a. a. O., S. 39 f.
(17) Liedtke, a. a. O., Bd. 1, S. 646.
(18) Bauer, a. a. O., S. 105 f.; Braun, a. a. O., S. 7.
(19) Kreh, a. a. O., S. 121 ff.; Liedtke, a. a. O., Bd. 1, S. 646, 692 f., 694, 696.
(20) Bock, a. a. O., S. 7, 9, 11; Buchinger, Hubert, Die Geschichte der bayerischen Realschule, Teil 1, Passau 1983, S. 38 ff.; Liedtke, a. a. O., Bd. 1, S. 647.
(21) Bock, a. a. O., S. 19; Liedtke, a. a. O., Bd. 1, S. 646, 696. バイエルンではこの一七七四年の学校条令によって初めて初等学校と中等学校の明確な段階区分が行なわれるようになり、また初めて実科学校が制度化されることになった。実科学校はこのあとギュムナージウムの併設校として運営された。
(22) Bauer, a. a. O., S. 111 f., 167; Buchinger, a. a. O., S. 44 ff.; Gigl, a. a. O., S. 442 f.
(23) Bock, a. a. O., S. 39, 40, 41, 47; Hüttner, a. a. O., S. 67, 70.
(24) Bock, a. a. O., S. 46, 47.
(25) Bauer, a. a. O., S. 168 f.; Buchinger, a. a. O., S. 52 f., 55 f.; Liedtke, a. a.O., S. 641 f.; Gigl, a. a. O., S. 444.
(26) Liedtke, a. a. O., S. 651. 一七九五年一月三日に出された命令では、ミュンヘンについては就学義務児童の年齢を七歳から一四歳までと明記する、すべての都市・市場町に地域学校委員会（政府の役人、主任司祭、二人の自治体代表）を設ける、教理教育と学校に勤勉に通ったことを示す主任司祭の証明書を、結婚、手工業への弟子入り、不動産取得の許可と結びつけるなどの措置が取られている。Bregulla, Claudia, Die Entwicklung des Volksschulwesens im Landkreis Landsberg am Lech bis zum Ende des 19. Jahrhunderts im Zusammenhang mit der bayerischen Schulgeschichte, Frankfurt am Main 1995, S. 281, 283, 284. 就学強制の強化と宗教色の強まりがこの時期の特徴を表している。なお、この一七九五年の命令では初等学校の表記は「ドイツ語学校」となっていた。

3 「内務施設」としての学校

(1) モンジュラ時代の学校改革

一七九九年二月カール・テーオドーアが死亡し、遠縁のマックス・ヨーゼフ（一七九九〜一八二五）が跡を継いだ。マックス・ヨーゼフは側近のマクシミーリアーン・フォン・モンジュラ男爵（一七五九〜一八三八）を事実上の首班とする政府を形成し、内政改革に着手した。モンジュラの内政改革によってバイエルンはそれまでの領邦国家から近代国家へ転換した。

この内政改革にともなって、改めて抜本的な学校改革が行なわれることになった。一八〇二年一〇月には宗教と学校を一緒に管理していた宗教顧問会議が廃止され、新たに学校問題のみを担当する学校総監理府が設けられた。同じ年の一二月には罰則を用意して六歳から一二歳までのすべての子どもに就学が義務づけられた。また、一八〇三年八月には学校行政を担う下部組織の整備が始まり、一八〇四年五月には初等学校（この教育予定表では「基礎学校」と表記）の教育内容を規定する初等学校教育予定表が公表された(1)。

その後、曲折をへて一八〇八年九月には内務省の公教育部が中央における学校行政の担当部局となった。公教育部の設置に合わせて、学校を監督する地方機関も再編成された。各地の管区（中級の地方行政区。県に相当）を管理する中級官庁である管区派遣長官役所の中には専門的に学校を担当する管区学校顧問官、地方裁判区（下級の地方行政区。郡に相当）や大都市には数人の管轄区学校監察官が置かれ、さらにその下の初等学校のある教区には地域学校監察局が設けられた。管区学校顧問官は通常の官僚であったが、管轄区学校監察官には一般的に地区長などの地方の有力聖職者（教区が幾つか集まって地区を作り、その地区に含まれる教区の主任司祭の一人が地区長を兼ねた）が任命された。初等学校のある教区に設けられた地域学校監察局は、農村では教区の主任司祭と自治体の長、都市では政府の役人である内務派遣官（ミュンヘンなどでは内務監督官）、教区の主任司祭、市長が構成員となった。この一八〇八年の学校管理体制は、自治制度の変更に合わせて、一八二一年に若干の手直しを受けただけで、その後長く維持されることになった(2)。

また、一八〇九年六月には教員養成学校の改革が行なわれ、初めて国家が前面に出て全国的に統一された形で初等教員の養成が行なわれることになった。この改革によって今後バイエルンでは在学期間二年で、通常は寄宿舎と付属の模範学校（模範的授業を見せるための初等学校）をもつ教員養成学校（授業料無料）が六校開校され、初等教員を育てることになった（一部は開校に至らず）。ただし、初等学校教員志望者に教員養成学校への入学が義務づけられるのは一八二三年になってからである(3)。

こうした学校改革を遂行中の一八〇四年九月にシュヴァーベンの領邦監理府（一八〇三年から一八〇八年まで設置されていた中級官庁）内の宗務局（プロテスタント教会を担当する部局）から政府に対して国家による学校管理に対する苦情が寄せられた。一八〇三年二月に帝国代表者会議主要決議（神聖ローマ帝国内の領土再編成に関する決定）によってバイエルンが新たに獲得したシュヴァーベンとフランケンの領土にはプロテスタントの住民が多く、内政改革以前にはカトリックの護持を国是としていたバイエルン国家による学校管理に対する不満が強かったのである。その苦情によれば、バイエルンの君主はウェストファリア講和条約と帝国代表者会議主要決議に基づいて教会と学校財産、宗教と学校の結びつきを承認したはずで、学校は宗教施設であるというのである。[4]

これに対して、バイエルン政府はモンジュラのもとで学校改革を取り仕切っていたゲオルク・フリードリヒ・フォン・ツェントナー（一七五二〜一八三五）の起草した君主の決定をシュヴァーベンとフランケンの領邦監理府に送り、学校管理についての自らの立場を明らかにした。それによれば、学校は「内務施設」であり、すべての命令は「国家の必要にしたがって」行なわれる。「私〔マックス・ヨーゼフ〕は学校を宗教的な機関と見做していないし、そのようなものとして取り扱わせてはいない」。したがって、カトリック教会が学校全体に影響を及ぼすことを認めてはいない。

また、学校が宗教施設であることはウェストファリア講和条約と帝国代表者会議主要決議によって保障されているという主張に対しては次のように反論する。学校が全面的に宗教の問題であるというのは誤りである。学校が宗教施設であるのは、学校財産と宗教教育に限ってのことにすぎない。それぞれの宗派の教師による宗教教育を認め、学校基金を目的以外に流用しなければ、ウェストファリア講和条約によっても、学校のその他の問題を国家の必要にしたがって処理する権限が君主から奪われることはない。[5]

このように、一七七〇年のブラウンの学校改革以後、学校に対する管理体制を強化していたバイエルン政府は、内政改革の時代には、学校を国家の「内務施設」と見做して、学校行政から教会の影響を排除し、宗教教育という限定的な領域に限って教会の関与を認めるという立場を確立するに至ったのである。ただし、学校行政から聖職者を全面的に締め出すことは難しく、すでに述べたように、モンジュラ政府は学校管理機構の下方に位置する管轄区学校監察官（地方裁判区や大都市を担当）と地域学校監察局（初等学校のある教区を担当）に聖職者を組み込む措置を取っていた。[6]

(2) 一八一八年憲法のもとで

一八一七年二月二日に実質的な首相として内政改革を推進してきたモンジュラが失脚し、バイエルンの内政改革時代は終わった。モンジュラが生み出した近代国家には極度に中央集権的なところがあり、バイエルンはこれ以後制度を手直しする局面に入った。手直し作業の一部として一八一七年六月五日にはバイエルン政府とローマ教皇庁のあいだで政教協定が結ばれた。これによってバイエルン政府はローマ教皇庁と折り合いをつけ、領土内に二つの大司教区と六つの司教区を設けて、カトリック教会の組織を国境の中に取り込むことになった。

この政教協定締結へ向けての交渉の中で、ローマ教皇庁は学校についての古くからの主張を持ち出し、学校に対する最終的な監督権は教会に与えられるべきである、教師はその職務に就く前にカトリックの信仰を告白しなければならないという要求を行なった。しかし、バイエルン政府は学校については十分な配慮がなされており、学校の管理は政教協定の対象ではないとしてこの要求を退けた(7)。

その後、ローマ教皇庁は対象を限定して「健全な教説と良き倫理」を守るために少なくともギュムナージウムとリュツェーウム(大学の最初の二年に相当する教育機関)を教会の監督のもとに置かなければならないと主張したが、バイエルン政府はこの要求も拒否した。その代わりに、バイエルン政府は「宗教教育と倫理に関する司教の監督はもともと司教の義務の内に含まれている」として、カトリック教会の倫理への関与をすべての学校に広げることを認める姿勢を示した。このバイエルン政府の提案を基に、政教協定第五条の「司教には信仰と倫理に関する教説を監視する義務があるので、司教は公的学校に関してもこの職務上の義務を果たすことを決して妨げられない」という文章が作られた(8)。

これによって、バイエルン政府は、教会の学校に対する関与を宗教教育と道徳教育に限定し、学校運営全体に対する教会の関与は認めないという立場をカトリック教会側に了承させたのである。カトリック教会はその後も学校は教会組織の一部であるという考えを放棄せず、学校管理機構の下方部分（管轄区学校監察官と地域学校監察局）に組み込まれている聖職者に対する司教の指揮権を認めるよう要求し続けたが、バイエルン政府は政教協定の第五条と学校管理機構内の職務を聖職者に委ねているのは国家であることを根拠にカトリック教会の要求に応じなかった[9]。

政教協定の締結からおよそ一年経った一八一八年五月二六日に同じくモンジュラ失脚後の手直し作業の一部としてバイエルンの新しい憲法が制定された。憲法自体には学校に関する規定は含まれていなかったが、憲法と同時に制定された憲法の第二付属法（宗教勅令）の付録という形で一八一七年の政教協定に憲法との関連が与えられた。それと同時に、これと釣り合いをとるように、やはり憲法と同時に制定されたプロテスタント勅令が憲法の第二付属法のもう一つの付録とされた。

このプロテスタント勅令においても、学校と国家の関係についてのバイエルン政府の立場は変わらなかった。プロテスタント系の学校における宗教の授業については領土内のプロテスタント教会の管理を担当する上級宗務局（内務省の中の一つの部局）と宗務局（上級宗務局の指揮を受ける、プロテスタント教会担当の中級官庁）の監督を認めたが、その他の授業の監督は通常の内政の対象として内務省と管区政庁（一八一七年以降の中級官庁。管区派遣長官役所の後身）の権限に属するという主張を譲らなかった（第一四節）[10]。

このように、内政改革時代に近代国家を形成したバイエルン政府は、学校は全体としては国家の管理下にあり、カトリックであれ、プロテスタントであれ、教会には宗教教育・道徳教育という限られた領域への関与しか認めないという立場をその後も崩さなかったのである。キリスト教会の学校への関与を宗教・道徳の問題に限定し、学校行政を担当する組織の下方部分に聖職者を取り込むという状況は一九一八年にバイエルン王国が崩壊するま

で続くことになる。(11)

（1） モンジュラ政府による初等学校の改革については第1章「初等学校改革と一般就学義務の現実化」で要点を述べた。なお、初等学校は一八〇四年の教育予定表では「基礎学校」(Elementarschule) と呼ばれていたが、一八〇八年には中等学校への経路を絶たれ、「民衆学校」(Volksschule) と呼ばれるようになった。Lurz, a. a. O., Bd. 2, S. 561 ff., 584 ff.; Dokumente, Bd. 8, S. 98.

（2） Dokumente, Bd. 8, S. 44, 46, 48, 51 f., 55 f. 管轄区学校監察官は地域学校監察局の上位機関であったが、管轄区学校監察官と地域学校監察局に所属する主任司祭が同一人物である可能性もあった。なお、一八二一年三月二二日の変更によって、地域学校監察局は、農村では、主任司祭、自治体の長、二人から三人の自治体委員会の委員、都市では、市長の一人、主任司祭、一人から四人の選挙による市参事会員によって構成されることになった。Ebenda, S. 56.

（3） Ebenda, S. 79 ff. 一八〇九年以降の教員養成学校についてはHüttner, Dieter, Von der Normalschule zum Lehrerseminar. Die Entstehung der seminaristischen Lehrerbildung in Bayern (1770-1825), München 1982, S. 211-295. 初等教員志望者の教員養成学校への入学の義務化についてはebenda, S. 348 ff.

（4） Täschner, a. a. O., S. 46.

（5） Ebenda, S. 46, 47, 48. ツェントナーは個人としても「教育は国家の問題であり、教会の問題ではない」という立場を取っていた。Dobmann, Franz, Georg Friedrich Freiherr von Zentner als bayerischer Staatsmann in den Jahren 1799-1821, Kallmünz 1962, S. 54.

（6） 学校管理機構から聖職者を排除できなかったのは、一九世紀初めには地域レヴェルで学校の管理を担当できる俗人の数が不足していたためでもある。初等教員を学校管理に流用するには、まだ初等教員の能力や社会的地位に問題があった。Täschner, a. a. O., S. 51 u. Anm. 181. なお、個々の学校の宗教色を薄めることは、学校行政の末端から聖職者を締め出すこと以上に難しく、特に農村部では初等学校は内政改革以後も「教区の学校」という性格を維持した。個々の初等学校の様子については第6章「集落レヴェルで見た近世の初等学校」で検討する。

（7） Hausberger, Karl, Staat und Kirche nach der Säkularisation. Zur bayerischen Konkordatspolitik im frühen 19. Jahrhundert, St. Ottilien 1983, S. 171, 177; Täschner, a. a. O., S. 59.

（8） Dokumente. Bd. 8, S. 383; Hausberger, a. a. O., S. 181, 323; Täschner, a. a. O., S. 59 f.

（9） Ebenda, S. 62.

（10） Dokumente, Bd. 8, S. 389; Täschner, a. a. O., S. 60.

（11） マックス・ヨーゼフの後継者ルートヴィヒ一世（一八二五〜一八四八）はカトリック教会の勢力拡大に好意的であったが、学校が国家の問題であるという立場からは離れなかった。Neukum, Josef, Schule und Politik. Politische Geschichte der bayerischen Volksschule 1818-1848, München 1969, S. 99. 一九世紀後半になると、政府が学校行政の末端から聖職者を遠ざけようとしたが、これも成功しなかった。Täschner, a. a. O., S. 110 ff.

終わりに

近世初めの宗教改革による混乱の中で、それまでキリスト教会が管理していた学校に対する国家の干渉が始まった。これによって生じた学校をめぐる教会と国家のせめぎ合いは、バイエルンにおいては一九世紀初めの内政改革の時代に新しい局面に入った。内政改革によって誕生した近代国家が学校の管理を単独で行なうようになったのである。これ以後も、教会の学校に対する影響が完全に否定されたわけではなかったし、学校の管理はどうあるべきかという争いが終息したわけでもなかったが、学校が国家の「内務施設」であるという状況はもはや動かないものになった。

このキリスト教の宗教施設から国家の「内務施設」へという学校の位置づけの変化の中で、大きな区切りとなったのが、バイエルンの場合には一七七〇年であった。この年にブラウンが新しい学校条令を制定し、教師の資格認定を国家の官庁の専管事項にするなど、国家による学校の管理が強化された。ブラウンらがめざした啓蒙主義的な学校改革が現実のものとなり、学校が完全に国家の施設となるには、一七九九年以降の内政改革の時代を待たなければならなかったが、すでに一七七〇年に理念の上では国家は学校をその領分に取り込み始めていたのである。

また、国家による学校管理の強化にともなって、初等学校においてそれまで宗教教育・道徳教育の傍らに押し遣られていたドイツ語の読み書きや計算の授業に中心的な地位が与えられるようになり、これらの科目を教えるための新しい教育方法も導入された。それまで不明瞭であった初等学校と中等学校の区分が明確化され、学校制度が体系化されたのもこの時期のことであった。学校をめぐる教会と国家の関係の変化は学校自体の変質にも結びついていたのである。この学校の内容の変化という点でも、一七七〇年の区切りは内政改革時代の学校改革へ向かう流れの出発点と言うことができる。

第6章 集落レヴェルで見た近世の初等学校

はじめに

明治時代の日本のように近代国家体制がヨーロッパから輸入されたところでは、初等学校は近代国家体制と結びついて登場する。このため、次世代の社会の構成員一般の教育にあたる初等学校は近代化の構成要素のように見える。しかし、ヨーロッパでは初等学校は近代国家とそのような形では結びついていなかった。初等学校はそれよりはるか以前に宗教改革と関連して姿を現した。

中世ヨーロッパには早くからラテン語を教える学校（ラテン語学校）があったが、これは聖職者の養成機関にすぎなかった。中世の終わりには商工業者の子弟に俗語（ラテン語との対比でヨーロッパ各地の言葉はこのように呼ばれた）の読み書きや計算を教える学校（ドイツの場合はドイツ語学校）が現われるが、これも文字や数字を取り扱う技術を伝授する施設にとどまった。しかし、宗教改革以降状況が変化した。カトリック教会もプロテスタント教会も学校をそれぞれの宗派の次世代の一般信者を育てる機関と見做すようになった。これによって学校は職業訓練機関や特定の技能を教授する施設の域を出て、学校教育の対象者は潜在的にはすべての子どもに広がった。ここに今日的な初等学校の出発点がある。近代国家は啓蒙主義を媒介としてこの初等学校と事後的に結びついたにすぎない。

宗教改革以後、カトリック教会もプロテスタント教会も学校に次世代の一般信者の育成機関という新しい意味を与えたが、両教会のあいだで学校に対する関心に幾分差があった。プロテスタントの教義はすべての信者が自ら聖書（ただし俗語訳聖書）を読むことを求めていたので、読み書きを教えること自体が次世代の人間に対する宗教教育の一部になり、プロテスタント教会は初等学校の設置に積極的な姿勢を示した。一方、カトリックにはそのような神学上の要請はなく、プロテスタントに対する対抗上、カトリック教会も子どもにカトリックの教義の要点を教えて宗派に取り込んでおく必要性を感じていたというにとどまる。ただし、ドイツのように、カトリックとプロテスタントの勢力が均衡し、しかも両宗派が混在して、隣接する地域のあいだで宗教上の対立が起こっていたところでは、そのような必要性は強く意識された。

もっとも、カトリック教会もプロテスタント教会も学校を子どもの信者の育成機関として重視するようになったとはいっても、両教会が計画的に初等学校の設置を進めるようになったわけではなかった。初等学校の設置を実際に担ったのは教会組織の末端に位置していた教区であった。初等学校をいつ、どのような形態で作るかは主任司祭の判断、教区住民の意向、教区の財政能力などに左右された。上位の教会組織は学校の設置を督励してはいたものの、自ら資金を出して教区ごとに学校を作る能力などもっていなかった。宗教改革以後特定の宗派との結びつきを強めた国家も教会の学校に対する関心を共有してはいたが、こちらには学校を作る財力はおろか、教区に匹敵するような住民把握能力をもつ末端組織すら存在しなかった。

こうして、近世の初等学校の設置は各地の教区によって地域の実情に応じて散発的に進められることになるのであるが、その進捗状況は場所によってさまざまであった。したがって、近世の初等学校の様子は地域ごとに見る以外にない。それでは、バイエルンにおいては一八世紀の終わりに近代国家体制への移行が行なわれる以前に初等学校の設置はどこまで進んでいたのであろうか。バイエルン南部の初等学校を例にこの点を検討することがこの章の目的である。初等学校の設置状況は場所によって異なっているので、この例を直ちにバイエルン全体に拡大できるわけではないが、趨勢を窺うことはできるであろう。バイエルン南部に広がるミュンヘン・フライジング大司教区内（ただし大司教区自体は一八一七年の政教協定によって成立）の初等学校に関しては教会側の学校関係資料を集めたHeinrich Heldの抜粋資料集[1]があるので、これを手がかりとした。

近世の初等学校設置は基本的には教区によって行なわれたが、都市については事情が異なっていた。都市には自治権があり、都市の自治機関も学校を開設する権限をもっていた。また、人口が集中し、商工業者も多かったので、都市には中世末以来の読み書きと計算の学校が経営として成り立つ基盤もあった。こうした都市の初等学校の様子については、ミュンヘン・フライジング大司教区内にあり、一時はミュンヘンと肩を並べる大都市でもあったランツフートの例を見ることにしたい。近世ランツフートの初等学校についてはWilhelm Eggert-Vockerodt[2]の論考があるので、これに拠った。

（1） Held, Heinrich, Hrsg., Altbayerische Volkserziehung und Volksschule, Bd. 2, Bd. 3, München 1926, 1928.

（2） Eggert-Vockerodt, Wilhelm, Das niedere Bildungswesen der Stadt Landshut im Wandel der Zeit, in: Verhandlungen des Historischen Vereins für Niederbayern, Bd. 131, Landshut 2005.

1　ランツフート

(1)　一六世紀以前の状況

まずランツフートを例に近世の都市の学校事情を見てみよう。ランツフートはミュンヘンから六〇キロメートルほどイーザル川を下ったところにある。一二〇四年にヴィッテルスバッハ家によって建設された都市で、近世初めまで同家の居城があった。しかし、一五〇三年にランツフートを本拠地にしていたヴッテルスバッハ家の支流は断絶し、ミュンヘン周辺を支配していた支流がバイエルンを統一した。その後ランツフートには中級の地方行政機関（政庁）が置かれた。

北東方向に流れるイーザル川の右岸の丘の上に城（トラウスニッツ城）が築かれ、城と川のあいだにランツフートの市街地が作られていた。市街地はイーザル川に沿って次第に北東方向に拡大した。イーザル川はこの都市の側で二股に分かれ（右側のイーザル川と左側の小イーザル川）、中之島を作っていたが、この島にも街並みが生まれた。城の下の市街地には聖マルティーン教区が置かれていた。一三六九年になると聖マルティーン教区の北東部分が切り離されて、聖ヨドーク（聖ヨプスト）教区が設けられた。一七三七年はゼーリゲンタール修道院（シトー派の女子修道院）に併合される形でイーザル川左岸に聖ニコラ教区が生まれた。ランツフートの人口は一五世紀にはおよそ九〇〇〇人、一七九四年に七二七四人、一八一一年から一二年には七八一四人であった（現在はおよそ六万人）(1)。

聖マルティーン教区にはラテン語を教える教区学校が設置されていたが、一三六九年に聖ヨドーク教区が聖マルティーン教区から切り離されたあと、新しい教区にもラテン語を教える教区学校が設けられた[2]。これらの学校は聖職者の養成を主な目的としていたため、やがてこれらの学校とは別に商工業者の子弟にドイツ語の読み書きを教える教師が現われた。これらの教師は私的な営業活動として授業を行なっていた。これらの教師の一部は各地を流れ歩く生活を送っていたらしい。しかし、その詳しい様子は不明である[3]。

ランツフートの学校に関する記録が増え、学校の状態が明らかになるのは一六世紀後半になってからである。宗教改革が始まったあとカトリック陣営は守勢に立っていたが、一六世紀後半になってカトリック側の態勢立て直しが本格化した。その中で一五五八年から一五六〇年にかけてバイエルンの司教区の現状を調べるための巡察が行なわれ、学校の調査も行なわれた。ランツフートについてもその記録が残っているのである。この時期には、聖マルティーンと聖ヨドークの教区学校ではそれぞれ二人の教員（一人は音楽教師）が教えていた。一五世紀末以降、人文主義の影響で大きな都市には「詩人学校」と呼ばれるラテン語を教える世俗の学校が登場したが、ランツフートにも市当局の設置した「詩人学校」があった（一五九六年以降姿を消す[4]）。

一方、ドイツ語の読み書きと計算を教えるドイツ語教師としてはウルリヒ・ヘスなど九人が記録されている。ドイツ語教師に関してはこれがランツフートにおける最初の確実な記録ということになる。九人のドイツ語教師の生徒数はそれぞれ五〇人の男女、四〇人の男女、二〇人の男女、一四人の男子、一八人の男子、三六人の男女、三六人の男女、三四人の男女、二六人の男子で、教師のあいだにかなりの差があった。教師の収入は生徒の支払う授業料から成り立っていたので、生徒数の差は教師の収入の差に直結した。なお、生徒の数は合計すると二七四人になる[5]。

(2) 一七世紀から一八世紀半ばまでの変化

一七世紀に入ると、それまで市民権をもっていれば誰でも自由に開業できたドイツ語教師に対する規制が強まった。一六〇〇年頃、市当局と市内の聖職者の合意に基づいて学校に関する条令が制定され、聖マルティーン教区の主任司祭が新しく開業するドイツ語教師の信仰の審査を行なうことになった。また、一六〇二年以降、市当局が質問表を用意して市内の学校（ドイツ語学校ばかりでなく、教区学校についても）の巡察を行なうようになった。一六二二年には市参事会員二人がドイツ語学校担当の視察官に任命されている。(6) 市当局の質問表に対するドイツ語教師の回答からこの頃の学校の様子がわかる。

一六〇四年にはドイツ語教師はヴォルフ・フェーリンガーら五人に減少しており、一方、生徒の総数は三三四人に増えていた。それぞれの教師が抱える生徒の数は一〇〇人、九三人、七〇人、四二人、二九人で、教師のあいだの差は以前よりも大きくなっていた。一六二二年には教師の数は二人増えて、七人になっていた。この年の教師の最高齢者は四〇歳、最年少者は二七歳、平均年齢は三四・八歳であった。七人の教師のうち三人は従僕などの副業をもっていた。市の条令ではドイツ語教師は読み書きについては二四クロイツァー、計算については一グルデンの授業料（四半期分）をとれることになっていたが、実際の授業料は不明である。生徒は学校に朝六時四五分に集まり、集団で聖マルティーン教会のミサに出かけ、その後学校に戻って一〇時まで授業を受けることになっていた。午後の授業は一時に始まり、四時に終わった。(7)

一六一八年に三〇年戦争が始まると、ランツフートは三回（一六三二年スウェーデン軍、一六三四年スウェーデン軍、一六四八年フランス軍・スウェーデン軍）も軍隊によって占領され、ペストや飢餓にも見舞われて、衰退した。最初の占領前の一六二九年にはランツフートにもイエズス会のギュムナージウムが開設された。一五五九年にミュンヘンに最初のギュムナージウムが設けられて以来、イエズス会はバイエルンの中等教育における影響力を拡大していた。ランツフートに設けられたギュムナージウムは生徒を確保するため、試験を実施したあと聖マルティーンの教区学校の生徒一〇〇人を引き取った。これ以後、聖マルティーンの教区学校はイエズス会のギュムナージウムの監督を受けてラテン語の初歩を教える準備学校となった。[8]

三〇年戦争によるランツフートの衰退にともなってドイツ語学校についての記録は乏しくなったが、一七世紀末になって再び記録が現れる。一六八九年頃にはドイツ語学校の教師はヴォルフガング・マルティーン、ヴォルフガング・ヘルツバイン、イグナーツ・ヴァーグナーの三人、生徒の総数は一〇〇人から一五〇人になっていた。一六六八年に聖ウルスラ女子修道院がランツフートでも女子教育を始めたが、三人の教師はこのために生徒の数が減り、さらに四人目のドイツ語教師マルティーン・シュペーアが許可されて競争が激しくなったと市当局に苦情を述べていた。[9]

その後もドイツ語の授業を行なう者は増え、一七一七年には許可を受けた五人の教師のほかに、雑貨商など四人が副業で授業を行なっていた。過当競争を恐れたランツフートの政庁は一七二六年に市当局に対してドイツ語教師の数を五人から三人に減らし、一定の収入を確保するよう要求するようになった。しかし、市当局は積極的にドイツ語教師の数を削減しようとはしなかった。一七二六年の時点でドイツ語学校を経営していたヴァーグナー、ゼバスティアン・シュタンゲル、ハンス・ゲオルク・アムホーファー、ハンス・ゲオルク・ハスルパート、ヨハン・マンクハウスの五人の教師のうち、ヴァーグナーとマンクハウスの二人は間もなく死亡し、教師は自然に政庁が要求した三人になった。市当局はマンクハウスの女婿の許可申請を退けたものの（女婿は無許可営業へ）、別の教師に許可を与え、教師は四人になった。一七三八年にシュタンゲルが死亡した際にも、市当局は教師の数を三人に保とうとせず、四人目の教師ローレンツ・ゴロヴィッツに開業の許可を与えた。[10]

それから八年後の一七四六年の時点では次の四人の教師が開業していた。聖マルティーン教区ではヨハン・ミヒャエール・エルトルが学校を経営していた。生徒数は一三九人であった。聖ヨプスト教区にはヨハン・バルトロメーウス・シュフがいた。生徒は七一人であった。聖ヨプスト教区にはもう一校ゴロヴィッツの学校があった。こちらは一七五人の生徒を抱えていた。ゴロヴィッツの学校はシュタンゲルの学校を引き継いだものであった。中之島にはマックス・シュペアの学校があった（生徒数不明）[11]。

(3) ブラウン学校改革の影響

一七四五年にマックス三世ヨーゼフ（一七四五〜一七七七）が即位すると、バイエルンでも次第に啓蒙主義の影響が強まり、一七七〇年にはハインリヒ・ブラウン（一七三二〜一七九二）の初等学校改革が始まった。一七七一年九月にランツフート市当局は学校問題を担当する宗教顧問会議から、学校改革の命令を無視して、教師をミュンヘンにおける資格認定試験に送っておらず、学校条令も公布していないと叱責を受けた。さらに、一七七二年一月にもランツフート市長が宗教顧問会議から無許可の教員の排除という新しい学校条令の規定を守っていないと非難されている[12]。

しかし、ランツフート市当局に学校改革を拒否する意図があったわけではなく、一七七四年には、市当局は子ども（一七七一年にすべての子どもに就学義務が課せられた）の就学の便宜を図るため、ドイツ語学校の配置換えを行なって、聖マルティーン教区、聖ヨプスト教区、中之島にそれぞれ一校学校を設けることを決定している。その後一七七六年までにそれぞれの地区の市当局が指定した家屋へのドイツ語学校の移転が進められた。ランツフートの政庁も教師に適切な家屋をあてがうよう指示を出していた[13]。

配置換えが行なわれた一七七六年の時点でランツフートにおいてドイツ語学校を開いていたのは、マティーアス・カルマン、フローリアーン・メストル、ヨーゼフ・パープストの三人になっていた。カルマンは聖ヨプスト教区で学校を経営していたゴロヴィッツの女婿で、一時ゴロヴィッツの学校を手伝っていたが、エルトルが一七五九年に教師を廃業したあと聖マルティーン教区に移って開業した。一七七一年にカルマンは聖ヨプスト教区に移ったが、一七七五年に再び聖マルティーン教区に戻ってきた。このとき、すでにドイツ語学校を設置する場所の指定を行なうことを決定していた市当局は、空き家になっていた二〇一番の家屋を年間家賃四〇グルデンでカルマンに任せる措置をとった。それと同時にカルマンは、一七三五年以来教員を務めていたヨーゼフ・フォルストフーバー（聖歌隊長兼務）が引退したため空席になってしまった聖マルティーン教区の初級学校（教区学校の後身、一七七四年の学校条令で初等学校とギュムナージウムの中間に「実科学校」というカテゴリーが設けられると、実科学校の一種として取り扱われることになった）の経営を委ねられ、経済的に恵まれた立場に立った。メストルとパープストも初級学校開業の許可を宗教顧問会議に求めたが、実績がないことを理由に一七七七年一〇月に却下されている。(14)

カルマン以外の二人の教師のうち、メストルは中之島で学校を開いていたシュペアの女婿、パープストは聖ヨプスト教区で学校を経営していたシュフの娘婿であった。一七七一年にカルマンが聖マルティーン教区から退去したあと、メストルは聖マルティーン教区に移ったが、一七七五年にカルマンが聖マルティーン教区に戻ると、聖ヨプスト教区に移動した。市当局はこの時期にはメストルの学校を聖ヨプスト教区に、パープストの学校を中之島に配置する計画であったが、パープストがこれに異議を唱え、結局一七七六年にパープストに聖ヨプスト教区、メストルに中之島が割り当てられた。メストルは最初に手配された家屋への入居を拒み、一七七六年の終わりになって聖霊施療院の以前の教会使用人の家（四〇一番）を学校として使用することになった。パープストもようやく年末になって市当局の指定した聖ヨプスト教区の聖歌隊長の家（六二八番）に移動した。一七七六年にはメストルは一一七人、パープストは四八人の生徒を抱えていた（カルマンの生徒数は不明）(15)。

こうして一七七六年に三人の教師は市当局の指定する場所でドイツ語学校を経営するようになり、市営の初等学校への第一歩が踏み出されたが、一七七五年に始まった市庁舎における三つの学校の最終学年の生徒の公開試験も同じ市営学校への方向性を示すものであった。この公開試験は初等学校の修了試験を兼ねており、成績が悪ければ実科学校へは進めなかった。この公開試験ではカルマンの生徒が常に優秀な成績を示し、メストルやパープストの生徒の成績は非常に悪かった。このため、メストルやパープストの教師としての資質が疑われることになった。[16] なお、市当局は開業場所を指定した一七七六年にはドイツ語教師に補助金を出すことを決定していたが、一七八五年まで補助金の支払いが滞り、市当局と教師のあいだで紛争となった。その後、これを教訓にして市の学校基金が作られた。[17]

一七七六年に学校を開く場所が市当局によって指定されたあとも、長らく三人のドイツ語教師の学校が続けられた。一七八六年にはカルマンの学校には五九人、メストルの学校には五七人、パープストの学校には二七人の生徒が通っていた。カルマンの学校は希望者が多く、男子のみを受け入れていた。また、聖ウルスラ女子修道院の学校には一〇七人の女子が通っていた。ほかに、小イーザル川左岸のゼーリゲンタール修道院の学校（一七八二年に開設）に三二人の女子、小イーザル川左岸に設けられていた聖ニコラ教区の教会が管理する学校には一六人の子どもがいた。一七七〇年のブラウンの学校条令は無認可の学校を禁止していたが、ランツフートにはこの種の学校がなお幾つも残っており、合計四九人の生徒を受け入れていた。[18]

これらの学校のうち、カルマンの学校についてはどのような授業を行なっていたのかを知ることができる。カルマンの学校には四つの学級が設けられており、第一学級では五歳から六歳の子ども、第二学級では六歳から八歳の子ども、第三学級では八歳から一一歳の子ども、第四学級では九歳から一四歳の子どもが授業を受けていた。一七八六年には第一学級は一四人、第二学級には一七人、第三学級には三一人、第四学級には二〇人の生徒がいた（総数八二人、上記の生徒の数とは一致しない）。第一学級ではキリスト教教育（教理問答、お祈り）、文字と数字の教育、第二学級ではキリスト教教育（教理問答、聖書）、文字と単語の読み方と書き方、数字の取り扱い方、時間や暦の読み方などの教育、第三学級ではキリスト教教育（教理問答、聖書）、読み方、書き方、習字、四則計算、時間と暦、貨幣の取り扱い方などの教育、第四学級ではキリスト教教育（教理問答、聖書）、ドイツ語とラテン語の文書の読み方と書き方、四則計算、貨幣の計算、時間と暦などの教育が行なわれていた[19]。授業時間は、この頃には、一七七八年八月八日の学校条令によって、午前は八時から一〇時まで、午後は二時から四時までということになっていた。新学期は一〇月一五日に始まり、翌年の九月八日まで授業が続けられた[20]。

(4) 市営学校への移行

一七八七年になるとカルマンはドイツ語教師を廃業し、ヨーゼフ・ブルナーから四〇〇グルデンの支払いを受けて学校を譲渡した。メストルがカルマンの学校を自分に譲るように異議を唱えたが、市当局はブルナーへの譲渡を許可した。一七八九年には市当局が自前の男子初等学校を建設することになり、三〇〇〇グルデンの費用でノイシュタット通りの四六〇番の土地に新しい家屋が建てられた。建物の前の部分には三つの教室が設けられ、うしろの部分には衛生設備やトイレのついた広い広間が設けられた。こうして市営の初等学校が誕生したが、当初はこれまでのドイツ語教師がここで教鞭をとった。自分の学校の経営をやめたカルマンがこの学校の中心的教員となり、メストルとパープストも自分の学校を経営しながら、この学校で教えていた。一七八八年には聖ニコラ教区についてもランツフートの市当局が学校用の建物を借り、教員を雇う措置が取られた[21]。

一七九三年一二月になると、以前から教師としての能力を疑われていたパープストが市当局によって強制的に退職させられ、一〇〇グルデンの年金をもらって、城門の番人に転職した。代わりに、カルマンの学校の譲渡を受けたブルナーが市営初等学校の教員として採用された。メストルは一七九五年まで教師を続けていたが、政庁の事務員の地位と月一八グルデンの年金を手に入れて、市営初等学校の教員としての地位を三〇〇グルデンでヨハン・ネーポムク・コルムネーダーに譲渡した。一七九八年にはマルティーン・ベッカーが一〇〇グルデンの年俸で市営初等学校に採用された。モンジュラ政府の初等学校改革が始まる直前の一八〇二年には、ランツフートでは、ブルナー、コルムネーダー、ベッカーが市営初等学校の教員として働き、聖ニコラ教区ではヨーゼフ・ノイバウアー（一七九三年に採用）が市当局の借りた家で教員を務めていた。(22)

この間に、バイエルン政府のランツフートの学校に対する監視も強まった。一七八八年九月二七日には政府からランツフート市当局に対して七歳から一二歳までの就学義務のあるすべての子どもの一覧表を作成して、ランツフートの地域学校委員会に提出するよう指示が出された。また、一七九五年七月三日にはランツフートの地域学校委員会が市の雇用する教師や聖ウルスラ修道院に対して、生徒が学校をさぼるのを防止するため、毎月生徒の出欠表を当局に提出するよう命令を出している。(23)

このように、ランツフートでは一七世紀になって、もともと自営業者としてドイツ語の読み書きや計算を教えていたドイツ語教師に対する市当局と教会の監督が強まり、さらに一七七〇年にブラウンの学校改革が始まったのに合わせて、ドイツ語学校の営業としての性格を順次薄めて、市営の施設とする措置がとられた。その結果、一七八九年には市営の初等学校が開設され、そこで教鞭をとる教師も一七九五年までには市当局が雇用する教師に置き換えられた（ただし女子については修道院の学校の教育が続いた）。ランツフートにおける初等学校の改革は、学校経営権の公共機関への集約という意味ではモンジュラ政権のもとで本格的な学校改革が始まる以前にすでに成果をあげていたのである。

（1） ランツフートの人口と教区の区分は Keyser, Erich und Heinz Stoob, Hrsg., Deutsches Städtebuch, Bd. 5, Teil 2, Stuttgart u. a. 1974, S. 319, 322 による。

（2） Eggert-Vockerodt, Wilhelm, a. a. O., S. 73; Ebermeier, Werner, Die Geschichte des Hans-Carossa-Gymnasiums Landshut 1629-2004, München 2004, S. 17.

（3） Eggert-Vockerodt, a. a. O., S. 73, 75, 77 f.

（4） Held, a. a. O., Bd. 3, S.53-56; Ebermeier, a. a. O., S. 19 f.「詩人学校」については Liedtke, Max, Hrsg., Handbuch der Geschichte des Bayerischen Bildungswesens, Bd. 1, Bad Heilrunn 1991, S. 163 f., 191 f., 210 f., 356 などを参照。

（5） Held, a. a. O.,Bd. 3, S. 56 ff.; Eggert-Vockerodt, a. a. O., S. 78.

（6） Ebenda, S. 79 f., 82.Held, a. a. O., Bd. 3, S. 60 ff. に条令が収録されている。

（7） Eggert-Vockerodt, a. a. O., S. 80, 82, 128 f.

（8） Ebermeier, a. a. O., S. 32 f.

（9） Eggert-Vockerodt, a. a. O., S. 87 f. ランツフートでの聖ウルスラ女子修道院の開設については Tausche, Gerhard und Werner Ebermeier, Geschichte Landshuts, München 2003, S. 126 f.

（10） Eggert-Vockerodt, a. a. O., S. 88 f., 90, 91, 92, 93 f.

（11） Ebenda, S. 93 f.

（12） Ebenda, S. 98, 111.

（13） Ebenda, S. 101, 106,

（14） Ebenda, S. 94, 102 f., 110 f. 一一〇頁にカルマンはシュフの婿とあるのは誤りか。

（15） Ebenda, S. 94, 100 ff., 106 f., 107 f.

（16） Ebenda, S. 103, 113.

（17） Ebenda, S. 104.

（18） Ebenda, S. 113 f. ゼーリゲンタール修道院の学校開設については Tausche u. Ebermeier, a. a. O., S. 104.

（19） Eggert-Vockerodt, a. a. O., S. 114, 130 f.

（20） Ebenda, S. 113.

(21) Ebenda, S. 104 f. 109, 114, 114 f. 115, 117.
(22) Ebenda, S. 105, 109, 115 f. 119.
(23) Ebenda, S. 121, 122.

2　エーアディング地方裁判区

(1)　一六世紀以前から学校のあった集落

次にミュンヘン東方の農村地帯を例に都市以外の地域の状況を広域的に見ることにしよう。農地、沼沢地、森林が入り混じったミュンヘン東方のこの地方には一九世紀初め以来エーアディング地方裁判区、エーバースベルク地方裁判区という二つの下級の行政区が設置されていた。古くから元になる行政区はあったが、どちらの地方裁判区もモンジュラ政府の内政改革の中で一八〇三年に生まれたものである。二つの地方裁判区に含まれる自治体の設置はさらに遅く、一八〇八年に最初の自治体形成の試みが行なわれ、モンジュラ政権が退場したあとの一八一八年にそれを修正して現行の自治体の原型が作られた。多くの自治体はすでに存在していた集落を集める形で組織された。例えば、エーアディング地方裁判区のアルテンエーアディングという自治体は一一の村落、四つの小村、四つの一軒家から、またツァイルホーフェンという自治体は七つの村落、七つの小村、一〇の一軒家からなっていた。[1] ただし、都市的集落は普通一つの集落で一つの自治体をなしていた。

このように地方裁判区も自治体も一八世紀以前に遡れる団体ではない。しかし、これらの団体に属していた個々の集落には一八世紀以前の歴史があった。学校に関して言えば、次のような事情がある。「はじめに」で述べたように、自治権をもち、人口が集中していて、学校を経営する基盤のあった都市以外では、学校設置者として教区以外は問題にならなかった。一九世紀初めに自治体が形成される際に、自治体の中心となり、自治体に名前を付与したような大きな集落には、以前から教区教会が置かれ、教区の中心となっている集落が多かった（この場合、この集落の名前が教区の名前となった）。教区によって学校が作られる場合には、通常このような集落が学校の設置場所になった。この点で、自治体、正確には自治体の中心集落の学校の歴史について述べることが可能なのである。

それでは、一九世紀初めに自治体が形成された頃、エーアディング地方裁判区の自治体はどの程度学校を備えていたのであろうか（表1）。一八一九年の時点でエーアディング地方裁判区には四七の自治体があった。そのうち一四の自治体はこの時点では学校をもっていなかった。しかし、残りの三三の自治体（自治体の七〇・二パーセント）には学校があった。これらの学校はいつ始まったのであろうか。教育内容はともかく、教員がいる、教室があるという点では、実は学校の始まりは意外に早く、二四の学校（三三の学校の七二・七パーセント）は一七七〇年にブラウンの学校改革が始まる以前にすでに存在していた。逆にモンジュラ政権下で作られた学校は六校にとどまる。(2)

エーアディング地方裁判区の中心地エーアディングは小規模ながら都市の地位をもった集落で、人口は一七九六年の時点で一七〇〇人、一八一一年から一八一二年の時点で一八〇三人であった。一八一九年には所帯数四三七を数えた。ここにはすでに一四三三年に教師がいたという記録が残されている。一五六〇年の司教区の巡察の際にはラテン語教師一人と個人営業のドイツ語教師二人が確認されている。しかし、ラテン語教師とドイツ語教師がどのような関係にあったのか、その後どうなったのかはわからない。一七三三年には、ドイツ語学校の教師が三人の無許可の教師に生徒を奪われたと苦情を訴えている記録がある。一七八四年には学校の再編が行なわれたようであるが、詳細は不明である。内政改革が終わったあとの一八一九年には四〇〇グルデンの固定給

(表 1)　　1819 年のエーアディング地方裁判区の自治体

番号	自治体	地位	学校設置集落＊	教師の初出年	教師のタイプ
1	Altenerding			1649	教会使用人
2	Auerbach				
3	Berglern			1652	
4	Bockhorn			1570	教会使用人
5	Buch			1753	教会使用人
6	Dorfen	Markt		1524	
7	Eibach			1806	
8	Eitting			1792	
9	Erding	Stadt		1433	
10	Eschlbach		Hörgersdorf	1800	教会使用人
11	Forstern			1654	
12	Fraunberg			1701	
13	Gebensbach			1814	
14	Grünbach				
15	Grüntegernbach			1694	
16	Hohenpolding			1746	隠者
17	Hofkirchen			1724	教会使用人・隠者
18	Hubenstein				
19	Inning am Holz				
20	Isen	Markt		1280	
21	Kirchberg				
22	Langengeisling			1646	教会使用人
23	Langenpreising			1560	教会使用人
24	Lengdorf			1792	隠者・教会使用人
25	Matzbach				
26	Mittbach		Burgrain	1721	
27	Moosen			1817	教会使用人
28	Moosinning			1795	
29	Notzing			1677	＊＊
30	Oberding		Aufkirchen	1710	
31	Pastetten			1800	
32	Pfrombach			1807	教会使用人
33	Reichenkirchen			1667	
34	Salmannskirchen				
35	Schnaupping				
36	Steinkirchen			1752	教会使用人
37	Sulding				
38	Taufkirchen			1694	
39	Thalheim			1702	隠者
40	Walpertskirchen			1696	教会使用人
41	Wambach				
42	Wartenberg	Markt		1685	教会使用人
43	Wasentegernbach				
44	Watzling				
45	Westach				
46	Wörth			1600	教会使用人
47	Zeilhofen			1749	

＊自治体名と異なる場合のみ表示　＊＊その後消滅

で教師二人が雇われていた[3]。

ドルフェン、イーゼン、ヴァルテンベルクは市場町の地位をもつ集落で、一八一一年から一二年の時点でドルフェンの人口は九三七人、一八一九年にはドルフェンの所帯数は二三一、イーゼンの所帯数は一六六、ヴァルテンベルクの所帯数は一一七であった。イーゼンは修道院の膝下の町で、ここにはすでに一二八〇年に教師がいた。イーゼンの学校は長らく修道院の管理下にあった。一八〇一年から一八〇二年にかけて学校の改良計画が立てられたが、一八〇三年の修道院解散によって修道院とともに学校も廃止された。その後ブルクラインから学校と教師が移ってきた。その際に教師と教会使用人の職が結合された。ドルフェンには一五二四年以降教師の記録がある。一五六〇年の記録によればドルフェンの教師はオルガン奏者と兼務になっていた。一八二三年にはドルフェンの週日学校には一一七人の生徒がいた。ヴァルテンベルクで最初の教師の記録が現われるのは一六八五年のことである。この時から教師と教会使用人は兼業であった（その後オルガン奏者も兼ねる）。一七三〇年から一七八〇年まで務めていた教師の娘は後任の教師と結婚し、この教師が義父から相続した家で学校を続けた（一八四七年頃まで）[4]。

村落では一六世紀に学校をもつようになるものは限られていた。ランゲンプライジングには一五六〇年から、ボックホルンには一五七〇年から、ヴェルトには一六〇〇年から教師の記録がある。ランゲンプライジングでは一五六〇年には学校は断続的にしか開かれていなかった。教師の名前が連続して確認できるのは一七世紀末以降である。一七五四年には前任の教師の娘婿が教師になった。一七九四年から一八五五年まで務めた教師の代には教師、オルガン奏者、教会使用人が兼業になっていた。一八一〇年には授業料の支払いが滞っていたので、教会財産から一八〇グルデンがこの教師に支払われた。ボックホルンの教師は一五七〇年に記録に現われたときから教会使用人を兼ねていた。ここでは一六四九年以降おおむね前任者の娘と結婚した者が教師の職を受け継いでいた。ヴェルトでは一六〇〇年以来教会使用人の家が学校を兼ねていて、この家屋の所有者が教師と教会使用人の職務を財産として相続していた(5)。

(2)　一七世紀に学校ができた集落

一七世紀に入ると村落でも学校をもつものが増え、九つの村落に教師が現われた。ランゲンガイスリングでは一六四六年に、アルテンエーアディングでは一六四九年に、ベルクレルンでは一六五二年に、フォルステルンでは一六五四年に、ライヒェンキルヒェンでは一六六七年に、ノッツィングでは一六七〇年に、グリューンテーガンバッハとタウフキルヒェンでは一六九四年に、ヴァルパーツキルヒェンでは一六九六年に最初の教師の記録が登場する。

ランゲンガイスリングでは一六六〇年には教師は家賃を免除され、教会から六グルデンの固定給のほかに穀物の現物支給を、教区からも穀物などの現物支給を受けていた。一七六〇年に教師と教会使用人・オルガン奏者の職が結びつけられた。ここには一八〇六年にはおよそ六〇人の生徒がいたが、ほぼ途切れなく学校に通っていたのは三分の一のみであった。一八〇四年から一八一二年まで務めていた主任司祭がこの村落の学校について詳しい報告を残している。一八一五年には学校の拡張が行なわれた。アルテンエーアディングでは一六四九年に教師が記録に現われたときから教師と教会使用人（後にはオルガン奏者も）は兼任であった。一七六八年から一八一四年まで務めた教師は晩年には怠慢を責められるようになったが、一八〇四年に新しい二階建ての学校（二階に教室、教師の住居は別）が建設された。一八一四年に採用された新しい教師は前任者の未亡人に二五グルデンの年金を払っていた(6)。

ベルクレルンについては記録が乏しい。フォルステルンでは一七九〇年に高位聖職者が六〇〇グルデンを寄付して学校が建てられた。教師を雇うために高位聖職者はさらに二〇〇〇グルデンを寄付した。しかし、学校が遠いため、子どもは勤勉に学校にこなかった。一八〇八年に教師に教会使用人の職を与えることになったが、この職をもっていた村長が反対した。このため教師は生徒の一部を連れてホーエンリンデンに引っ越した。その後学校は取り壊された。ライヒェンキルヒェンでは一七三八年以降教師はオルガン奏者と兼業となった。一八一七年に教区が資金を出して、新しい学校が建てられた。ノッツィングの教師は一六七七年にオーバーディングの教会から三グルデンを得ていた。しかし、一七一〇年に教師はアウフキルヒェンに引っ越して、いなくなった。[7]

グリューンテーガンバッハでは一六九四年以後記録が途切れ、一八〇六年に新しい教師が任命されたという記録が出てくる。タウフキルヒェンの教師は一七二〇年には支部教会と共同で採用されていた。一七九二年には、学校はあるが、教師は良くないと記録されている。ヴァルパーツキルヒェンの教師は記録に登場した時から教会使用人を兼務していた。ここでは同じ家族が一八七二年まで教師を世襲していた。一八〇六年に死亡した主任司祭が五八二八グルデン五三クロイツァーの遺産を学校に寄付した。そのうち二四一三グルデンが学校の建設(一八一一年完成)に使われ、三〇〇グルデンが教師に利用させる土地の購入に使われた。残りの資金の利子は学校の助手の雇用に利用された。一八一四年に現任教師の息子が助手として採用されるまで、一八〇六年に就任した後任の主任司祭が学校を手伝った。[8]

(3) 一八世紀に入って六〇年代までに学校ができた集落

一八世紀に入ると、一七七〇年のブラウンの学校改革までに、次の九つの村落で最初の教師の記録が現われる。フラウンベルクは一七〇一年、タールハイムは一七〇二年、アウフキルヒェン(自治体オーバーディングに所属)は一七一〇年、ブルクライン(自治体ミットバッハに所属)は一七二一年、ホーフキルヒェンは一七二四年、ホーエンポルディングは一七四六年、ツァイルホーフェンは一七四九年、シュタインキルヒェンは一七五二年、ブーフは一七五三年である。

フラウンベルクでは一七〇一年に教師の記録が現われるが、教会使用人の職は切り離されていた。ここでは一八〇二年に主任司祭が財産の一部を寄付して学校建設を促し、一八一〇年に新しい学校が作られた。タールハイムでは一七〇二年から一七三五年まで隠者（隠修士）が子どもに読み書きを教えていたが、強盗に襲われて殺害された。その後も隠者の学校が続いたが、一七六六年には隠者はいなくなっていた。一八〇三年に四〇年間タールハイムで働いていた教師兼オルガン奏者が死亡し、息子が跡を継いだ（一八一〇年まで教員）[9]。

アウフキルヒェンには一七一〇年にノッツィングから教師が移ってきた。一七三三年から教師はオルガン奏者兼務となったが、教会使用人は別になっていた。一七六六年には前任者の娘婿が教師となった。一七七二年に主任司祭が一〇〇グルデンを遺贈し、教師が乳牛を飼うための土地を購入した。その代わりに教師は無償で貧困者の子どもに読み書きを教えることになった。一八〇〇年に再び前任者の娘婿が教師となった。一八〇四年には教師の収入はオルガン奏者としての収入も含めて三〇〇グルデンであった。一八〇六年には主任司祭の遺産を使って学校が増築された。一八一二年に学校をオーバーディングに移そうという計画が出たが、実現されなかった。一八一八年には学校では宗教、聖書の歴史、読み方、習字、作文、口頭と筆記の計算、地理を教えていた[10]。

ブルクラインでは一七二一年から教師と教会使用人は兼務であった。非常に貧しい地域で、一八一二年には就学義務者のうちおよそ八人がまったく学校に行っていなかった。ホーフキルヒェンで最初に記録されている教師は教会使用人兼業であった。その後一七五三年に主任司祭が八〇グルデンで隠者の住まいを建て、毎年三〇グルデンと穀物の現物の報酬を与えることで、貧しい子どもに無料で読み書きを教え、オルガンを弾くよう手配した。その後、隠者は追放され、教師に教会使用人の職務が与えられた。一八〇〇年頃には一七人の男子と一三人の女子が学校に通っていた。一八一五年に学校兼教会使用人の家が三二六グルデン二八クロイツァーで修理された。[11]ホーエンポルディングで最初に記録された教師は三〇人の子どもに教え、聖歌を歌い、一九グルデンをもらっていた。一七四七年には隠者が一五グルデンで読み書きを教えていた。一七七一年には隠者は四〇人の生徒を抱えていた。この隠者は一七八六年に死亡し、一七九五年には別の隠者がおよそ三〇人の生徒に教えていた。一七九九年にこの隠者は死亡して、シュタインキルヒェンの教師のもとで修業した兄弟（教会使用人の息子）が学校を開いた（一八三七年まで）。ホーエンポルディング、ズルディング、ヴァムバッハから生徒がきていた。生徒は二四クロイツァーの授業料（四半期）を払っていた。一七四九年に記録に現われるツァイルホーフェンの学校は一時的なものであったらしい。[12]

シュタインキルヒェンでは一七五二年に教会使用人が授業を始めた。この教会使用人の息子は一七九三年に宗教顧問会議の試験を受け、この村落の教師になった（一八三四年まで）。教師は教会から二一グルデンを受け取るようになった。二〇人から三〇人の生徒がおり、一人一年間に四五クロイツァーの授業料を払っていた。一八〇〇年に主任司祭が自費で六〇人から七〇人収容の教室を建てた。一七五三年にブーフに最初に現われた教師は教会使用人、オルガン奏者、墓掘り人を兼ねており、土地と二頭の馬を所有していて、運送業もしていた。一七九七年から一八三八年までこの教師の息子が教師を務めた。宗教の授業のほかに、口述書き取り、暗算、バイエルンと隣国の地理の授業が行なわれていた。[13]

(4)　一七七〇年以降に学校ができた集落

一七七〇年のブラウンの学校改革以降、一七九九年にモンジュラ政権が成立するまでに、さらにアイティング（一七九二年）、レングドルフ（一七九二年）、モースイニング（一七九五年）の三つの村落に最初の教師の記録が登場する。
一七九二年に現われるアイティングの教師は酒飲みで、教区の親も子どもを熱心に学校に行かせていなかった。一八〇三年に政府のテコ入れが始まり、地方裁判官（地方裁判区の長官）が教区の集会で学校のための資金を集めるよう求めた。主任司祭が三〇〇グルデンを寄付し、住民も土地の持ち分に応じて寄付を行なった。主任司祭は学校建設用地を提供し、住民も教師の扶養のための土地を提供した。一八〇九年に新しい教師が雇われた。一八二四年の教師の収入は二〇一グルデンであったが、地代収入、学校基金の資金、現物給付の占める部分が多く、週日学校の生徒の授業料は六七グルデン、祝日学校の生徒の授業料は八グルデンにすぎなかった。[14]
レングドルフでは一七九二年に主任司祭が政府に隠者を教師として使う許可を求め、賃金や住居を用意した。一七九三年から一七九九年まで隠者の学校があったらしい。一七九九年に主任司祭は教師と教会使用人の職を結びつけ、土地を用意して、新しい教師を迎えることを提案し、教師が採用された。一八二三年には八五人の週日学校の生徒がいた。モースイニングでは一七九五年に最初の学校が記録に現われる。この時には少なくとも五〇人の就学年齢の子どもがおり、老人の麻織物業者が酒場に借りた部屋で授業を行っていた。一八一九年に固定した建物に学校が作られた。[15]
モンジュラ政権下で初めて学校の記録が現われるのは、ヘルガースドルフ（自治体エシュルバッハに所属。一八〇〇年）とパステーテン（一八〇〇年）、アイバッハ（一八〇六年）、プロムバッハ（一八〇七年）、ゲーベンスバッハ（一八一四年）、モーゼン（一八一七年）の六つの村落である。
ヘルガースドルフでは一八〇〇年に試験を受けた教師がそれまで授業を行っていた小地主から土地を購入し学校を続けることになった。一八二四年には、教師は授業については一四六グルデン、教会使用人・音楽教師としては六〇グルデンの報酬を得ていた。パステーテンでは一八〇〇年頃風呂屋の土地で授業が行なわれていたが、その後子どもはフォルストイニングとブーフラインの学校に行くようになった。アイバッハでは一八〇六年に地域を担当する学校監察官が主任司祭に知らせず教会を壊して、その石で学校を建てた。一八二三年には週日学校の生徒は六六人であった[16]。

プロムバッハでは一八〇七年に教会使用人がミュンヘンで試験を受けて教師として採用された。しかし、一八一六年に解雇され、別の集落で無許可の学校を開くようになった。一八一六年に新任の教師が試験のあと採用され、解雇された前任者から土地を購入した。一八二六年にこの教師は教師として別の集落へ去り、自治体がこの教師から学校の建物と土地を購入して、学校が建て替えられた。ゲーベンスバッハでは一八一四年以前にフェルデンの主任司祭が学校を建てた。モーゼンには一七二〇年には教師はおらず、子どもはタウフキルヒェンの学校に行っていた。一八一七年には学校があった。一八二一年には新しい教師が前任の教師から家と教師兼教会使用人の地位を受け継ぎ、家を建て替えた。一八二三年には週日学校に男子四五人、女子五三人が通っていた[17]。

（1）Herleth-Krentz, Susanne und Gottfried Mayr, Das Landgericht Erding, München 1997, S. 447, 448.
（2）それぞれの自治体の中心集落、一八世紀以前にはそれぞれの教区の中心集落について、学校の記録が最初に現われる年次をハインリヒ・ヘルトの抜粋史料集によって確認した。ただし、学校専用に建物がなく、単に教師がいるという場合も「学校あり」に含める。抜粋史料集の記録には明記されていないが、学校はいずれも初等学校相当の学校である。
（3）Keyser und Stoob, a. a. O., S. 177; Herleth-Krentz und Mayr, a. a. O., S. 447; Held, a. a. O., Bd. 2, S. 332-335.
（4）Keyser und Stoob, a. a. O., S. 163; Herleth-Krentz und Mayer, a. a. O., S. 447; Held, a. a. O., Bd. 3, S. 43,46 f.; Bd. 2, S. 249 f.; Bd. 3, S. 548 f.
（5）Ebenda, Bd. 3, S. 541 f.; Bd. 2, S. 329 f.; Bd. 2, S. 350.
（6）Ebenda, Bd. 2, S. 338-342; Bd. 2, S.318-322.
（7）Ebenda, Bd. 3, S. 539; Bd. 3, S. 34; Bd. 3, S. 544; Bd. 2, S. 325.

（8）Ebenda, Bd. 2, S. 245; Bd. 2, S. 253; Bd. 2, S. 347 f.
（9）Ebenda, Bd. 3, S. 540; Bd. 3, S. 545 f. 隠者の学校は一八世紀のバイエルンにおける初等学校の特殊形態である。このタイプの学校についてはLiedtke, a. a. O., Bd. 1, S. 526-534.
（10）Held, a. a. O., Bd. 2, S. 326 f.
（11）Ebenda, Bd. 3, S. 47 f.; Bd. 2, S. 246 f.
（12）Ebenda, Bd. 3, S. 529 f.; Bd. 2, S. 251.
（13）Ebenda, Bd. 3, S. 546 f.; Bd. 3, S. 32.
（14）Ebenda, Bd. 2, S. 331 f.
（15）Ebenda, Bd. 2, S. 248; Bd. 2, S. 344 f.
（16）Ebenda, Bd. 2, S. 337; Bd. 3, S. 48; Bd. 2, S. 250.
（17）Ebenda, Bd. 3, S. 542 f., Bd. 2, S. 314; Bd. 3, S. 529; Bd. 3, S. 531.

3　エーバースベルク地方裁判区

（1）　一六世紀以前から学校のあった集落

エーアディング地方裁判区の南に隣接するエーバースベルク地方裁判区の場合はどうであろうか（表2）。この地方裁判区の自治体の数は一八一八年の時点で三九であった。そのうち一六の自治体は学校をもっておらず、学校をもっている自治体は二三（自治体の五六・〇パーセント）であった。自治体への学校の普及率はエーアディング地方裁判区に比べると見劣りする。これらの学校はいつ始まったのであろうか。この地方裁判区においても二三の学校のうち一八校（二三の学校の七八・三パーセント）は一七七〇年のブラウンの学校改革以前に始まってい

（表2）　　1818年のエーバースベルク地方裁判区の自治体

番号	自治体	地位	学校設置集落＊	教師の初出年	教師のタイプ
1	Anzing			1694	
2	Assling			1793	教会使用人
3	Baiern				
4	Bruck		Alxing	1768	
5	Ebersberg			1560	
6	Eglharting				
7	Egmating			1709	隠者
8	Falkenberg				
9	Finsing			1610	
10	Forstinning			1721	教会使用人
11	Frauenneuharting			1805	
12	Gelting			1696	
13	Glonn			1642	
14	Grafing	Markt		1560	市場書記・教会使用人
15	Grasbrunn				
16	Hohenbrunn			1652	
17	Hohenlinden			1721	隠者・教会使用人
18	Hohentann			1654	隠者
19	Höhenkirchen			1688	
20	Lampferding				
21	Loitersdorf				
22	Moosach		Altenburg	1694	
23	Nettelkofen				
24	Niederneuching				
25	Oberneuching			1694	教会使用人
26	Ölkofen		Unterölkofen	1806	
27	Öxing			1804	
28	Ottenhofen				
29	Parsdorf				
30	Oberpframmern				
31	Pliening				
32	Pöring				
33	Poing				
34	Schalldorf				
35	Schwaben	Markt		1492	市場書記
36	Siegertsbrunn			1804	
37	Steinhöring			1754	隠者
38	Straußdorf				
39	Zorneding			1652	

＊自治体名と異なる場合のみ表示

た。一方、モンジュラ政権下で初めて記録に現われる学校は四校であった。

エーバースベルク地方裁判区の中心地はエーバースベルクであったが、人口は一八一一年から一二年の時点で九三七人にすぎなかった。エーバースベルクで学校が初めて確認されるのは一五六〇年のことである。エーバースベルクは単なる村落であったが、エーバースベルク地方裁判区内ではグラーフィングとシュヴァーベンが市場町の地位をもっていた。一八一一年から一二年の時点でグラーフィングの人口は五三〇人、シュヴァーベンの人口は五九七人であった。教師についての最初の記録はグラーフィングではエーバースベルクと同じく一五六〇年に、シュヴァーベンでは早くも一四九二年に現われる。(1)

エーバースベルクには一五六〇年には修道院の学校があった。しかし、この学校のその後の成り行きは不明である。一七〇〇年頃からは連続して聖歌隊長を兼務する教師が見られ、これらの教師は婚姻関係を通じて職務を譲り渡していた。一七九五年には教師は教会から固定給として一四〇グルデンを受け、六〇人の生徒から三〇グルデンの授業料を受け取り、教区から薪などの現物を得ていた。また聖歌隊長として教会から一〇〇グルデンの固定給などを受けていた。しかし、助手の給料一〇〇グルデン、義理の母親の扶養料八四グルデンなどを支払わなければならなかった。一八〇六年には、学校は良好で、一八年前から祝日学校が開かれ、教師の娘が無償で工芸学校を開いていると報告されている。(2)

シュヴァーベンには一四九二年に教員がいたという記録がある。一六二〇年頃から教員の名前が明らかになる。一六八五年に死亡した教師は市場書記、教師、オルガン奏者兼務と明記されている。一六七五年には五〇人の子どものうち一二人は学校にきていなかった。一六九一年には六七人の子どものうち三九人が学校に通っていた。一七二〇年には、教師は主任司祭と市場町当局によって共同で採用されていると記されている。一七二六年には、主任司祭が一四人の子どもが学校をさぼっており、特にひどい悪童がいると非難し、保護裁判所（内政改革以前の下級の地方行政官庁）が市場町当局に悪童の親を罰するよう指示した。一八〇四年には、学校は良好、学校の建物も新しいと報告されている。(3)

グラーフィングには一五六〇年にはドイツ語教師がいた。生徒は一二人で、一五クロイツァーの授業料（四半期）をとっていた。教師は市場書記を兼務していた。一七二〇年には、学校は市場書記によって経営されており、その住居と教室は町の庁舎内にあるという記録が残っている。一七六六年に火事で町の庁舎が焼けた。その後学校は再建され、新しい教師が採用された。この教師は一八〇四年まで務めていた。一八〇二年に主任司祭が町の庁舎にある市場書記の学校を廃止して、エクシングに学校を移すことを計画したが、移転は実行されなかった。また一八〇四年には学校の公開試験が実施された。一八〇四年に新しい教師が採用された。この教師は音楽教師と教会使用人を兼ねていた。(4)

グロンにも一五六〇年以前に時折教師がいたようである。一六四二年には教師と教会使用人は別になっていた。一七二〇年の記録では教師はオルガン奏者と兼務になっていた。一七九六年から一八〇九年にかけては、試験を受けた教師が採用されていた。一八〇三年に主任司祭が祝日学校を設置した。一八一二年にシュタインハウゼンの取り壊された教会の材料を使って一〇〇人収容できる学校が建てられた。そのために信心会（一般信者の事業団体）の九〇〇グルデン、寄付金六九五グルデンなどが使用された。(5)

(2) 一七世紀に学校ができた集落

エーバースベルク地方裁判区の場合、以上の四つの集落以外に一六世紀以前に教師のいた集落はなかった。一七世紀に入ると教師のいる集落は八つ増えた。フィンジングには一六一〇年に、ホーエンブルンには一六五二年に、ヘーエンキルヒェンには一六八八年に、アンツィング、アルテンブルク（自治体モースアッハに所属）、オーバーノイヒング、ツォルネディングには一六九四年に、ゲルティングには一六九六年に最初の教師の記録が現われる。

フィンジングでは一六一〇年に主任司祭と教師が争っていた。一七〇四年には、教師はいるが、親が貧しく子どもを学校にやらないため、いつまでとどまれるかわからないと記録されている。一七二〇年にも同様のことが記録されている。一七九九年にドイツ学校基金の資金で学校が作られ、試験を受けた教師が採用された。学校は教師の財産となった。一八一〇年には教師に土地が与えられた。ホーエンブルンでは、一六五二年以後長らく記録がとぎれるが、一七一七年に教師はオルガン奏者を兼任していたことが確認できる。この教師は追加の俸給六〇グルデンを求めて、認められている。一七八三年にはこの村落では二七人の子どものうち一五人しか通学していなかった。一七九五年には生徒は二八人になっていた。一八〇二年から一八一三年まで教師が短期間で交代した。一八〇三年には生徒は一一七人になり、新たに学校が建設された。主任司祭が七三六グルデンの建築費用を立て替え、五〇グルデンを寄付した。一八一三年に新しい教師が採用された。教師の俸給は二五五グルデンであった。住民は貧しく、学校の規律は緩み、この教師は無気力になった。ヘーエンキルヒェンについては記録が乏しい(6)。

アンツィングについても一六九四年の最初の記録以降一八世紀の記録は少ない。一八〇五年には教室は助任司祭の家にあり、非常に狭くて暗かった。一八〇七年には生徒の試験が行なわれた。アルテンブルクでも一八世紀の記録は少ない。一八一一年には以前から務めていた教師は十分職務を果たせなくなっていた。学校はこの教師が所有しており、収入は二四一グルデン五七クロイツァーであった。就学義務のある子どもは二一人で、一六人が学校に通っていた。一八一一年に新しい教師が採用された。元下士官で、エーバースベルクの教師のもとで二年間修業し、グラーフィングの学校監察官による試験を受けた。この教師は前任者から買い取った家で学校を開いた(7)。

オーバーノイヒングでは、一七七二年に教師が教会使用人の家を買い取り、教師と教会使用人が兼業となった。一八〇〇年に学校が焼け、教区が修道院解散によって取り壊された教会の石を利用して学校兼教会使用人の家を建てた。その後教会使用人の職務に付属していた農地の所有権が教師にあるかどうかをめぐって争いが起こった。一八一二年には新しい教師が採用された。生徒は四〇人であった。一八一八年には教師は教会使用人の職務から八〇グルデン一八クロイツァー、オルガン奏者・音楽教師の職務から二九グルデン四クロイツァー、授業料四五グルデン、教師の職務に属する土地から一五グルデンを得ていた。ツォルネディングには一八世紀の記録はなく、一八〇六年になって学校が設立されたという記録が出てくる。ゲルティングには、一七二〇年になっても恒常的な教師はいなかった。一八〇五年には、聖職禄受領者と教師が学校の運営に熱心であったことが記録されている。一八二八年には八〇人の週日学校の生徒がいたが、通学に熱心ではなかった。(8)

(3) 一八世紀に入って六〇年代までに学校ができた集落

一八世紀に入ると、エグマーティングで一七〇九年に、フォルストイニングで一七二一年に、ホーエンリンデンでも一七二一年に、シュタインヘーリングで一七五四年に、ホーエンタンで一七六六年に、アルクシング(自治体ブルックに所属)で一七六八年に最初の教師の記録が現われる。一八世紀に入って一七七〇年までに教師をもつようになったのは以上の六つの集落である。

一七〇九年にエグマーティングには隠者の学校が作られた。隠者は木造の庵室に住み、そこで教理教育と読み書きの授業を行なった。教会は隠者に毎年二〇グルデン、支部教会は一〇グルデン、信心会は一〇グルデンを支払った。一七四六年には別の隠者が五〇人の子どもを集めて学校を開き、三〇グルデンを受け取っていた。一七六五年に別の隠者が暴行を受け、安全のため石の庵室を作ろうとするが、資金が足りず、別の隠者にこの庵室を譲渡した。譲渡を受けた隠者は一七七一年に四〇人の子どもに教えていた。一七七二年にこの隠者の兄弟の隠者が跡を引き継いだ。一七九五年に隠者は三六人の生徒に教え、三六グルデンを受け取っていた。一八〇三年にはエグマーティングとその周辺から隠者の学校に六四人の生徒が通っていた。隠者は宗教顧問会議の試験を受けたが、教師として役に立たないと判断された。一八〇六年にも学校は庵室で開かれていた。(9)

フォルストイニングでは一七二一年に教師が採用された。しかし、教会から五グルデンしか支払われず、部屋の賃料として三グルデンを払わなければならなかった。親も一五クロイツァーの授業料（四半期）が高いと言って、子どもを学校にやりたがらなかった。一七七一年から一八二五年まで務めた教師は教会使用人を兼務していた。一八〇四年にはこの教師の息子も教師として働いていたが、親の方は無知で、無能、息子の方は無知で、不作法、酒場通いをしていた。一八一一年の記録では、学校は古い木造の、織物業者の家を流用したもので、教室は暗く、狭かった。長い机が二台あり、七二人の生徒がこれを使っていた。教室が狭いので、複式授業は不可能であった。(10)

ホーエンリンデンには一七二一年に隠者がおり、学校を開いていた。一七四六年には隠者の学校に二〇人の生徒がいたが、隠者は固定給をもらっていなかった。隠者の庵室は一七四五年に焼け、新しい庵室を建てる計画であった。一七七一年には隠者の学校に四〇人の生徒がいた。一七九五年には教師は領主から三六グルデン、教区の救貧金庫から一二グルデン、授業料一二グルデン、教会使用人の職務から一五グルデン一二クロイツァー、婚礼招待人として一〇グルデン、製本業者として一八グルデンを得ていた。一八〇四年以降、しばらくのあいだ、聖職録受領者が学校を開いていた。一八〇九年に新しい教師が採用されたが、一八一一年に別の教師に代わった。(11)

シュタインヘーリングでは一七五四年に隠者らしい教師が記録されている。一七六六年には隠者の教師が教会から四〇グルデンを受け取り、四〇人の子どもに教えていた。一七八八年頃から一八一二年まで務めていた教師は自力で学校を建てた。そのために一八二〇年までに九二三グルデン余りを費やした。しかし、一七九三年に主任司祭は子どもが勤勉に学校に通ってこないと指摘している。この教師は教会の再建活動にも携わった。一八一二年に就任した後任の教師は多様な収入源から合わせて二八一グルデンを得ていた。ホーエンタンでは一七六六年に隠者が学校を開いていた。生徒は四〇人であった。一七九五年には別の隠者が学校を開いていた。生徒は七〇人で、二〇グルデンの固定給、授業料、義捐金で暮らしていた。一八一五年に政府は庵室を改良して、教師に一五〇グルデンの給料と聖歌隊指揮の給与八グルデンを与えるよう要求し、従わなければ現在の隠者の教師が辞めたあと学校を他に移すと警告した。(12)

アルクシングで一七六八年に記録されている教師は教会使用人の職務を行なっていなかった。ここには以前に隠者の学校があって、そこで子どもが焼け死んだという話が伝わっていた。一八一〇年から一八一二年まで在任した若い教師によって学校の改善が行なわれた。この教師はその後ヴァッサーブルクへ移った。一八一七年には七五人の子どもが学校に通っていた。そのうち二四人はモースアッハからきていた。(13)

(4) 一七七〇年以降に学校ができた集落

一七七〇年から一七九九年のまでのあいだに最初の教師の記録が現われるのはアスリング(一七九三年)のみで、モンジュラ政権下で記録が現われるのは、エクシング(一八〇四年)、ジーガーツブルネン(一八〇四年)、フラウエンノイハルティング(一八〇五年)、ウンターエルコーフェン(自治体エルコーフェンに所属)(一八〇六年)の四つの集落である。

アスリングで一七九三年に記録に現われる教師は教会使用人を兼ねていた。一七九七年に新しい教師が採用された（一八二二年まで在任）。この教師は仕立屋の仕事をする傍ら生徒を順番に側に呼びつけて暗唱させていた。一〇八人の就学義務のある子どものうち一六人が冬にのみ学校にやってきた。一八一二年には教師の収入は多様な収入を合わせて一一四グルデン三〇クロイツァー、生徒は四〇人であった。一八二二年には教区の週日学校の生徒は一二六人いたが、アスリングの学校にきたのは四二人のみで、残りはまったく学校に行かないか、よその学校に行っていた。(14)

モンジュラ政権下で現われる学校については記録が少ない。エクシングには一八〇四年に学校が作られた。ジーガーツブルネンでは一八〇四年には聖職禄受領者が学校を開いていた。フラウエンノイハルティングでは一八〇六年に新しく学校が建てられた。ウンターエルコーフェンには一八〇六年に二二人の生徒がいた。(15)

(1) エーバースベルク、グラーフィング、シュヴァーベンの人口は Keyser und Stoob, a. a. O., S. 166, 234, 359.
(2) Held, a. a. O., Bd. 2, S. 257 ff.
(3) Ebenda, Bd. 3, S. 49 f.
(4) Ebenda, Bd. 2, S. 268-272.
(5) Ebenda, Bd. 2, S. 265 ff.
(6) Ebenda, Bd. 3, S. 35 ff.; Bd. 3, S. 211 ff.; Bd. 3, S. 215.
(7) Ebenda, Bd. 3, S. 31 f.; Bd. 2, S. 280 f.
(8) Ebenda, Bd. 2, S. 345 f.; Bd. 2, S. 288; Bd. 3, S. 51.
(9) Ebenda, Bd. 2, S. 261 ff.
(10) Ebenda, Bd. 3, S. 38 f.
(11) Ebenda, Bd. 3, S. 40 ff.
(12) Ebenda, Bd. 2, S. 282-285; Bd. 2, S. 63 f.

(13) Ebenda, Bd. 2, S. 255.
(14) Ebenda, Bd. 2, S. 276 ff.
(15) Ebenda, Bd. 2, S. 271; Bd. 3, S. 214; Bd. 2, S. 275; Bd. 2, S. 274.

終わりに

「はじめに」で述べたように、近世に入るとカトリック、プロテスタント両教会が初等学校を次世代の信者の育成機関と見做すようになった。しかし、教会の上位の組織もそれぞれの宗派の教会と結びついた国家も自ら初等学校を計画的に設置することはなかった。初等学校の設置は教会の末端組織である教区の裁量によって散発的に行なわれた。このような方式にもかかわらず、初等学校の開設は、上の二つの地方裁判区の例からもわかるように、近世のあいだにそれなりに進展した。これらの地方裁判区では、モンジュラ政権の内政改革が終わった時点で存在していた初等学校の七〇パーセント以上は、一七七〇年のブラウンの学校改革以前から存在していた。初等学校は啓蒙主義や近代国家形成にともなう学校改革が生み出したものとは言えないのである。

農村部で初等学校を設置したのは教区であったが、その後の学校を支えたのも教区である。農村部では集落への人口の集中度が低く、読み書きや計算の能力に対する需要も少なかったので、生徒の授業料で教師の生活費を賄うことは困難であった。このため、教区教会が教師に若干の固定給を支払うほかに、しばしば教師に教会の雑用を担当する教会使用人を兼務させ、その報酬を支払うことが行なわれた。教師が教会のオルガン奏者を兼ねることもあった。また、教師に農地を与えるなどの便宜が図られることもあった。市場町ではしばしば教師に副業として町の当局から市場書記の職務が与えられた。しかし、人口が集中し、商工業者も多く、読み書きや計算を習得することへの需要の大きかった都市においては状況がまったく違っていた。初等学校は個人の営利事業として運営されていて、都市の自治当局はこうした学校を監督するにとどまった。

都市と農村ではこのように初等学校の経済的基盤は異なっていたが、どちらにおいてもいったん学校が開かれると、教師の地位はその地位に就いている者の利権として取り扱われることになった。教師の地位はしばしば女婿に譲渡され、また親から息子に譲渡されて同じ家系が代々教師を引き継ぐこともあった。後任の教師が前任者から教師の地位を購入したり、学校として使われていた前任者の家を購入したり、前任者やその妻に年金を支払ったりすることも行なわれていた。

一七七〇年に始まるブラウンの学校改革や一七九九年以降のモンジュラ政権下での学校改革はこのような初等学校の在り方をどのように変化させたのであろうか。教師は何らかの形で試験を受けた教師(本来は宗教顧問会議や地域学校委員会の試験を受ける必要があった)や教師としての訓練を受けた教師に順次入れ替えられた。これにともなって隠者の学校は認められなくなった。教育内容も読み書き、計算、宗教教育に幾らか新しい要素を付け加えたものに変えられた。学校が開かれていた建物も就学義務が徹底されることで生徒が増えたため建て替えられることが多くなった。都市では個人営業の学校は段階的に市営の学校に置き換えられた。

しかし、上の二つの地方裁判区の例にも見られるように、農村部では引き続き教区が初等学校を支えており、教師が教会使用人を兼務している状態も続いていた。また、教師の地位も差し当たりは利権と見做されていて、以前と同じように前任者の所有していた学校を後任の教師が買い取ることも行なわれていた。近代国家形成をめざしたモンジュラ政権は学校の監督権を教会から国家に移し、現地で初等学校を指導する立場にあった主任司祭を国家の学校管理機構の末端に取り込んだ。一時はさらに自治体を学校の運営主体にしようと試みた(一八一五年に断念）。しかし、農村部では近世に生まれた「教区の学校」という仕組みを短い期間で変えることはできなかったのである。

第7章

「手工業者」としてのドイツ語教師
――帝国都市ニュルンベルクの場合――

はじめに

一九世紀に入って国家の手によって初等教育が整備される以前には、ドイツにおいても、一般的に言えば、初等教員の能力は低く、経済的状態や社会的地位も劣悪であった。とりわけ農村では教師は「最も地位の低い、最も必要性のない」人間と見做されていたという同時代人の発言さえある。[1] しかし、その一方で、一八世紀以前にも、大きな都市にはこのような悲惨な教師像があてはまらない初等教員がいたことが知られている。「筆記・計算親方」と呼ばれるドイツ語教師がそれである。彼らは、手工業者と同じように、個人的な営業活動として、ドイツ語の読み書きや計算を教える学校を経営し、中にはそれによって財を蓄える者もあった。

筆記・計算親方は多くの都市に出現するが、ここでは、市当局が最後まで筆記・計算親方の学校経営を営業活動と見る姿勢を崩さず、その意味ではその姿が純粋な形で保たれていた帝国都市ニュルンベルクに焦点をあてて、筆記・計算親方が具体的にどのような存在であったのかを確認し、最初に述べた一般的な初等教員像とは対照的な彼らをも含めて、一八世紀以前の初等学校の教師を全体としてどのように把握すべきなのかを考えることにしたい。なお、ニュルンベルクの筆記・計算親方についてはHans Heisinger[2]、Rudolf Endres[3]、Herbert Antl[4]らによって研究が行なわれているので、これらの研究に拠りながらその様相を示すことにしたい。

（1）Liedtke, Max, Hrsg. Handbuch der Geschichte des bayerischen Bildungswesens, Bd. I, Bad Heilbrunn 1991, S. 649; Bregulla, Claudia, Die Entwicklung des Volksschulwesens im Landkreis Landsberg am Lech bis zum Ende des 19. Jahrhunderts im Zusammenhang mit der bayerischen Schulgeschichte, Frankfurt am Main 1995, S. 57 ff., 84 f., 126.

（2）Heisinger, Hans, Die Schreib- und Rechenmeister des 17. und 18. Jahrhunderts in Nürnberg, Nürnberg 1927.

（3）Endres, Rudolf, Nürnberger Bildungswesen zur Zeit der Reformation, in: Mitteilungen des Vereins für Geschichte der Stadt Nürnberg, Bd. 71, 1984, S. 109-128; Endres, Rudolf, Ausbildung und gesellschaftliche Stellung der Schreib- und Rechenmeister in den fränkischen Reichsstädten, in: Hohenzollern, Johann Georg Prinz von und Max Liedtke, Hrsg. Schreiber, Magister, Lehrer. Zur Geschichte und Funktion eines Berufsstandes, Bad Heilbrunn 1989, S. 144-159.

（4）Antl, Herbert, Das Elementarschulwesen der Reichsstadt Nürnberg. Die Deutschen Schulen in Nürnberg vom 16. Jahrhundert bis zum Ende der reichsstädischen Zeiten, München 1988.

1　「自由工芸」から同業組合結成へ

帝国都市ニュルンベルクは中世末期には商工業の発展によって大きな繁栄を遂げ、ドイツ有数の大都市になっていた。人口は一五世紀前半にすでに二万人を数え、一五世紀末には二万八〇〇〇人になった。その後も人口は増加し、一七世紀の三〇年戦争（一六一八～一六四八）勃発の頃には五万人にまで膨らんだ。しかし、三〇年戦争以後、往時の賑わいは見られなくなり、人口も減少した。それでも、一八〇六年にバイエルン王国に併合されたとき、ニュルンベルクはなお二万五〇〇〇人の人口をもっていた。(1)

ニュルンベルクが大都市に成長した中世末期に、市内には聖ローレンツ教会、聖ゼーバルト教会、聖霊施療院、聖エギディウス修道院の四つの宗教施設に付属する四つのラテン語学校が存在していた。これらの学校はすでに市の小参事会（最高決定機関）の実質的な管理下に入っていたが、教育内容はラテン語と合唱が中心で、教会行事への協力に学校運営の主眼が置かれていた。中世末期の商工業の発展や自治体制の整備はドイツ語の読み書きのできる人間や計算のできる人間への需要を高めていたが、これらの学校はこの需要を満たすことができなかった。(2)

このため、これらの学校とは別に、ドイツ語の読み書きや計算を教える筆記・計算親方が現れることになった。ニュルンベルクでは一三八四年に最初の筆記・計算親方が記録されている。その後、筆記・計算親方の数は増加を続け、一六世紀にその最盛期を迎えた。一六世紀にはヨハン・ノイデルファー親子（父親一四九七〜一五六三、息子一五四三〜一五八一）のように能書家として有名になる筆記・計算親方もあった。授業の方法も一五世紀末には個人授業ではなく学校を設立しての授業が中心となった。市の小参事会は筆記・計算親方の仕事を「自由工芸」と位置づけていたので、ドイツ語学校が普及しても、参入規制は行なわれず、市民であれば誰でも自由にドイツ語学校を開設できる状況が続いた。(3)

しかし、自由な参入はやがて過当競争を引き起こし、一六世紀後半になると筆記・計算親方のあいだから人数制限を求める声があがるようになった。小参事会は当初この要求を無視していたが、一六一三年に筆記・計算親方に同業組合を作らせ、参入規制を開始した。(4) 一三四八年から一三四九年にかけて起きた手工業者の反乱を都市貴族が抑え込んだニュルンベルクにおいては、強い自主的決定権をもつ「ツンフト」は存在しなかったが、糾問局という市の官庁の統制のもとに手工業者の同業組合が組織されており、筆記・計算親方にもそれに類似した同業組合を認める措置がとられたのである。

一六一三年一一月一日に、小参事会は筆記・計算親方が三人から四人の会長を選出することを認めるとともに、新しく筆記・計算親方になろうとする者に会長による能力試験を課し、さらに筆記・計算親方の総数を四八人に制限するという決定を下した。筆記・計算親方の同業者団体はそれ以前から存在していたと見られているが、この小参事会の決定によって正式の同業組合が誕生したのである。翌年会長は同業組合の大会を開くとともに、小参事会に組合員の名簿を提出した(5)。

その後、筆記・計算親方の数は三〇年戦争の影響などもあって減少したようであるが、定員はすぐには変更されなかった。しかし、一六六五年になると小参事会は学校条令を制定し、その中で、筆記・計算親方の数を、ドイツ語の読み書きのほかに計算を教えることができる「計算親方」二〇人、ドイツ語の読み書きのみを教えることができる「一般学校経営者」八人の計二八人に制限することになった(6)。

一八世紀に入ると、一六九九年に無料で初等教育を行なう「貧民学校」が設置された影響などで、筆記・計算親方の営業基盤が狭まったため、小参事会は定員をさらに削減する措置をとった。一七〇一年に定員は二〇人になり、一七二九年には一八人に制限された。これに先立って一七二四年には「計算親方」と「一般学校経営者」の区分が廃止された。一七二九年以降定員は変更されなかったようで、同業組合が消滅する一九世紀初めにもまだ一八人の筆記・計算親方がドイツ語学校を経営していた(7)。

一六一三年の同業組合の成立とともに、会長の活動が始まった。会長には当初四人が任命され、終身制であったが、組合員から不満が出たので、一六五二年に任期三年の交代制に改められ、人数も三人に削減された。さらに、一六六五年の学校条令によって会長候補者の選出方法が厳密に規定されて、毎年三人の会長のうち最古参の者が退任し、組合員から最も多くの票を得た者が後任会長の候補者として選ばれるということになった（会長の最終的な決定権は小参事会にあった）[8]。

同業組合の自主的決定権が厳しく制限されていたニュルンベルクでは、同業組合の会長の本来の仕事は小参事会に同業者の情報を伝えることにあった。しかし、そのほかに会長が同業組合に関する幾つかの権限を行使することも認められていた。新しい親方を認定するための能力試験を行なう、同業者間の紛争を調停する、同業者の苦情を小参事会に伝える、同業者が経営するドイツ語学校の視察を行なう、同業組合の大会（年二回）を開催するなどの権限がそれである。会長は名誉職ではなく、会長には小参事会から報酬が支払われていた[9]。

ただし、上記の権限のうちドイツ語学校の視察を行なう権限は一七世紀末になると教会に移された。ニュルンベルクでは一五二五年に宗教改革が始まり、ルター派への移行が行なわれた。その後しばらくして小参事会はドイツ語学校においても宗教教育を行なうよう命令を出した。しかし、教会関係者の要求にもかかわらず、小参事会は長いあいだ教会が直接ドイツ語学校に関与することを認めなかった。一七世紀末になってようやく小参事会はドイツ語学校の視察権を教会の副牧師に与え、一六九八年には聖ローレンツ教会に八校、聖ゼーバルト教会に七校、聖エギディウス教会に六校、新施療院教会に七校、聖ヤコブ教会に四校それぞれが視察すべきドイツ語学校を割り振った。一七一五年になると小参事会は教会による監視の強化を図り、毎月視察を行なうことを求めるようになった。この命令は実行されなかったが、一八世紀後半には毎年二回教会による視察が行なわれるようになっていた[10]。

以上のように、ニュルンベルクにおいては、ドイツ語の読み書きや計算を教える筆記・計算親方の仕事は誰でも自由に参入できる「自由工芸」として広まったあと、一七世紀初めに小参事会の規制を受けるようになり、能力認定試験や定員が設けられた。さらに、一七世紀末になると、教会による視察も始まった。しかし、こうした変化にもかかわらず、ニュルンベルクでは、ドイツ語の読み書きや計算を教えることは、手工業者の営業と同じように、筆記・計算親方の個人的な営利を目的とする活動と見做され続けたのである。

（1） ニュルンベルクの人口は Art. „Bevölkerungsentwicklung" in: Michael Diefenbacher und Rudolf Endres, Hrsg., Stadtlexikon Nürnberg, 2. Aufl., Nürnberg 2000, S. 142 による。

（2） Endres, Nürnberger Bildungswesen, S. 110 f., 119 f.; Endres, Ausbildung, S. 144; Art. „Lateinschulen" in: Diefenbacher u. Endres, a. a. O., S. 614.

（3） Endres, Nürnberger Bildungswesen, S. 120 f.; Endres, Ausbildung, S. 145; Antl, a. a. O., S. 45 f., 84 f.

（4） Heisinger, a. a. O., S. 4; Endres, Ausbildung, S. 145; Endres, Nürnberger Bildungswesen, S. 127 f.

（5） Heisinger, a. a. O., S. 5; Antl, a. a. O., S. 80, 90; Endres, Ausbildung, S. 146.

（6） Heisinger, a. a. O., S. 4 f.; Antl, a. a. O., S. 91; Endres, Ausbildung, S. 146.

（7） Heisinger, a. a. O., S. 5; Antl, a. a. O., S. 91; Endres, Ausbildung, S. 146. ハイジンガーは一九世紀初めの親方の数を一七人としている。

（8） Heisinger, a. a. O., S. 18; Antl, a. a. O., S. 65.

（9） Heisinger, a. a. O., S. 18; Antl, a. a. O., S. 67 f.; Endres, Ausbildung, S. 146.

（10） Heisinger, a. a. O., S. 19, 44; Antl, a. a. O., S. 69 f., 70, 167 f., 174; Endres, Ausbildung, S. 146 f. 一六九八年には筆記・計算親方の定員は二八人であったが、視察対象校の数を合計すると三二校になる。視察対象校には定員外の組合員の未亡人の学校が含まれているということであろうか。

2 後継者養成過程

一六一三年に同業組合が組織されて、参入規制が始まる以前には、筆記・計算親方の学校経営は「自由工芸」とされていたので、規則に縛られた後継者養成制度は存在しなかった。[1] 一六一三年に同業組合が正式に組織されて、筆記・計算親方になるための能力認定試験が導入されたあと、徒弟と職人をへて親方に至る手工業者の養成過程に類似した後継者養成制度が順次整えられた。

(i) 徒弟期間　筆記・計算親方の志願者が既存の親方のもとへ徒弟に入ることは一六一三年以前から行なわれていたが、一六六五年の学校条令によって徒弟になることが義務化された。また、徒弟期間は六年間と定められ、三人の会長の立ち会いのもとで徒弟登録が行なわれることになった。一六七六年には徒弟の年齢が規制されて、一八歳以下の者を徒弟にすることが禁止された。一八世紀にはドイツ語の読み書きができることが徒弟入りの必要条件、数年間ラテン語学校に通っていたことが望ましい前提となった。徒弟に入る者は授業料と登録料を支払わなければならなかった。[2]

(ii) 親方試験　一六一三年以降、筆記・計算親方も開業するためには同業組合の会長による能力認定試験を受けなければならなくなった。職人の期間をへなければならない手工業者とは異なって、筆記・計算親方の志望者は徒弟期間のあとすぐに親方試験を受けることができた。筆記・計算親方は一七世紀まで自らの教育方法を秘匿していたので、筆記・計算親方のあいだには徒弟を終えたあと職人として遍歴するという習慣は存在しなかったのである。一六七六年には徒弟期間を終えて親方試験を受けることができる最低年齢は二四歳と明示された。[3]

一六一三年に親方試験が導入されたあと、翌年一一月に最初の試験が実施された。試験科目は宗教、ドイツ語の読み、書き、計算、検量であった。最も難しいのは計算の試験であったが、「一般学校経営者」を志望する者は計算の試験を受ける必要はなかった。検量の試験は後に廃止された。受験者の中に能力の低い者が数多く混じっていたので、やがて本来の親方試験の前に受験者に文書による宿題が課されるようになった。これにともなって、宿題に満足に答えられた者だけが、試験が行なわれる最古参の会長の家に出向いて、口頭での親方試験を受けることができるということになった。小参事会から派遣された書記が親方試験の記録をとった。一八世紀になると、ドイツ語や計算の能力は事前の宿題によって試され、口頭の親方試験では主として教理問答の授業能力が問われるようになった。(4)

「計算親方」の試験か「一般学校経営者」の試験かに応じて、受験者は試験を行なう会長たちにかなりの金額の受験料を支払わなければならなかった。また、試験が行なわれた日の夜には受験者の負担で会長と受験者の宴会が催された。手工業者の親方宴会に相当するこの宴会にもかなりの費用が費やされた。小参事会はこうした親方宴会の出費を制限していたが、あまり効果はなかった。(5)

(ⅲ) 待機期間　筆記・計算親方の志望者は徒弟期間をへたあとすぐに親方試験を受けられるはずであったが、その一方で、一六一三年以降親方の人数が制限されるようになったので、既存の親方が死亡したり、廃業したりしなければ、新しい親方がドイツ語学校を開くことはできなくなった。このため、小参事会は、会長に実際に新しくドイツ語学校を開設できる余地が生じるまで、徒弟修了者の親方試験を行なわないよう求めた。小参事会は一六六五年の学校条令でこの意向を明示し、六年の徒弟期間のほかに、さらに最低二年の待機期間を志望者に課した。ただし、二年後に親方試験を受けられる保証はなかった。(6)

徒弟期間を終えて待機中の筆記・計算親方の志望者は、すでにドイツ語学校を開いている親方の助手を務めたり、生活保護のため学校を引き継ぐことを認められていた親方の未亡人の学校経営を代行したりすることになった。親方の未亡人と結婚する前提で代行を引き受ければ、待機期間は短縮された。一六六五年の学校条令では親方の未亡人の学校は二八人の定員から除外されていた。しかし、長い待機期間に耐えられなくなって、徒弟期間を終了したあと商人の帳簿係、役所の書記などに転身する者も多かった。(7)

（iv）看板書き　徒弟期間や待機期間を終え、親方試験に合格した者はドイツ語学校を開設することができた。開業に向けての最初の仕事は看板書きであった。ドイツ語学校の看板は筆記・計算親方の志望者が自ら書くことになっていた。小参事会から看板を書くよう指示を受けたあと、志望者は決められた日に最古参の会長の家に出向いて、大きな紙に看板の草案を書き、会長たちに文字を書く能力があることを示した。この検分に対して志望者は会長たちに手数料を支払わなければならなかった。

その後、志望者は自分の家で看板を作成した。「計算親方」の場合は黒く塗った板に金色の文字で標語や聖書の格言を書き、その下に計算例を示し、さらにその下に自分の名前を記した。「一般学校経営者」の場合は羊皮紙にインクで標語や格言あるいはアルファベットの全文字を書いた。ただし、一七〇一年に「計算親方」の要望で羊皮紙とインクの看板は廃止され、一七二四年には「計算親方」と「一般学校経営者」の区分も廃止された。看板が完成すると、志望者は再び会長の検分を受け、手数料を支払った。会長が合格の認定をしたあと、志望者は小参事会に対して同業組合の規則と学校条令を遵守することを誓約し、ようやく親方になった。(8)

（v）開業　手工業者と同じように、筆記・計算親方もドイツ語学校を開業するには市民権を持っていることが必要であった。また、学校は寄宿舎を併設していることが多く、妻に寄宿舎の世話を任せるために、筆記・計算親方は開業に合わせて結婚することが多かった。親方の未亡人や死亡した親方の娘と結婚すれば、故人の学校を引き継げる可能性もあった。(9)

徒弟入りから筆記・計算親方としての開業まで長い時間がかかったが、この間に要する費用も大きかった。同業組合消滅直前の一八〇八年に会長の一人は自分の場合には徒弟登録料、授業料、受験料として二〇〇グルデンが必要であったと証言している。一八世紀から一九世紀への転換期にニュルンベルク市当局に雇われていた建築業親方の一年間の稼ぎはおよそ一三〇グルデン（ただし公的に抑制されている）であったので、これと比較すると、職業として活況を呈していたとは思えないこの時期にも筆記・計算親方になるための費用はまだかなり高かったのである。[10]

このような関門を潜り抜けてドイツ語学校を開設した筆記・計算親方の多くは手工業者の息子であった。長くて費用のかかる後継者養成過程は手工業者以下の資金のない社会層出身者を筆記・計算親方から遠ざける役割を果たしていたわけである。筆記・計算親方の中には筆記・計算親方の息子も混じっていたが、徒弟期間の短縮など有利な取り扱いを受けてはいたものの、筆記・計算親方の息子が独占的に後継者の地位を得ていたわけではなかった。[11]

（1） Antl, a. a. O., S. 57.
（2） Heisinger, a. a. O., S. 9 f.; Antl, a. a. O., S. 58.
（3） Heisinger, a. a. O., S. 10, 17; Antl, a. a. O., S. 54, 58.
（4） Heisinger, a. a. O., S. 10 ff.; Antl, a. a. O., S. 54 ff.
（5） Heisinger, a. a. O., S. 11 f.; Antl, a. a. O., S. 64.
（6） Heisinger, a. a. O., S. 13; Antl, a. a. O., S. 59 ff.
（7） Heisinger, a. a. O., S. 13 f.; Antl, a. a. O., S. 59 ff.
（8） Heisinger, a. a. O., S. 14 f.; Antl, a. a. O., S. 62 f.

(9) Heisinger, a. a. O., S. 15 f., 49 f.; Antl, a. a. O., S. 86.
(10) Ebenda, S. 64; Gömmel, Rainer, Vorindustrielle Bauwirtschaft in der Reichsstadt Nürnberg und ihrem Umland (16-18. Jh.), Stuttgart 1985, S. 233, 273 f.
(11) Heisinger, a. a. O., S. 10, 49, 60; Antl, a. a. O., S. 58, 84, 85.

3 学校経営

一七世紀初めまでは、筆記・計算親方は市内で自由に場所を選んでドイツ語学校を開設することができた。学校の場所としては人通りの多いところ、特に宿屋の近くが好まれた。しかし、一六一三年に同業組合が成立したあと、隣接した場所における新規の学校開設は認められなくなった。一六六五年の学校条令では学校は少なくともあいだに二つの通りを挟んでいなければならなくなった。一度学校の場所を決めると他の場所に移ることはできなかった(1)。

学校が開設されると生徒が集まってきた。生徒の入学はたいていは二月二日(マリアの清めの祝日)か五月一日(聖ヴァルプルギスの祝日)か八月一〇日(聖ローレンツの祝日)に行なわれた。時折一一月一日(万聖節)に入学することもあった。ただし、生徒は自由に退学し、他のドイツ語学校に通うことができたので、これ以外の時期の入学も行なわれた。古い時代の生徒についての詳細は不明であるが、一八世紀後半については一部のドイツ語学校の生徒の名簿が残っているので、七歳から八歳の間に入学するのが一般的であったことが明らかになっている(2)。

中にはこれよりもっと高い年齢で入学する生徒もあった。こうした生徒の多くは商人の息子で、ラテン語学校に通ったあと、親の商売を習い、その後さらに商業用の手紙や文書の書き方、計算などを学ぶためにドイツ語学校に入学していた。こうした生徒の通学期間は通常より短かった。また、こうした生徒の中にはかなりの数のニュルンベルク以外からやってきた生徒が混じっていた(3)。

生徒の中心は手工業者や商人の子どもであったが、もっと裕福な階層の子どももやもっと貧しい階層の子どもも入学した。一六九九年以降は、無料の「貧民学校」が設置されたので、下層民の子どもの入学は少なくなった。生徒の男女比について言えば、一六世紀までは男子の生徒が圧倒的に多かったが、その後、女子の入学が増え、一八世紀には女子生徒が幾分男子を上回るほどになった(4)。

生徒の総数についての資料は少ないが、一七二〇年には二〇校のドイツ語学校に男子生徒八二四人、女子生徒九八七人、合わせて一八一一人の生徒が通っていたことが明らかになっている。平均すると筆記・計算親方一人につき九〇人余りの生徒がいたことになる。筆記・計算親方の収入は生徒が納める授業料に左右された。このため筆記・計算親方はできるだけ多くの生徒を集めようとした。その結果がこのような大きい数字ということになるのであろう(5)。

筆記・計算親方の授業料は四半期ごとに支払われたのでクヴァテンバーと呼ばれていた。一七世紀初めまで授業料は筆記・計算親方と生徒の親のあいだの個別交渉で決められていた。しかし、一六二一年に筆記・計算親方の要請を受けて小参事会が授業料を公定することになった。授業料は読み方の授業については四半期五パッツェン(一五クロイツァー)、書き方の授業については四半期一〇パッツェン(三〇クロイツァー)、計算の授業については四半期一五パッツェンか二〇パッツェン(四五か六〇クロイツァー)と定められた。しかし、この公定授業料は守られず、まもなく忘れられた(6)。

その後、筆記・計算親方と生徒の親の双方から小参事会に授業料についての苦情が持ち込まれたが、新たに授業料が公定されることはなかった。すでに同業組合の廃止が日程に上っていた一八〇七年の調査では、授業料は読み方については四半期四五クロイツァー、書き方については四半期一グルデン一二クロイツァー（一グルデンは六〇クロイツァー）、計算については四半期一グルデン三〇クロイツァーになっていた。(7)

授業料のほかに、任意で支払われる入学金・挨拶料、冬の薪代、新年や聖ヨハネの祝日（六月二四日）の贈り物、懲罰感謝金（筆記・計算親方が生徒のために懲罰を科す労をとっていることに感謝する行事の名残）も親方の収入源となった。また、筆記・計算親方はニュルンベルク以外からやってくる生徒のために学校に寄宿舎を併設し、収入を得ていることが多かった。(8)

さらに、筆記・計算親方は学校での授業のほかに生徒の家に出向いて行なう個人授業によって報酬を得ていた。学校での授業は午前と午後にそれぞれ二時間程度であったので、個人授業を行なう時間的余裕は十分にあった。一七世紀後半には学校での授業時間のあいだに個人授業に出かける親方まで現れて、小参事会が一六六五年の学校条令で授業時間のあいだは学校にとどまるよう命令することになった。その後も小参事会は過剰な個人授業を行なわないように警鐘を鳴らし続けた。そのほかに、一七世紀初めまでは筆記・計算親方が市の書記を兼務することがあったが、こうした事例はその後次第に少なくなった。(9)

学校は筆記・計算親方の自宅の一室を教室にして開かれた。生徒数は非常に多かったが、教室は通常一室しかなかった。教室内の備品はそれほど多くなかった。教室の前方に教師用の教壇、教壇のうしろあるいは横に黒板、教壇の前に生徒用のベンチが置かれていた。生徒用の机は存在しない場合もあった。さらに、教室には書き方の授業に使用するために一七世紀までは木版の筆記の手本が用意されていた。この手本はその後銅板印刷のものに代わった。(10)

また、教室には懲罰用のムチも置かれていた。教室内の規律を保つことは筆記・計算親方の重大な責務と考えられており、ムチはそのための最も有効な道具であった。ムチによる懲罰以外に、ロバの絵を描いた札を首にかけさせて生徒を立たせる罰や豆や薪の上に生徒を座らせる罰も行なわれていた。一六九八年の学校条令には初めて生徒に対する体罰に手加減を加えるよう求める規定が盛り込まれたが、体罰が禁止されたわけではなかった。(11)

生徒が購入して使用する教科書は一七世紀末まで筆記・計算親方の好みで選ばれていた。その後、小参事会は教科書の統一を促すようになった。一六九八年の学校条令は何冊かの教科書を推奨していた。しかし、筆記・計算親方はこの勧告に従わなかった。その後も、警告が出されたり、望ましい教科書のリストが用意されたりしたが、最後まで教科書の統一は実現されなかった。(12)

詳細は不明であるが、学校は年に何回か休みになったようである。この休みの期間を利用して教室や寄宿舎の清掃が行なわれた。また、学校を休んで親睦の行事が催されることもあった。親睦行事は筆記・計算親方にとっては学校の宣伝という意味ももっていた。こうした行事の一つとして一八世紀初めまで五月の祈願節週間（キリスト昇天祭前の一週間）に「十字軍遠征」と呼ばれる催しが行なわれていた。これには筆記・計算親方と生徒が着飾って参加した。参加者は市内を集団行進して、郊外の野原に出かけ、そこでゲーム、ダンス、飲食を楽しんだ。宗教改革以後、華美な祝祭に対する規制を強めていた小参事会は一六一四年にこの「十字軍遠征」を禁止した。しかし、三〇年戦争のあとこの行事は復活し、再び賑やかに行なわれるようになった。このため小参事会は一七一五年の学校条令で「十字軍遠征」の中止を厳命し、これによって長いあいだ続いていたこの行事は息の根を止められることになった。(13)

また、クリスマスの時期に生徒によって上演されていたキリスト降誕劇などの学校行事もキリスト教の歪んだ理解を広げるとして小参事会によって禁止された。筆記・計算親方の霊名の聖人の祝日や聖ヨハネの祝日には、親方の家で生徒が親方に礼金や進物を送り、親方がお礼に生徒にお菓子や羽ペンを配るもっと小規模な行事が行

なわれていたが、これについても次第に自粛を求められるようになった。(14)

こうした学校の運営によって筆記・計算親方はどの程度の収入を得ていたのであろうか。仮に先に紹介した一八〇七年の授業料で読み方の生徒四〇人、書き方の生徒四〇人を教えていたとすれば、親方の年間の収入は三一二グルデンということになる。学校開設のための資金の償却費や学校運営のための経費を差し引く必要があるが、その一方で生徒の任意の支払い、寄宿舎の収入、個人授業の謝礼が加わる可能性があるので、この数字が八〇人規模の学校を経営していた親方の収入の一つの目安となるであろう。

一八〇六年にビール醸造職人の年収は一七六グルデン、先に見たように世紀転換期に市当局に雇われていた建築業親方の一年間の稼ぎがおよそ一三〇グルデン（ただし公的に抑制されている）なので、生徒を確保できれば筆記・計算親方は手工業者を上回る収入を得ることができたものと思われる。ただし、生徒を集める能力には差があったらしく、一二〇〇グルデンもの家屋を現金で購入する親方がいる（一七七〇年）一方で、困窮して死亡する親方もいた。(15)

（1） Heisinger, a. a. O., S. 22 f.
（2） Ebenda, S. 23, 24.
（3） Ebenda, S. 23 f.
（4） Ebenda, S. 24 f.
（5） Ebenda, S. 24; Antl, a. a. O., S. 91, 99, 101; Die Schulen in Nürnberg, hrsg. vom Stadtmagistrat, Nürnberg 1906, S. 2. 生徒の総数についてハイジンガーは一七〇一年に本文の数の生徒がいたとしているが、学校数を二八校としており、混乱している。Die Schulen in Nürnberg は二〇校の学校に本文の数の生徒がいた年を一七〇一年としているが、ここではとりあえずアントルに従った。

(6) Heisinger, a. a. O., S. 25 f.; Antl, a. a. O., S. 103.
(7) Heisinger, a. a. O., S. 26; Antl, a. a. O., S. 101, 103 f.
(8) Heisinger, a. a. O., S. 26, 47 f.; Antl, a. a. O., S. 115.
(9) Heisinger, a. a. O., S. 45, 69; Antl, a. a. O., S. 104.
(10) Heisinger, a. a. O., S. 26, 29, 30; Antl, a. a. O., S. 120.
(11) Heisinger, a. a. O., S. 28; Antl, a. a. O., S. 105, 108 f.
(12) Heisinger, a. a. O., S. 30 f.; Antl, a. a. O., S. 121 f.
(13) Heisinger, a. a. O., S. 46 f.; Antl, a. a. O., S. 111, 112, 113 ff.
(14) Heisinger, a. a. O., S. 47; Antl, a. a. O., S. 115 f. 116.
(15) Heisinger, a. a. O., S. 80, 83; Antl, a. a. O., S. 100. ビール醸造職人の年収は Gömmel, Rainer, Wachstum und Konjunktur der Nürnberger Wirtschaft (1815-1914), 1978, S. 101 による。

4　教育内容

筆記・計算親方の学校での授業は通常は午前と午後にそれぞれ二時間行なわれていた。午前中の授業時間は季節によって変動し、夏は八時から一〇時まで、冬は九時から一一時までというのが一般的であった。午後は季節に関係なく一時から三時まで授業が行なわれた[1]。

収入を増やすために筆記・計算親方は生徒をできるだけ多く受け入れようとしたので、生徒の数は非常に多かったが、教室は普通一つしかなかった。また、生徒は異なった時期に入学し、学習の進展度もさまざまであった。このため、筆記・計算親方の学校では通常複式授業の方式がとられていた。生徒は幾つかのグループに分けられ、親方は順次対象とするグループを変えながら、一定の時間内には一つのグループに対してのみ直接授業を行なうのである。残りのグループは与えられた教材や手本による自習ということになった。待機期間中の助手が雇われている場合や徒弟がいる場合には、彼らが授業の一部を担当した。また、初心者には家の中の別室で親方の妻が手解きすることもあった。(2)

一六九八年の学校条令によって小参事会は初めて学習の進展度に応じて生徒を読み方のグループ、書き方のグループ、計算のグループの三つに分けるよう筆記・計算親方に指示を出した。小参事会はその後もこの三分割の指示を繰り返し、筆記・計算親方も大筋ではそれに従ったようであるが、生徒の入学時期が分散していたので、厳密に言えば遵守が難しい面もあった。(3)

それでは筆記・計算親方の学校では具体的にどのようなことが教えられていたのであろうか。読み方、書き方、計算の順にその概要を見てみよう。

(i) 読み方　入学した生徒はまず文字の名称と発音を覚えなければならない。文字の学習には絵を使った入門書が利用された。例えば、ある入門書には、aという文字を教える箇所に、大きく口を開けた子どもの顔とaという文字が描かれ、その上にこの絵を使ってaという文字の発音と名称を教えるための要点が書かれているという具合である。同じようなやり方でアルファベットのすべての文字を覚えたあと、文字を組み合わせて音節を作る学習に進んだ。(4)

音節の学習は親方がab、eb、ib、ob、ub……というように機械的に文字を組み合わせて無意味な音節を作り、組み合わされた文字の名前とその発音を教えて、生徒がそれを復唱するというところから始まった。その後、文字を組み合わせて有意味な単語を作り、その発音を覚える練習に進んだ。例えば、生徒がb、u、c、hと文字の名前を読み上げると、親方がこれらの文字で作られる言葉の発音を示し、生徒がそれを繰り返すのである。文字の組み合わせと単語の関係を覚えたあと、聖書の格言などの文章を音節に区切って印刷した教科書を使って、読み方の練習が続けられた。このとき、生徒は音節を意識するあまり独特の抑揚をつけた読み方を覚えたようである。こうした個々の文字とその組み合わせを重視する学習方法は綴字学習法と呼ばれている。文字の名称と発音ではなく有意味な単語の発音を教えることを重視する音読学習法もすでに一六世紀には登場していたが、優勢にはならなかった。(5)

（ⅱ）書き方　読み方の学習と並行して書き方の学習が始まった。一六世紀初めにはまだ筆記用に紙と羽ペンと並んで蠟板と鉄筆が利用されていたようであるが、その後、紙に羽ペンで文字を書くのが一般的になった。こうした筆記用具は生徒が用意しなければならなかった。生徒は羽ペンをケースに入れてインク壺とともにベルトにぶら下げて学校にやってきた。(6)

書き方の学習はノートや黒板にアルファベット順に書かれた手本の文字を書き写すことから始まった。聖書の一節や短い物語が印刷された筆記の手本も利用された。日常生活で用いる実用的な文章を書く練習はさまざまな手紙を手本にして行なわれた。商業に携わろうという生徒のためにさまざまな商用書簡や商用書類を書く練習も行なわれた。一六九八年の学校条令で小参事会は筆記・計算親方に書き方の授業では正書法に注意を払うよう求めたが、まだドイツ語の正書法が統一されていなかったので、実行は困難であった。読み方の授業でも書き方の授業でも文法的説明はほとんど行なわれなかった。(7)

将来筆記・計算親方になることをめざす生徒、書記や帳簿係になることをめざす生徒にはもっと高度な文章の練習が課された。また、カリグラフィーの練習を重ねる生徒もあった。ただし、複雑な装飾をつけたカリグラフィーは一七世紀後半には下火になった。(8)

（ⅲ）計算　読み方や書き方の学習が進んだ生徒には計算が教えられた。計算の授業は足算、引算、掛算、割算の練習から始まった。その後、分数の計算や根の計算の授業が行なわれた。代数の授業も大きい割合を占めていた。また、将来商業にかかわる生徒のために為替相場の計算など商業に必要な計算も教えられた。しかし、簿記の技術は普通学校では教えられず、個人授業で伝授された(9)。

(iv) 宗教教育　もともと筆記・計算親方はドイツ語の読み書きや計算のみを教えていたが、宗教改革以後、教会関係者からの働きかけが強まり、一五三三年頃に小参事会は筆記・計算親方に毎日生徒とともにお祈りする時間を設け、キリスト教教育を行なうよう求める命令を出した。こうして宗教教育がドイツ語学校の授業に取り込まれることになった。しかし、筆記・計算親方は余計な時間を取られるだけの宗教教育には熱心ではなかった(10)。

このため、教会関係者はその後も不満を述べ続け、一七世紀末に小参事会は教会の副牧師によるドイツ語学校の視察を認めることになった。さらに、小参事会は聖母教会の説教師トビーアス・ヴィンクラーに学校条令の起草を依頼し、その草案をほぼそのまま採用して一六九八年の学校条令を制定した。この学校条令によって読み方や書き方の授業においても宗教的教材を利用することが義務化された。このように一七世紀末になるとドイツ語学校の宗教色が強まったが、筆記・計算親方の方は相変わらず本来の業務ではない宗教教育には熱意を示さなかった(11)。

一六九八年の学校条令によって内容が整理されて以降、宗教教育の時間には生徒にお祈りの言葉や聖歌を一言も間違えず覚えさせたり、教理問答書や聖書などの宗教書の一部を抜き出してすべての言葉を丸暗記させたりする授業が行なわれるようになった。小参事会や教会関係者は筆記・計算親方が記憶させる言葉の意味について説明を加え、生徒がそれを理解することを期待していたが、言葉の機械的な暗記に終始することが多かった(12)。

途中で授業に組み込まれた宗教教育は別として、筆記・計算親方はこれまで見てきたような読み方、書き方、計算の授業内容を一六世紀にはほぼ完成させ、その後は大きな変更を加えなかった。[13] 宗教教育の面では小参事会の統制が強かったとはいえ、読み書きや計算の教育に関しては、筆記・計算親方は外部からの拘束をそれほど受けておらず、授業内容のその後の発展の欠如は筆記・計算親方自らの選択の結果と言える。しかし、それが筆記・計算親方の怠慢と言えるかどうかは別問題である。一七世紀初頭に同業組合が成立して、参入規制が行なわれるようになったあとも、筆記・計算親方は相互に生徒の獲得競争を繰り広げていた。もっと幅広い、あるいはもっと効果的な教育を求める社会的需要が存在したのであれば、筆記・計算親方は一六世紀に完成させた授業の水準にはとどまれなかったであろう。しかし、近世の都市には筆記・計算親方に変化を促すそのような社会的需要は存在しなかったのである。

（1） Heisinger, a. a. O., S. 26; Antl, a. a. O., S. 104 f.
（2） Heisinger, a. a. O., S. 26; Antl, a. a. O., S. 120 f.
（3） Heisinger, a. a. O., S. 27; Antl, a. a. O., S. 121.
（4） Heisinger, a. a. O., S. 33 f.; Antl, a. a. O., S. 122, 123.
（5） Heisinger, a. a. O., S. 34; Antl, a. a. O., S. 123 f., 124, 125, 127. 綴字学習法は近世には一般的な学習法であったが、バイエルンでは一八〇三年に、プロイセンでは一八七二年に禁止された。Ebenda, S. 124.
（6） Heisinger, a. a. O., S. 30; Antl, a. a. O., S. 131 f.
（7） Heisinger, a. a. O., S. 34; Antl, a. a. O., S. 132, 143, 144.
（8） Heisinger, a. a. O., S. 35; Antl, a. a. O., S. 141.
（9） Heisinger, a. a. O., S. 35 f.; Antl, a. a. O., S. 153 f.
（10） Ebenda, S. 167 f.
（11） Heisinger, a. a. O., S. 36 f.; Antl, a. a. O., S. 170 ff., 172 ff., 175.

(12) Heisinger, a. a. O., S. 37; Antl, a. a. O., S. 174.
(13) Ebenda, S. 122.

5 初等学校への移行

フランス革命の余波を受けて神聖ローマ帝国の崩壊が始まり、一八〇三年には帝国代表者会議主要決議による帝国内の領土の再配分が行なわれて聖界諸侯領と帝国都市の大部分が消滅した。帝国都市ニュルンベルクはこの激変を生き延びたが、一八〇六年にドイツの中小領邦がナポレオンの保護下にライン連邦を結成し、神聖ローマ帝国が消滅したのを機に行なわれた領土の再編成によってバイエルン王国に併合された(九月一五日)。

これにともなって、ニュルンベルクの学校制度をバイエルン王国の学校制度に合わせ、またバイエルンではすでに一八〇二年に導入されていた一般就学義務制(六歳から一二歳までのすべての子どもの初等学校への通学を義務化)を実施することが必要になった。しかし、帝国都市時代の学校制度を直ちに廃止することは不可能であり、新しい学校制度が整備されるまでのあいだ、筆記・計算親方のドイツ語学校も暫定的に活動することを認められた。

一八〇八年になって、バイエルン王国への併合後ニュルンベルクの市政を預かっていた内務監督局が六歳から一四歳までの子どもの調査を行ない、その結果、市内に三〇五四人の就学義務のある子どもがいることが明らかになった。これらの子どものうち二二九五人(七五・一パーセント)が初等教育を受けていた。その内訳は筆記・計算親方のドイツ語学校に通っている子ども一四五九人、無料の「貧民学校」に通っている子ども二九八人、孤児院の学校にいる子ども六九人、カトリックの学校に通っている子ども四六人、個人授業を受けている子ども四二三人であった。残りの七五九人の子どものうち一部は中等学校に通っていたが、まったく教育を受けていない子どももいた。(1)

筆記・計算親方の学校に通っている子どもは初等教育を受けている子ども六三・六パーセントを占めており、筆記・計算親方が最後までニュルンベルクにおける初等教育の根幹を担っていたことがわかる。これに対して筆記・計算親方が競争相手として警戒していた「貧民学校」の生徒は教育を受けている子どもの一三・〇パーセントにすぎかなった。筆記・計算親方はこの時期にも一八人いたので、平均すると筆記・計算親方一人あたりの生徒数は八一人であった。一七二〇年の生徒数の平均と比較すると一〇人あまり減少していたことになる。

このような調査結果を受けて、内務監督局は一八〇八年一一月に親に対して子どもを督励して学校に通わせるよう命令を出した。また、今後は学校への入学は春の復活祭の休み明けと秋の休み明けの年二回のみであること、勝手に学校を変わることは禁止されることが通告された。(2) なお、就学義務のある子どもの調査が行なわれた一八〇八年に中等学校の方はすでに新体制に移行していた。(3)

一八一一年にようやくニュルンベルクの学校制度を管理するための組織（内務省公教育部の末端組織）の編成が始まった。一八一一年三月ニュルンベルク市内のゼーバルト地区とローレンツ地区を担当する二人の管轄区学校監察官クリストフ・ビュヒナー（一七六二〜一八四四）とヨハン・ヴォルフ（一七六五〜一八二四）（ビュヒナーは私立学校の創設者、ヴォルフはその教員）が任命された。続いて一八一二年四月にはニュルンベルク全体を担当する地域学校委員会（農村や中小都市の地域学校監察局に相当）が設置された。委員長には内務監督局の長官クリスティアン・ヴルム（一七七一〜一八三五）が就任し、二人の管轄区学校監察官、自治体参事会（構成員五人）の代表二人、カトリックの聖職者一人が委員会に加わった。(4)

一八一二年八月ビュヒナーの提案を基にこの委員会によって作成されたニュルンベルクの新しい学校制度の計

画がバイエルン政府に提出された。この計画は次のようなものであった。市内にそれぞれ三つの学級を持つ一四の初等学校を設置する。ただし、資金不足のため教室は二八室、教員も二八人に抑え、下級クラスと中級クラスは時間を区分して同じ教室を使い、同じ教員が担当する。教員は年俸六〇〇グルデンと年俸五五〇グルデンの二種類とする。教室はこれまでの「貧民学校」の教室を利用する。しかし、それでは教室が足りないので一〇人の筆記・計算親方が新しい学校に教員として採用されることを条件に教室を提供する手筈になっていた。(5)

しかし、バイエルン政府はこの計画を採用せず、一八一三年一〇月に別の計画を決定した。市内の五つの教区をそのまま学区として、それぞれの学区に「貧民学校」(男子校か女子校)、男子初等学校(「男児数学学校」)、女子初等学校(「女児数学学校」)の三校を開設し、全体で一五の学校とする。一五校はすべて三学級とし、それぞれの学級に教員一人を配置する。したがって教員は全体で四五人となる。教員は年俸五〇〇グルデン一〇人、年俸四〇〇グルデン一〇人、年俸三〇〇グルデン一〇人、年俸二〇〇グルデン一五人(助手)とする。教室はすべて公共の建物の中に設け、緊急の場合にだけ個人の建物を借りる。以上が計画の概要であった。(6)

しかし、この計画は資金不足のためすぐには実現されなかった。一八一八年二月になってようやく五つの「貧民学校」がそれぞれの教区に開設された。ここまで進展したところで、一八一七年二月にモンジュラ政権が崩壊したあと、新体制のもとで新しい自治体条令(一八一八年五月一七日)が制定されたことによる市の政治体制の変更が生じた。都市の自治権は拡大され、一八一八年一〇月に新しい市当局(市長二人、法律の知識のある参事会員四人、市民選出参事会員一二人)が設置された。また、地域学校委員会の構成員(第一市長、四人の聖職者、四人の俗人委員からなる)も変更され、第一市長クリスティアン・ゴットフリート・ロルシュ(一七七三〜一八三〇)が委員長に就任した。(7)

新しい地域学校委員会は「貧民学校」以外の初等学校の設置計画を練り直し、一八二一年四月に計画を公表した。市内は北部、東部、南部の三つの地区に区分され、それぞれの地区に男子初等学校一校と女子初等学校一校、計六校が設置されることになった。学校はすべて三学級とされ、すべての学級に教員一人が配置された。これによって教員は一八人が必要になった。教員の年俸は六〇〇グルデンか五〇〇グルデンとされた。一八人の教員の大部分は筆記・計算親方から採用された。古い学校は四月二八日に閉鎖され、五月二日に新しい初等学校が始まった。(8)

このようにニュルンベルクの筆記・計算親方のドイツ語学校は一八二一年まで存在していた。しかし、一八〇六年以降の一五年間は市の財政難から新しい初等学校が整備されなかったために生じた暫定的な生き残りの期間にすぎない。実際には一八〇六年にニュルンベルクがバイエルン王国に併合され、近代国家体制への同化を迫られたとき、中世末から近世にかけての都市社会を前提に成立していた筆記・計算親方という仕事の命脈は尽きていたのである。

(1) Die Schulen in Nürnberg, S. 6; Heisinger, a. a. O., S. 90 f.; Antl, a. a. O., S. 221. ハイジンガーやアントルは調査対象の子どもを八歳から一四歳としている。

(2) Die Schulen in Nürnberg, S. 6.

(3) ニュルンベルク市内にあった四つのラテン語学校のうち、聖エギディウス修道院付属のラテン語学校に、市当局の決定によって一五二六年に上級学校が設けられた。この学校は一五七五年にアルトドルフに移転したが、一六三三年にニュルンベルクへ戻って、修道院のラテン語学校と合体し、エギディウス・ギュムナージウムとなった。ニュルンベルクがバイエルンに併合されたあと、一八〇八年にエギディウス・ギュムナージウムは国有化され、哲学者のG・W・F・ヘーゲル（一七七〇～一八三一）が校長に就任した（一八一六年まで）。残りの三つのラテン語学校は廃止され、およそ二五〇人の生徒はエギディウス・ギュムナージウム及び付属の準備学校に編入された。Art. „Lateinschulen“ in: Diefenbacher u. Endres, a. a. O., S.615; Art. „Melanchton-Gymnasium“ in: ebenda, S. 687.

（4）Die Schulen in Nürnberg, S. 6 f.; Heisinger, a. a. O., S. 91. 一八一四年には聖職者一四人がそれぞれの教区の学校を担当する学校監察官に任命された。Die Schulen in Nürnberg, S. 8.
（5）Ebenda, S. 7; Heisinger, a. a. O., S. 91.
（6）Die Schulen in Nürnberg, S. 8.
（7）Ebenda, S. 9.
（8）Ebenda; Heisinger, a. a. O., S. 91; Antl, a. a. O., S. 222.

終わりに

ヨーロッパでは古くから子どもの教育権は親に所属するものと見做されていた。バイエルンの一七七〇年の学校改革を主導したハインリヒ・ブラウン（一七三二〜一七九二）のような啓蒙主義者は国家の教育への関与を強く主張したが、彼らも教育権が元来親にあることを否定しなかった[1]。しかし、親は実際には時間がなかったり、能力がなかったりして、次第に社会が必要とする教育を子どもに施すことができなくなっていった。

そこで国家や自治体のような公的機関、キリスト教会のような疑似的公的機関の教育への関与が行なわれることになるのであるが、こちらの側にも時代によってそれぞれ制約があった。中世から近世にかけての国家の守備範囲は非常に狭小で、内政上は治安維持に関連する役割を果たすにとどまっており、自治体の役割も限られていた。大学や一部の中等学校のような例外はあるものの、この時代の公的機関が自ら学校を組織したり、運営したりすることはほとんどなかった。キリスト教会は早くから付属施設として学校を設置していたが、これらの学校は基本的には聖職者を養成するためのものであった。

こうして自ら教育を施せない親と教育を引き受けられない公的機関・疑似的公的機関のあいだに広い隙間が生まれるのであるが、場所によってはこの隙間に金銭と引き換えに教育を提供しようとする者が現れる。教育の商品化・外注化である。もともと親や家庭が果たしていた機能が商品化・外注化されるというのは現代社会に限られた現象ではない。中世末から近世にかけて登場し、営利事業として、日常生活の中で必要になってきた俗語(ドイツの場合はドイツ語)の読み書きや計算を教えていた筆記・計算親方もこうした教育業者の一種である。ただし、筆記・計算親方の仕事は数多くの需要者つまり生徒がいることによって成り立つものなので、その活動領域は大きい都市に限られていた。農村では読み書きや計算に対する需要は少なく、筆記・計算親方の仕事は成り立たなかった。

しかし、宗教改革以後、プロテスタント教会もカトリック教会も、またそれと同調する公的機関もそれぞれの宗派の信者として子どもを育成するための施設として学校への関心を強めることになった。筆記・計算親方の学校には宗教教育が押しつけられ、農村でも一般の子どもに宗教教育と読み書きの教育を行なうための学校が増えた。ただし、農村では学校は経営体としては成り立たなかったので、教会組織の末端にある各地の教区が教室を用意したり、教会の雑用係である教会使用人の仕事を提供したりするなどして教師の活動と生活を支えなければならなかった。この章の冒頭に示した経済的状態も社会的地位も劣悪という初等教員像はこのような農村の、それも読み書き能力への需要の非常に少ない地域の教員の姿を一般化したものと言えよう。

農村住民が人口の八〇パーセント以上を占める一八世紀以前の状況に関してこのような一般化が行なわれることを故なしとはしないが、やはり粗雑の感は免れない。一般論を述べるのであれば、近代国家が教育を自らの管理下に取り込んで、次第に学校制度を画一化する以前には、公的機関の狭い活動領域と教育権を行使する能力のない家庭のあいだに非常に大きな隙間があって、そこでは教師や学校が地域の状況に応じて多様な形態をとりえたことをまず指摘するのが順序であろう。農村の貧しい教師も大都市の一部の裕福な筆記・計算親方もそのような多様な形態の中の一つなのである。

（1） Braun, Heinrich, Plan der neuen Schuleinrichtung in Baiern 1770, hrsg. von Alfons Bock, München 1916, S. 73; ders., Gedanken über die Erziehung und den öffentlichen Unterricht in Trivial- Real- und lateinischen Schulen, Ulm 1774, S. 1 f.

どのような天の配剤によるのかわからないが、二〇数年前に思いがけず教育学部という所に職を得た。それから一〇年ほど経って、なぜか今度は「教育史」の領域に足を踏み入れることが教育学部に籍を置く歴史家の務めかもしれないなどという、ある意味で奇矯な考えに行き着いた。ちょうどこの時期に一九世紀初めに行なわれたバイエルンの内政改革に関する一書を上梓したので、同じ時代のバイエルンの学校改革について調べることにし、学部の紀要に何篇か論文を掲載してもらった。これらの論文に手を加え、新たな部分を書き足したものが本書である。本書の主題はもちろん標題のとおり近代国家成立期の学校改革の様子を明らかにすることなのであるが、併せてプロイセン偏重のドイツ史を相対化する材料を読み取っていただけるならば幸いである。本書の刊行にあたっては今回も昭和堂の鈴木了市氏のお世話になった。

なお、本書は「国立大学法人滋賀大学教育研究支援基金による出版助成制度」の助成を受けて刊行されるものである。

索　引

■ア　行

■カ　行

■サ　行

■タ　行

■ナ 行

■ハ 行

■マ 行

■ラ 行

◇著者紹介

谷口　健治（たにぐち　けんじ）

1947年生まれ。京都大学大学院文学研究科博士課程単位取得退学

現　　在　滋賀大学教育学部教授

主要著書　『ハノーファー——近世都市の文化誌』（晃洋書房、1995年）、『ドイツ手工業の構造転換——「古き手工業」から三月前期へ』（昭和堂、2001年）、『バイエルン王国の誕生——ドイツにおける近代国家の形成』（山川出版社、2003年）

近代国家形成期の教育改革——バイエルンの事例にみる——

2012年9月30日　初版第1刷発行

著　者　谷口健治

発行者　齊藤万壽子

〒606-8224　京都市左京区北白川京大農学部前
発行所　株式会社　昭和堂
振替口座　01060-5-9347
TEL（075）706-8818／FAX（075）706-8878

印刷　亜細亜印刷

ISBN978-4-8122-1244-8

＊乱丁・落丁本はお取り替えいたします。

Printed in Japan